江苏省教育科学“十一五”规划重点课题
“实现多维良性互动促共同体和谐发展”成果

家园共同体的建构

JIAYUAN GONGTONGTI DE JIANGOU

YOU'ERYUAN JIAZHANG GONGZUO DE FANGFA YU CELUE

——幼儿园家长工作的方法与策略

吴邵萍 著

教育科学出版社
·北 京·

目　录

CONTENTS

代　　序

我和吴邵萍园长认识已经二十多年了。那时候我们都还年轻，当然她比我更年轻！

在这二十多年中，我们一起投心于对幼儿园中点滴小事的关注，一起焦虑，一起欢笑，一起体验自己和幼儿园的成长；一起看着一届又一届的新生入园，一届又一届的毕业生离园，一起唱北京东路幼儿园的园歌："幼儿园是我们的家，老师爱我像妈妈，兄弟姐妹多亲热，我爱我们小小的家；幼儿园是我们的家，我唱老师像妈妈，大家一起多快乐，我爱我们小小的家……"

从最初我们共同把关爱聚焦于孩子们清澈的眼眸，到后来我们共同把关怀聚焦于教师们饥渴的眼神，再到今天我们又共同把关切聚焦于家长们信赖的眼光……

在我们最初的认识中，家长曾经是我们的教育对象：因为那时我们认为自己是专门从事教育工作的专业人士，家长不懂专业，因此需要我们教育。在这种认识指导下，"家长学校"一度是我们的工作重点。家长被邀请到幼儿园来聆听我们和特邀教育专家的教育讲座，家长自己的工作重点是坐在下面记笔记。

后来，我们也曾经将家长看成是我们提供教育服务的对象：因为那时我们又认为家长爱自己的孩子，把孩子托付给我们是对我们的信任，我们不能够辜负家长对我们的委托。在这种认识指导下，"家长开放日"又成了我们一度工作的重点。家长被邀请到幼儿园来观察教师的教学水平和孩子的学习发展水平，家长自己的工作重点是拍照片和提要求。

再后来，我们逐渐认识到家长实际上是孩子教育的“共同责任人”，是我们的“同事和同学”。因为孩子的成长环境中需要价值观念和引导方法的一致性，而作为孩子周围的成年人，在孩子教育问题上，我们永远都应该是学无止境的，每一个个人永远都需要相互学习、相互帮助才可能学习得更有效、更快乐，只有我们将此观念笃信笃行，我们才可能真正成为孩子未来在集体中终身学习的好榜样。

在这种认识指导下，幼儿园教师团队共同阅读了大量关于教育教学、心理、社会管理、社会服务、人际沟通的理论专著和文章，邀请各种不同相关领域的专家来园做讲座。在园领导班子和教师先行学习的基础上，再有选择地与家长分享，传统的“家长学校”已经成了教师、家长同窗共读的夜大学。

家长不仅在传统的“家长开放日”到园观摩教师和孩子的各种教学活动，而且还在各种活动中担任教学策划和指导工作，如担当自愿者领导学科教学、社会观察、游戏或一日生活活动；或在文娱、体育、郊游和节庆等活动中担当平等的策划、指导、参与的角色。当不同背景的家长以主人翁的姿态全面参与到幼儿园的课程生活中后，教师也越来越体会到家长在教育方面的聪明才智，知道自己应该如何利用家长资源促进自身成长。同时教师也更容易了解家长在具体问题上的困难或困惑，知道自己应该如何支持他们成长。

当然，在现代化的“家长委员会”工作中，也不仅只是少数家长在为幼儿园提供咨询，为其他家长提供服务。每位家长，都被看作是幼儿园工作不断自我完善的重要信息提供者。不仅是家长的意见或建议，就是家长的一个疑问，也会被立即上升为一个自我总结和提升激励的因子。

如今，我们不仅可以经常看到来自大学的家长在向孩子及教师讲解桥梁的建筑原理、动植物与它们生态环境的关系；来自公安、环卫、商业系统的家长在向孩子及教师讲解我们的生活和为我们服务的人们的工作。也可以经常看到来自各行各业、各种年龄的家长与我们的教师、孩子一起跳集体舞蹈、一起研究中国京剧、一起搞赈灾义卖、一起登山并捡拾垃圾……

特别是当我看到两位奶奶、外婆级别的自愿者与三岁的孩子们一起玩“老鹰捉小鸡”游戏的时候，我的内心充满了感动……

在这里，所有的感动最终都汇成一个祝愿：愿所有希望更好地与家长沟通、合作的幼儿园教师们能够与我们一起分享这本书！和我们一起反思我们与家长和谐相处的心得！

南京师范大学教育科学学院　许卓娅
2010 年 11 月

第一章 家园共同体的概念及其他

第一节 家园共同体的概念

家园共同体概念

家园共同体以促进孩子发展为共同目标，是由孩子的家庭成员及与其相关的教养人员、幼儿园教师及相关工作人员组成的不断建构的群体，双方都承担

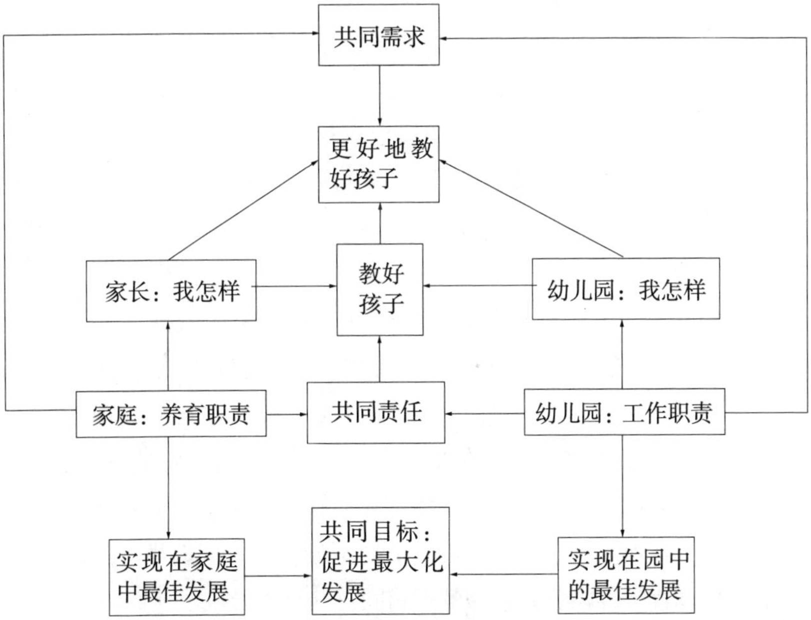

图1-1 家园共同体概念图

着教育好孩子的责任（家庭责任和幼儿园的社会责任），有着共同的需求（怎样更好地促进孩子富有个性地发展）。共同体成员在幼儿园搭建的平台上，通过互动增进情感、分享各自的教育经验与智慧，探讨教育上的困惑和解决方法，经过分享、倾听、质疑、碰撞，最终促进互动双方对某一问题多元、深度的认识，并不断丰富、发展自己的原有观念和认识，向着理想化的教育进程迈进，而共同体成员也享受着建构的整个过程。详见家园共同体概念图。

家园共同体的概念说明

我们期望借助“家园共同体”这个词向家长和教师们传递一个温馨的家的感觉，期待家长和教师们在这个“家”中彼此信任、尊重、平等、理解、包容、合作、依赖，共同参与孩子的教育，为孩子的发展作出自己的努力，实现家庭与幼儿园之间的良性互动以及家庭与幼儿园教育效果的最大化。

我们更多的是从一种教育实践的视角，立足于家园共同体的具体实践层面进行构建；我们更强调一种悉心建构的过程，力图将实际存在的自然形态的家园共同体向着真正的共同体迈进。

每个家庭将孩子送到幼儿园的那一刻起，客观上每个家庭之间、每个家庭和幼儿园之间就已经成为一个整体，一个自然的家园共同体，无论双方是否承认或认识到。但此时的家园共同体，虽然家园双方都有共同的需求——更好地推进孩子在原有水平上富有个性地发展，但在教育观念、方法以及具体的策略上，还存在很大的分歧。此时的家园共同体成员之间没有积淀持久的情感，没有归属感、凝聚力，相互之间缺乏信任、尊重、平等、理解、包容、合作的特质。

我们期望从孩子入园到毕业离园的这几年间，家园共同体成员通过各种方式的对话，逐渐能够相互尊重、相互理解、相互包容、相互接纳，进而和谐发展。家园共同体成员在观念上的和谐共存、教育方式上的相互包容、行为上的和谐相处，最终将使孩子在原有水平上得到富有个性地发展。

家园共同体强调人员构成的动态性、异质性。由于幼儿园每年都有新生入园、老生毕业，客观上就形成了家长成员的不断变化。同时由于共同体双方的文化背景、家庭背景、职业背景等各不相同，这也就形成了他们的异质性。

家园共同体强调共同体成员的高参与性和持续的互动性。我们期望家园共同体的所有成员都持久地参与到孩子教育的互动中。互动的目的是达到互动各方的双赢或多赢。互动的过程是一个彼此平等地倾述和分享自己对事物、事件、孩子发展的看法的过程；互动始终以参加者的想法为基础，每个人都超越了自我有限的教育经验，实现了自我的充分发展；互动的每一方既是倾述者也是倾听者，通过分享、倾听、吸纳、质疑、碰撞，促进互动双方对某一问题丰富、深入的理解，共同体成员都享受着建构的过程。

第二节 建构家园共同体的缘由

与世界幼儿教育发展要求接轨的需要

随着新时代的发展，幼儿教育的重要性已得到普遍认同。其中的共识之一就是建构家园共同体是整合家庭与幼儿园两个教育资源，争取实现教育效果最大化的最佳策略之一。

家园共同体虽然没有在各国政府文件中明确出现，但世界各国都在其教育改革过程中重视家庭背景对教育成就的影响，重视用家庭和幼儿园携手的方法教育孩子。

20 世纪以来，各个国家颁布的与幼儿教育相关的文件中都提到幼儿园要和家庭密切合作，为孩子的发展做出自己的努力。如 1988 年，日本颁布了新修订的《幼儿园教育要领》，它在幼儿园教育目标中明确指出，幼儿园的教育要与家庭密切合作，为人的终生发展奠定基础。1991 年，新西兰教育部委托学前教育专家 M. 卡瑞（Carr）和 H. 梅（May）起草了《国家学前教育课程指南》，并于 1992 年正式颁布。该课程指南强调儿童、教师、家庭、邻里、社区、社会之间存在的必然联系，认为学前教育课程只有支持、加强它们之间的联系，运用家庭和社区这一“取之不尽，用之不竭”的资源，才能使儿童世界的某一方面与其他方面相匹配，实现优质的儿童保育和教育。美国教育部在 1994 年颁布的《2000 年目标：美国教育目标》蓝皮书中指出，到 2000 年美国教育要达到的一个重要目标是“每一所学校与每一个家庭将要加强伙伴关系的建设，将增加父母对提高儿童情感与社会性发展及学术成长的参与和投入”。瑞吉欧的教育工作者所持的观点之一是“父母的参与必不可少，而且有很多形式。父母在孩子的学习经历中扮演了很重要的角色，家庭带给学校很多想法和技巧，或带来更重要的东西——父母和教师之间的交流，这些都有利于一种新的教学法的发展。这让教师能够把家庭的参与看成是一种内在的合作关系和不同智慧的融合，而不是一种威胁。”①

《全球幼儿教育大纲》强调指出，“所有儿童都具备学习的能力，他们的学习必须根植于和他们认知水平以及文化背景相适应的体验上。”② 这强调了孩子的学习依赖于他们各自的家庭、社区及周边的文化、教育、生活的影响。

纵观世界幼儿教育发展趋势，都在进行一个共同的改革，那就是加大幼儿园和家庭的合作，将两者的作用整合，形成合力，有效地推进孩子的发展。

贯彻《幼儿园工作规程》《幼儿园教育指导纲要（试行）》精神的需要

我国在 1996 年 3 月 9 日颁布的《幼儿园工作规程》中多处指出家园合作的重要性。其中在“第八章幼儿园、家庭、社区”中明确指出“幼儿园应主动与幼儿家庭配合，帮助家长创设良好的家庭教育环境，向家长宣传科学保育、教育幼儿的知识，共同担负教育幼儿的任务。”“幼儿园可采取多种形式，指导家长正确了解幼儿园保育和教育的内容、方法，定期召开家长会议，并接待家长的来访和咨询。”同时还在“第六章幼儿园的工作人员”中，无论是幼儿园园长的职责还是幼儿园教师的主要职责中都明确指出要“组织和指导家长工作”“与家长保持经常联系，了解幼儿家庭的教育环境，商讨符合幼儿特点的教育措施，共同配合完成教育任务。”不仅如此，还在“第九章幼儿园的管理”中指出“园务委员会由保教、医务、财会等人员的代表以及家长的代表组成。”由此可见，幼儿园、家庭的合作是《幼儿园工作规程》的重要内容，体现了我国政府对家庭、幼儿园携手教育的重视。

2001 年 9 月起试行的《幼儿园教育指导纲要（试行）》中，也凸显出家

① 何红漫，邓丽霞. 顺应时代要求，建立新型家园合作关系的实践探索［J］. 学前教育研究，2009（3）：65－68.

② 世界学前教育组织国际儿童教育协会. 全球幼儿教育大纲——21 世纪国际幼儿教育研讨会文件（上）［J］. 幼儿教育，2001（3）：4－5.

园合作共育的重要性。该纲要指出“幼儿园应与家庭、社会密切合作，与小学衔接，综合利用各种教育资源，共同为幼儿的发展创造良好的条件”“家庭是幼儿园重要的合作伙伴。应本着尊重、平等、合作的原则，争取家长的理解、支持和主动参与，并积极支持、帮助家长提高教育能力。”在总则、教育内容与要求、组织与实施、教育评价四个部分中共有十处提到幼儿园在幼儿教育的各个方面都应与家庭合作，为孩子的发展创造良好条件，积极地帮助他们发展和提高他们各方面的能力。

由此可见，我国对幼儿园教育和家庭教育形成合力，共同发挥教育作用的重视。通过法规明确规定了幼儿园家长工作的内容、方法以及幼儿园与家长相处“应本着尊重、平等、合作”的原则，这实质上就是从法规的角度指导幼儿园和家庭形成一个共同体，齐心协力为每个孩子在原有水平上富有个性地发展作出应有的贡献。

家庭、幼儿园和谐发展的需要

当前，孩子家庭的收入、家庭的结构、家庭的差异比以前表现出更大的差异性，家庭的特征、家教的严格程度和家庭解决问题的能力也各不相同，家庭比以前更富有变化且变化频率更快，这些都造成了家庭教育与幼儿园教育间的不和谐，都会对孩子的发展产生不良的影响。

家庭教育需要更专业化、个性化的指导，幼儿园在坚持主流价值观的同时，还需针对不同家庭的价值观，提供满足他们教育期望的各种方法和途径。而和谐已成为当今社会发展的主旋律，用和谐的理念统领幼儿园发展，建立广泛和谐的关系，走向持续良性发展的道路也是时代发展的需求。

幼儿园在实现内部和谐的同时，也要消除幼儿园与家长以及社区等外部环境之间的矛盾和冲突，改善和化解教育过程中的各种矛盾，实现与外部相关利益者、外部环境的和谐。因此，幼儿园要认识到教育涉及孩子家庭的多样性，家庭内部交互作用方式的个性化，每个家庭的阶段问题、价值观、能够利用的资源、所面临的挑战以及家庭成员之间交互作用的方式等。幼儿园要努力建立与社区、每一个家庭之间的和谐关系，提供适应每个家庭需要的个性化指导方案，尽力让每一位家长满意，让每一个家庭满意，将对孩子发展的不良影响减小到最少，使幼儿园和家庭之间的关系向着良性循环的轨迹发展。

第三节 建构家园共同体面临的挑战

社会变化给教师带来的挑战

目前，我国社会、家长对于幼儿教育的认识，幼儿园应承担的责任正在不断发生变化。幼儿园的家长工作也随着变化中的世界、变化中的家庭、变化中的家园关系而面临许多新的挑战。

挑战一：家长对于孩子的关注度加强了

我们这个时代的父母有一个共性，那就是很关注自己的孩子。“不要输在起跑线上”“孩子的教育要从胎儿抓起”等观念盛行，再加上我国独生子女政策的延续，伴随着独生子女的子女的出生，现代家庭、社会对幼儿教育的重视程度与日俱增。

现在的家长基本都是独生子女，他们有以自我为中心的独生子女的不良特征，这也在他们教育自己孩子的过程中、在与幼儿园教师的互动中产生消极影响。

同时，祖辈家长从主观上不放心自己的独生子女来照顾孩子，认为自己的子女不会带孩子，再加上特别心疼自己的孩子，不愿他们吃苦受累。因此，很多祖辈家长主动承担了抚养和教育第三代的责任，使得本已很受关注的孩子受到了犹如众星捧月般的照料。

有些家庭还专门聘请了保姆、家庭教师等来负责孩子的生活和学习。

全职妈妈也越来越多。她们全身心地关注孩子，几乎将自己的所有时间和精力都用在孩子和幼儿园教育状况上。她们容不得自己的孩子在园里受到一点点“委屈”或“不公正”，要求教师像自己在家一样，采用一对一的教养方式。

还有一部分“新型家长”，他们重视自身的生活质量，将孩子完全交给祖辈或雇佣的保姆、家教等其他人教养，自己则完全放手。表现在孩子的父母不接送孩子，也不与之一起生活，平时将孩子交与保姆、钟点工、祖辈等，自己只是在周末偶尔与孩子在一起。

可以说几乎每一个孩子，都可以有4—8人来与幼儿园谈孩子的保育和教育问题。在与教师的互动中，他们更多地关注自己的感受和想法，对办园理念、教师素质等都有自己的要求。

挑战二：家长的人权观加强了

目前，维护和保障人权是一项基本的道义原则。能否有效地保障人权已成为评判一个集体优劣的重要标准。这一理念也逐渐被人们接受。但是，在具体实践层面上，对于人权的具体定义以及保障人权的具体方式都存在着相当大的争议。可以说人们对人权在抽象理解方面的共识和在具体实践中的分歧，存在强烈的反差，这给人们把人权运用在具体生活、工作中带来了挑战，甚至引发了严重的冲突。

目前，家长们的人权观念日益增强，他们对于孩子在幼儿园受到的教育和保育权利特别敏感。幼儿园工作人员和教师说的每句话、做的每件事，他们都会从保护人的生命的角度去思考和申诉。因此教师要特别慎重地思考自己的每句话、每个行为，否则，可能会涉及侵犯孩子和家长的人权，从而遭到家长们的投诉。

有些离异家庭的孩子，在离异的早期，离异家长们自身都处于一种不适应之中，父母双方常常会忽略孩子的情绪和心理感受。这时，教师会根据孩子家庭的特殊情况，对孩子实施一些关爱教育。此时，其他家长会投诉教师，偏爱某孩子，从而忽略了他们的孩子，使他们的孩子没有被公平对待，没有享受到同等的照顾等。

教师在批评孩子时，也要考虑很多因素。家长常常会投诉教师的某句话打击了孩子的自尊心，使孩子的心理受到伤害，或是某个行为伤害了孩子的人格等。

挑战三：家长的法律意识增强了

在倡导依法治国、依法执政的今天，人们维护自己的合法权益的自主性和意识增强了。

现在，家长在与教师、幼儿园的沟通中，经常会主动运用法律武器来提出自己的诉求。很多时候，他们不与教师交流就直接将教师告到法庭，让教师、幼儿园成为被告。

孩子在幼儿园不小心摔了跤，磕破了一点点皮，既没有同伴碰他，也不是因为幼儿园的设施设备摆放不当造成的，更不是由于教师缺乏责任心造成的，但是家长都会要求给予赔偿并写下保证书等。

相对于家长，教师对相关法律知之甚少，常常处于一种被动挨打的处境，这给幼儿园的教育工作带来了挑战，也给教师带来了新的压力。

挑战四：家长保护家庭隐私的意识增强了

现代家庭的结构急剧变化，很多孩子的家庭变化速度之快，都没有给教师了解、诊断的时间，而家长认为每个人都有保护他们隐私的权利，而且这些都属于家庭内部的事情，没有必要告知教师和他人，这就给孩子的教育带来一些困难。

教师进行新生家访时，孩子还生活在一个完整家庭中，孩子活泼开朗，乐于交往。但开学两个月后，家庭已经解体，孩子的情绪和行为有了很大的变化，教师百思不得其解，就找来家长个别交流，想共同找出孩子变化的原因，共同面对，但是家长对此只字不提。

直至半年后，教师看到孩子喊另一个自己从未见过的人“妈妈”时，教师才了解到家庭的变故。于是，及时对孩子采取了针对性的教育关怀和指导，以帮助孩子适应家庭的变化。

挑战五：家庭关系多元化了

现代家庭有完整家庭、单亲家庭、再婚家庭，完整家庭有三口之家、与祖辈生活在一起的大家庭。即使同一个家庭，与教师交流的对象也有不同的角色，包括父母、祖父母、舅父母、保姆、钟点工、司机、家教等各类人员。可见，现代家庭的结构、人员关系比以往更加复杂，家庭成员之间矛盾冲突有所增加，这些都形成了新的沟通障碍，增加了教师开展家长工作的难度。

过去教师家长工作的范围只是孩子的父母，现在，教师要与孩子的祖辈、父辈、再婚父母、其他家庭成员和相关人员接触。在与他们的互动中若稍有不慎，他们中的每一方都有可能成为影响建构和谐家园共同体的因素，从而导致新的家园矛盾。

同时，由于家庭成员的复杂性，也给家园沟通的连续性带来了困难。

教师一学期组织三次与家长互动的活动——家长会、个别交流、小型座谈会，常常同一个家庭中每一次来的对象都不同，第一次可能是爸爸、第二次可能是外婆、第三次可能是保姆。这对家长准确了解、分析孩子的发展状况，落实家庭成员与教师教育要求的一致性，保证教育效果的连续性以及互动的质量和有效性都带来了困难。

正因为与教师互动的是家庭中不同的成员或相关人员，这就增加了沟通过程中的干扰因素，使得沟通更加不顺畅，给家园共同体的建构带来了更多挑战。这就要求教师不仅要做好孩子父母的沟通工作，而且要做好与孩子相关的其他教养人员的沟通工作，包括保姆、钟点工、司机等，从而消除由于第三者介入，使得信息“扭曲”和效果“打折”的情况。但是，要将这些认识转化为具体的实践行为教师们往往感到非常困难。

教师自身面临的挑战

挑战一：目前很多教师自身也是独生子女

目前，教师队伍中的独生子女越来越多，也就是说教师自身也带有独生子女过分关注自我、以自我为中心等一些消极特征。他们在与家长互动中，不愿意、不习惯、不善于去关照家长的感受和想法，因此，常常在无意识中制造了家园矛盾，为家园共同体的建构制造了阻力。为了改变教师自身存在的一些不利于家园共同体建构的问题，我们应给予教师充分的自身成长的时间和实践的机会。

挑战二：教师专业培养结构中有关家长工作内容的缺失

目前，我国师范学校、学院的幼儿师资课程结构中，都没有有关家长工作的专门学科，课程设置者们也没有认识到教师专业结构中，家长工作技能的重要性。过去、现在的师范生都没有接受过家长工作、家园合作方面的教育和培养。

因此，幼儿园的所有工作人员在职前及职后都没有被明确要求学习过，与家长、社区等各方人员良性互动的专业知识，大家普遍缺少这方面的技巧和能力，很多教师不知道，也不会与家长沟通。

再加上幼儿教育研究者对于幼儿教育本身的研究很多，但对于幼儿园家长工作的内容、方法、途径等方面的系统研究却很少，致使家园矛盾和纠纷急剧上升，教师和幼儿园却束手无策。

因此，教师们尤其是年轻教师们急需一些实用、有效的指导方法和策略，帮助他们快速提高家长工作的专业水平；帮助他们发展出可供选择的积极回应策略，以化解或减少他们在家长工作中的消极行为；帮助他们在危机时刻，快速解读家长的肢体语言、情绪、需要和愤怒的缘由，作出必要的调整并用合适的语言、行为等策略化解危机。

挑战三：教师需要掌握不同的话语体系

教师面对的孩子父母及相关教养者们有着不同的话语体系，教师要增加沟通的有效性，就要研究并掌握与不同类型家长、家庭中不同成员或相关人员交流的话语体系，使用相应的语言和方法，使他们能够顺畅、积极地理解、接纳教师的观念和方法，尽快成为家园共同体中的一员。应尽量避免由于某人的情感不接纳、沟通不顺畅、理解不到位，致使向其他人转达信息时，“改造”“加工”教师的观点和原意，造成原有问题没有解决，又产生很多新矛盾的现象。

挑战四：教师的权威性受到挑战

过去，在教育孩子的问题上，教师在家长的心目中可能是专家、权威；家长是受教育者、受批评者，是幼儿园教育的服从者。

现在，家长们普遍重视孩子的教育，他们主动学习各种教育理念，购买了大量的教育书籍并在网上与专家和其他家长交流，还到处听专家的讲座，并在实践中加以运用。因此，家长们也积累了很多家庭教育中的个人化教育理念和方法。他们在某些方面比某些教师的专业性还要强。

特别是一些全职妈妈，她们全身心地投入到孩子的教育中，对孩子成长中的点滴变化都明察秋毫，且能从理论和实践两方面进行分析，她们陪伴着孩子成长的整个过程，是教育自己孩子的专家。因此对于她们孩子的发展特点和针对性的教育策略，教师要向她们学习、请教。

可以说现在，在教育孩子的问题上，家长与教师同样是专家、权威、教育者，是平等的合作者，并互为受教育者、学习者。家长和教师为了共同的教育目标——教育好孩子，要不断地相互信任、相互分享、相互倾听、相互包容、相互接纳、相互质疑、相互碰撞，共同进步。

挑战五：建构家园共同体过程中的新要求

在幼儿园与家长建构家园共同体的过程中，由于家长参与范围的扩大和频率的增加，带来了一些新的问题，也对教师提出了一些新的要求。如如何与家长沟通、如何与孩子不同家庭成员沟通、如何更实事求是地观察孩子行为并准确判断孩子的发展水平……

幼儿园在实行预约交流制度后，要求每位教师每学期至少与每位家长个别交流一次。从幼儿园角度来说此项工作给教师本已相当繁重的工作又增加了一项，但教师们仍然很认真、努力。

此项制度实行后，到了晚上几乎幼儿园的每个教室都是灯火通明，教师们都在利用自己的下班时间与家长们交流，常常一个家长就要交流一两个小时。虽然园里规定每个孩子的家长交流时间为半小时，但在实际交流中，无论家长还是教师都希望将问题谈透并解决。所以常常不以时间，而以双方对问题的认识、交流、解决情况等来判断交流是否结束。对此，绝大多数家长感到非常高兴，全园98%的家长在期末问卷中都提出每生要再增加1—2次的个别交流。而教师看到此项要求后，全都望而却步了。现在每学期与每个孩子家长交流一次，他们每天都已经忙得没有私人时间了，更不用说再增加交流次数了。

还有个别家长不愿意交流，教师多次提出交流邀请，都说没时间，造成教师的尴尬。

而年轻教师都比较害怕与家长的个别交流，他们觉得自己家长工作方面的专业水平不高，对问题的认识不深刻，交流时常紧张不自信，致使交流无效，这对家长和他们自身都产生了一些负面的影响。

以上只是通过个别交流建构家园共同体的过程中出现的一些新问题，其实在我们建构家园共同体的过程中，还有诸如此类的众多新困惑急需解决。为此，幼儿园和教师要在建构家园共同体的过程中，始终积极地共同面对这些新问题，共同探讨、寻找出解决问题的新策略，从而及时消除这些新障碍。

第四节 建构家园共同体的可能性

社会舆论呼声增强了

现代社会飞速发展，特别是目前我国正处于转型时期，幼儿教育的问题日益突出，已成为国家、社会和百姓关注的焦点和重心之一。电视、广播、报纸、网络等各种媒体对幼儿教育问题给予了极大的关注，对幼儿教育问题的看法可以说是百家争鸣、百花齐放，但共识之一就是：人们日益发现和感受到孩子的成长需要家庭和幼儿园的合力支持。孩子的教育绝不是某一个因素就能决定的，任何一方都不应单打独斗，而应相互协调、优势互补，共同承担起教育孩子的责任。

家长主动参与意识增强了

过去，家长都是接到幼儿园的邀请后，才被动地去参加幼儿园的活动，家长对幼儿园绝对放心，一般不会提出自己的要求，或教育孩子的看法。而幼儿园开展家长工作的主要目的是让家长了解幼儿园的工作内容，知道自己需要配合幼儿园做哪些工作，因此幼儿园的家长工作只是每学期开一次家长会，举行一次开放日活动。

现在，随着家长和社会对幼儿教育的关注度与日俱增，家长们愈来愈认识到孩子的教育需要幼儿园、家庭和社会的共同努力，他们主动参与幼儿园教育的意识和行为大大增强。家长们对幼儿园教育，幼儿园管理，班级教师的专业水平、敬业态度等都会提出自己的看法，更有甚者，甚至要求直接参与到幼儿园的教育实践和课程设计中。

幼儿园和教师主动参与意识增强了

由于家园矛盾的日益凸显，幼儿园和教师都深刻地认识到，家长工作不只是应付差事似的“完成”《幼儿园工作规程》《幼儿园教育指导纲要（试行)》里规定的相关任务，而应是深入地、实实在在地建构家园共同体，发挥各自的优势，共同推进孩子的发展。幼儿园和教师渴望解决如何使每位家长都参与到孩子的教育中来？如何让家长参与到幼儿园的课程建设中来？如何高效地与家长沟通？如何让家长成为真正的合作伙伴，而不是单向、被动、不愉快地接受教师的教导？家长的心理、沟通需求以及与家长互动的技术有哪些？如何使家庭资源成为幼儿园课程资源的一部分？如何使家园活动真正成为积极的、有意义的、正向的、建设性的活动？于是幼儿园和教师主动邀请家长参与幼儿园课程和幼儿教育，这就增加了家长参与幼儿园教育的内容和频率，也增进了教师对家长的理解、学习了家长优秀的教育理念与方法等。

某教师在园内作有关家长工作的经验交流中说：“在跟家长交流的过程中，我从家长身上也学到很多，感受到很多，我的观点也跟着改变了很多。我觉得真的要了解家长的想法、理解家长。我现在很愿意去倾听那些高水平家长的声音，他们的视角，他们的理念，都会给我很多启发。带着这些感触与启发再去反思自己与家长的互动就会觉得，自己的一些行为和想法并不完全是对的。但是我们和家长有一个共同的目标，那就是希望孩子好。有了这个共同的目标、对家长感同身受的理解以及和谐的关系，做家长工作时心态就会更加放松。”

另一位教师说：“通过这几年的家长工作，我自己的原有观念有了很大的改变。几年前，在看《幼儿园教育指导纲要（试行)》时，我对家园共育的理解只是一种形式上的接纳。经过五年的实践与反思，我深刻地体悟到家庭教育和幼儿园教育在客观上有千丝万缕的联系，我们要去研究家长的观念、家长资源、家长的教育方式等，最终帮助我们和家长建立一种和谐的关系。”

第二章 建构家园共同体的途径

第一节 家委会

在《幼儿园工作规程》明确指出："幼儿园应成立家长委员会""家长委员会的主要任务是：帮助家长了解幼儿园工作计划和要求，协助幼儿园工作；反映家长对幼儿园工作的意见和建议，协助幼儿园组织交流家庭教育的经验。""家长委员会在幼儿园园长指导下工作。"虽然规程已颁布了近二十年，但一线的幼儿园园长和教师对家长委员会的作用、职能和任务的理解以及如何建设家长委员会，都是模糊的，他们也没有认识到家委会的存在对于实现家园合作能产生巨大的影响力，这种影响力可能是正面的，也可能是负面的。因此，园长和教师应重视家委会的建设，探索有效促进幼儿园与家庭合作的家委会工作制度、流程、内容和方法，让家委会真正成为教师开展班级工作的得力助手和合作伙伴。

家委会建立前的准备工作

一、选择家委会人员

家长委员会作为协助幼儿园工作的组织和资源，有幼儿园的家长委员会，也有班级的家长委员会。由于幼儿园家长委员会是由各班级家长中的代表组成，因此，班级家长委员会人员的选择就显得格外重要。

1. 家委会成员必须具有“四有”条件

第一，有人品。家委会成员的思想素质是首要的条件。他们必须具有责任心、正义感，对于班级中一些不良的风气和家长中一些消极的言行给予抵制和纠正。他们说话做事要尽量考虑到全体孩子和家长的利益，而不是一小部分人的利益。

第二，有态度。家委会成员要热心公益服务，愿意为大家做事。为班级服务需要花费个人的时间和精力，且都是公益性的，因此作为家长个人要愿意为大家服务。

第三，有能力。家委会成员要组织其他的家长，个人必须具有专业特长，要能高效率、高质量地完成班级工作。比如分管园林的家长，可以利用自己的资源让全体家长和孩子免费参观植物园，并请植物专家给孩子讲课、互动等，这既开阔了孩子的眼界，提高了孩子学习的质量，也帮助低收入家庭免去了门票钱，减少了他们的经济负担。

第四，有时间。班级中的工作必须有具体人员来完成，因此如果一个家长各方面条件都符合要求，就是工作忙，一点儿时间都没有，不能来参加班级服务工作，那么是不能做家委会成员的，否则就会出现占了位子不出力的现象。

2. 注意人员组成的多类别

家委会是全体家长的代表，由于家长是由不同类别组成的。他们的学历、职业、专业、经济收入、社会地位、年龄等都不同，所以价值观、教育观、教育能力、理解能力等方面都有所不同。因此，家委会成员需要最大限度地吸纳各个群体的代表。只有这样，家委会里才会发出不同的声音，而且能够代表大多数家长的利益。

第一，家委会成员要有祖辈家长的代表。现在很多父母将自己的孩子交给祖辈抚养，祖辈们实际承担了第三代的教育和抚养责任，他们已成为家园互动中一个不可忽视的群体，所以要关注他们的声音。

第二，家委会成员构成要考虑到男女性别的比例。现实中多数是母亲承担了孩子的学前教育，而且全职妈妈越来越多，她们有更多的时间用于家园互动，而父亲参与孩子的教育较少，这对于幼儿教育来说是一种缺失。因此，教师要尽可能地吸纳父亲参与家委会，用他们的观点、行动影响其他男性家长。

第三，家委会成员要考虑到人员能力和性格的搭配。比如说家委会成员要有有领导能力的人员，但是不能个个都有领导能力，否则家委会就会变成天天吵架的场所，你说你的，他说他的，谁也不服谁，很难形成一致的决定。所以家委会成员既要包括有领导能力、善于表达的家长，也要包括那种默默无闻、踏踏实实愿意干活的家长。

二、选举家委会成员前需进行摸底调查

1. 选举前要动员

教师要在第一次家长会上非常明确地告诉家长家委会的作用及其成员的选举标准、流程。

家委会的作用是：①幼儿园与家庭联络的桥梁；②指导其他家长担负起教育子女的责任；③积极支持幼儿园改善办学条件；④协助幼儿园做好各方面工作的评估。

家委会成员的标准是：①有责任心、正义感、公正感的在园孩子家长；②热心公益、愿意为大家服务；③有一定能力、时间和精力。

选举家委会成员的流程是：可通过家长自荐、互荐、教师推荐相结合的方式，最后由幼儿园园长和班级教师聘任成为园家长委员会成员和班级家长委员会成员。

2. 选举前要做到三看

为了吸引家长愿意或热心参与家委会成员的选举，也为了避免出现无人报名的尴尬情景，教师要早做准备。

第一，看表格。教师要仔细阅读新生报名表上的所有信息、分类并作记录，充分发挥新生报名表的作用，如教师可梳理出在“为幼儿园服务”一栏里哪些家长填的项目多、分别填是什么服务项目，再看他的职业、学历、工作单位、专长等情况。这样可对每位家长的大致情况作个初步的了解，为选举作好人选准备。

第二，看家访。教师可以根据家访的情况对家长是否适宜做家委会成员作出判断。家访使教师和家长有了一个零距离的点对点的接触，教师可通过观察家长跟自己谈话时的修养、思路清晰度、观念先进性等判断他的人品、能力，初步判断他是否适合做家委会成员，如果合适不妨在此时，就邀请他

报名参加班级的家委会工作。

第三，看熟人。看一看班级孩子中是否有熟人或者是熟人介绍的。比如某个孩子是方老师介绍的或是方老师家的亲戚，教师就可以对孩子的家长说："您是方老师介绍的吧，您要做我们老师的支持者哦，您可以带头报名参加班级的家长委员会。"这样就可以避免无人报名的尴尬。当教师请家长自愿报名参加家委会时，只要有一个人带头，其他人就会受到气氛的感染和情景的影响而积极报名。

三、将选举规则、流程具体化

1. 要告知家长家委会选举的原则

在第一次开家长会的时候，教师要向全体家长介绍家委会每一届任期一年，每年都要换届选举以及换届选举、连任的原则。在首届家委会临时建立后，教师要跟大家交代清楚，"由于我们大家相互都不了解、不熟悉，家委会成员是临时和流动的。"教师还要给家长一些观念，"人人都可以申报，此期是临时的，要根据大家的工作情况和实际工作展开的效果进行考评。"教师可以以半开玩笑的语气说："大家要根据每个人的实际工作情况，来确定第二年是留任还是改选哦。"即开始话就说到位，以免日后换人时双方尴尬。

2. 要艺术处理报名人数众多的情况

自愿报名时有时会出现另一个极端，就是家长都积极报名参加家委会。此时，教师不能打击他们的积极性，可以说："按照报名的先后来处理吧。因为教师还不太了解你们，先报名的一部分就暂时作为家委会成员，其他人可以作为热心家长。一段时间后，我们会根据每个人的精力、能力、时间来正式选举。"同时在这一年中，教师要仔细观察现有的家委会成员以及其他家长中谁最合适承担此角色，为今后的选举提前作好准备。

3. 不要在开学的时候就确定家委会成员名单

新班级不能在开学初就确定家委会成员，因为此时教师对家长不了解，如果确定后，由于家长不能履行责任和职能而换人时，家长多少会不高兴，以致影响班级工作的顺利开展，教师就会陷入被动。

四、公开选举结果

1. 公开家委会的职责

为了保证家委会的质量，家委会要确立其工作职责，让所有家长都明确，以便更好地主动配合和协助教师开展工作，同时也起到监督的作用。教师可将家委会的职责张贴在班级宣传橱窗内和班级 BBS 上，方便所有的家长在他们方便的时间内查看和熟悉。如我园的家委会职责是：①定期召开家长委员会会议；②协助幼儿园组织交流家庭教育的经验；③主动将家长、孩子、社会等反映的有关问题及时与幼儿园进行沟通协商；④促进家庭教育与幼儿园教育协调一致；⑤为孩子和幼儿园的发展提供便利条件。

2. 公开家委会各委员的职责

将家委会成员进行明确分工，并将个人职责予以明确后，打印成文本发给每位成员人手一份，帮助家委会成员进一步明确和熟悉自己的职责，以便他们自觉履行。同时，将各委员的职责公布在班级橱窗和班级 BBS 上，让所有家长都知道各成员分别做了哪些事情，当他们遇到不同的问题时，知道可以找谁去商量解决，还可以提醒所有家长主动帮助各家委会成员完成工作。如我园各家委会成员的具体职责为以下几点。

家委会会长：负责组织家委会定期、不定期地开展活动，协调幼儿园及家长们的关系，向家长们宣传幼儿园的理念及教育要求，动员和组织家长参与幼儿园活动，向教师和园长及时反映家长们的建议。

负责财务的委员①：专门负责管理班级所需的一切费用。根据班级活动开展的需要向家长收取费用，包括外出活动，孩子演出时的服装、道具等物品的购买费用以及按成本核算后的多退少补的工作；每次活动后将每笔费用的用途、具体金额等支出向全体家长公示，以文本的形式张贴在班级橱窗内。在重大活动时，要面对面地向全体家长说明，每位家长随时可以向其查询账目。

负责宣传的委员：专门负责班级宣传橱窗及班级每次外出活动时的宣传

① 注：各地政府部门都有规定，幼儿园和班级教师可根据教育活动开展的实际需要收取相应的费用。这些费用不能用于其他方面。让家委会委员管理它，可以起到监督作用。作者注。

旗、横幅的制作，平时班级需要的资料复印、打印，日常家园活动的主持人稿的撰写等。

负责资源的委员：专门负责班级外出参观所需车辆的联系，班级孩子参观农科所、公园、古生物研究所等社区、社会资源的联系。

负责总务的委员：专门负责组织和分配家长们制作全班孩子所需要的玩教具、孩子演出服装、班级节日环境布置、自然角管理等。

在给家委会成员分工时，要尽量发挥家长的特长和优势，可以将家长毛遂自荐和教师适当调整相结合。如在银行工作或在单位里做会计的家长可以担任负责财务的委员，在单位承担领导职务的家长可以担任家委会会长等。

家委会成员一般由三至五人组成。具体人数可以根据班级孩子人数及班级工作的需要确定。比如随着孩子年龄增长，班级孩子人数也在不断增多，家委会成员也可以酌情增加。如托班时每班孩子人数只有二十人，家委会可设立四名成员；到小班时每班孩子人数是二十五人，家长委员会成员可以增加为五人，增设一个负责安全或负责多媒体设计和技术等工作的成员；到中大班后孩子每班人数变成三十至三十五人，家委会成员可以再增加一至两名成员，具体承担什么职责可以根据班级需要确定。通过扩展，家委会成员由所有家长中的小团体逐渐扩展到大团体，进而调动所有家长参与班级工作的积极性和责任心。

3. 要公开各个委员的具体人员名单

由于家长工作的性质和家庭结构各不相同，每天来接送孩子的人员也可能不同，为了让所有人员都能认识和记得家委会成员，教师要将家委会成员和他们孩子的照片做成展板，并将孩子与家长的姓名都写上各自的照片旁，张贴在班级的宣传橱窗内，长期公示，便于所有的家长和其他班级的家长认识他们、记住他们、了解他们，这样有事时就知道去找谁，同时也可提醒家委会成员履行自己的工作职责。家委会公告板见图 2－1、图 2－2。

图 2－1　小二班家委会公告板

图 2－2　托一班家委会公告板

如何组织开展家委会工作

一、与家委会成员互动时注重交流的艺术

教师在与家长交流时或请家长做事情时，要注意说话的艺术，让家长感到很舒服。教师要多用请示、协商的语言和语气，让家长感觉到教师和他们是共同体，是好朋友在商谈事情，是教师在请求他们帮忙。

1. 礼多不怪

教师在与家长交往过程中要注重礼貌礼节，尽量让家长感受到教师对自己的尊重，要站在家长的角度去思考、说话，请家长做事前要先想到家长可能的不便之处。

如教师请成浩妈妈帮助班级复印材料时可对她说："很不好意思，又要麻烦您了。您复印好后，我去您那里拿。"

若打电话时还要加上一句"您要忙没空过来我就将材料送到您那儿。"

当教师这样说了后，通常家长都会非常热心地说："不忙不忙，我过来拿很方便的。"

切忌不能说："你是家委会的，你帮我复印是应该的。"那么家长很可能会推脱说自己做不了这事儿，即使做了心里也可能非常不乐意，也就不会有下次了。

2. 注意称谓

不要小看了教师对家长的称谓，不同的称谓给家长的感受是不同的。教师要从自己对家长的称谓上，让他们感受到班级是一个"家"，教师和他们之间是一种和谐的共同体。

对班级中的家委会会长，每次他来接送孩子或到班级来时，教师可直接称其"会长"，而不是说"××小朋友爸爸或妈妈"。家委会会长其实并不是一个多了不起的官位，但这种称谓的改变，一方面满足了家委会会长被认可和尊重的需要，另一方面也是强化了他的责任意识和角色意识。

当家长和教师相对熟悉，彼此间建立了朋友似的情感后，教师请孩子妈妈们做些事情时都是直呼：“亲爱的，请你做个××事情。”而对于男家长则可以开玩笑喊他“老王”“老李”等。

二、发挥家委会的自主性

家委会成员是成人，很多在单位都是领导，所以教师要放手，让他们的能力和资源得到充分的发挥。

1. 不要包揽或替代家委会工作

教师在与家委会成员互动时，将主题和重点交代清楚即可，至于什么人做什么、怎么做大可不必操心。否则，教师会将家委会成员的思维和手脚束缚住，他们自身的优势和想法也无法发挥。这样教师很累，他们也很累。

在亲子春游时，如果全班孩子家都有车，确定为自驾游后，教师就可以放手让会长来安排，既不必一一过问分工情况，也无须承担其中的项目，而可以在一旁观察。此时，会长会与家委会成员进行分工，安排谁做车贴，谁写回执单、活动流程，谁去打印、张贴亲子活动的内容等，他们都会有条不紊地安排好。

2. 要让家委会成员明白自己是班级管理的主人之一

教师要充分宣传家园共同管理班级的理念，在家委会上向家长“示弱”，说明离了大家，教师的工作就没办法做好。

教师要向家委会成员强调自己的观点，“我们大家是一个共同体，班级工作仅仅依靠教师的力量是不行的，需要家委会成员乃至于全体家长的共同合作，班里孩子发展得好家委会是功不可没的。”

教师还要向家长表明，“作为教师个人来讲，非常希望班级所有孩子都发展得好，全体家长都满意，但这需要大家的支持。”

教师通过这些方法将自己的观点以及对家委会委员的信任传达给他们，使他们知道自己和教师是一个共同体，从而愿意为班级和教师作出自己的贡献。

3. 要善于借用家委会的力量解决家长间的矛盾

家委会代表了全体家长和孩子的利益，当家长中出现一些难以解决的问题时，教师不要孤军作战，可以充分发挥家委会的组织作用。

以往，当班级中有孩子出水痘，得腮腺炎、手足口病时，某孩子还处在隔离期，家长可能会不顾园里传染病隔离期的规定，将孩子送到幼儿园，如果教师告诉家长要对其他孩子负责，要考虑到未被传染上的孩子的健康，请他将孩子带回家，到隔离期满后再入园时，家长常常会置之不理，还可能会出现与教师吵闹不休的情况。而现在，教师可将此情况反映给家委会，由家长委员出面与该家长交涉。由于大家同是家长，孩子又在同一班级，这些家长会迫于道德和舆论的压力，将孩子领回去休养，再也没有出现与教师吵闹不休的现象了。

三、充分肯定家委会成员的成绩

每个人都希望自己所做的事情被他人承认和认可。作为教师要善于发现每位家长在班级工作中付出的辛苦和热情，并给予及时的反馈和表扬。

六一节，班级中有家长志愿者过来给孩子化妆，其中岩清妈妈和琢雅妈妈将自己的化妆品带来给孩子们用，岩清妈妈当时就跟教师说："老师，你要表扬一下琢雅妈妈，她是画馆的，我向她借了一根黑色的油彩，她很快就拿给我了。"

从这件事上，可以看出岩清妈妈虽然是请教师表扬琢雅妈妈，其实内心是希望教师表扬自己为班级共同体作出的努力。此时教师立即说："妈妈，是我疏忽了，非常感谢您提醒我，也谢谢您为班级所做的服务。"岩清妈妈听了很高兴。

可见，家长对教师给予的肯定是非常在意的。因此，教师要毫不吝惜地对他们表示感谢。

家长们为班级活动所作的任何努力，教师都要及时在全体家长面前表扬，一方面满足家长被认可的需要；另一方面也让其他家长清楚，作为班级的一员每个人都要为班级服务。

在一次亲子活动中，一诺的爸爸妈妈负责全程的咨询、组织等工作。教师不仅将此信息用一线通的形式告知所有的家长，而且在其他家长接送孩子的时候，教师都会不失时机地说："这次活动一诺的爸爸妈妈费了不少的心思，很辛苦哦。"

切忌：在表扬的时候有遗漏。在表扬前，班级的两位教师要认真回顾每位家长所作的努力，一个个细数过去并相互确认，是否遗漏掉家长。要具体写明每一位家长做的具体事情，让家长们感受到教师看到了他们的热心和付出，也让其他家长知道为班级服务体现在每一件具体的小事情上，每个人都可以参与进来。

四、创造机会让家委会成员的孩子得到展示

家委会成员为班级做的每件事情，教师要引导他们看到这些事情背后的价值——对他们孩子发展的促进作用。

主要体现在：①家长频繁与教师和幼儿园联系，使得家长能相对深入和领先地了解到教师的教育主张和教育计划，可以回去在自己孩子的教育中准确实施。②孩子的发展机会比他人多。由于家长提前知道了教师要做的事情，就可以帮助自己的孩子做一些相应的准备，还可以带着孩子一起来准备。

毕业典礼主持人的工作，可以让家长和自己的孩子联合主持，家长说一句台词，孩子说一句台词。这样，有孩子的锻炼的机会，家长就会更积极地投入到班级服务之中。因为只要孩子得到了更多的发展机会，家长会愿意为班级做任何的事情。

五、重视幼儿园和教师在家委会工作中的引领作用

《幼儿园工作规程》中指出，"家长委员会是在幼儿园园长指导下的工作"，而班级的家长委员会的工作，必须在班级教师的指导下工作，这就是要求教师必须参与和指导家长委员会开展工作。因此，教师要参与家委会的会议及活动，并在过程中发表自己的观点和主张，进而影响家委会委员，并

通过他们传达给每一位家长。由于家长和教师看问题的角度不同，因此教师们要运用一些技巧逐步渗透这种影响力。

1. 事先沟通

家长每次来园开会都非常不容易，不可能为一个内容频繁地来园开会反复讨论，他们来一次就希望能够把问题都解决掉。因此，在组织全体家长大会之前，教师应在前一天打电话告知家委会成员或请他们来园告诉他们会议的主题、内容等。沟通时教师应先陈述自己的观点，并得到家委会成员的理解、认可。这样，一方面可以保证会议的主题明确、问题聚焦；另一方面可以保证全体或大多数家委会成员比较顺畅地达成共识。当会长主持会议时，教师应注意倾听、记录，并从旁协助他，如在他遇到困难或者解释不清时，给予解释和说明。

在讨论六一亲子集体舞晚会时，由于需要讨论的内容很多，如舞蹈的确定、家长来园练习的时间、孩子和家长的服装等，教师需要事先逐一与会长商讨事情的程序、每个环节多长时间、每件事可以在哪几个方案中进行选择等，以避免家长们来后因为意见分歧而消耗大量的时间。如确定练习的时间的问题，考虑到绝大多数家长周六比较方便，可把时间安排在周六，至于是第几周的周六可以请家委会讨论，个别家长如果不能来，可请其将碟片带回去自己跟着学，有问题的可找教师个别辅导。正因为事先与会长沟通过，将可能出现的问题都事先想好并制定了可供选择的方案，所以，这次家委会虽然议题很多，但效率很高，家委会成员们都非常满意。

2. 坚持原则

虽然每次是由会长负责组织家委会成员开会，但教师要尽量参加每一次的讨论和活动。因为家长毕竟不是幼儿教育的专家，他们对于孩子的特点不是很熟悉，难免会考虑不周全，这就需要教师的干预和把关。

在组织亲子植树活动时，家委会认为植树的地方大家都比较熟悉，可以不用事先观察场地是否适合全体孩子活动。但教师坚持无论多熟悉的地方，在组织集体活动前，都一定要去观察场地的安全性，是否适合全体孩子、家长共同活动的需要以及最近一段时间有无改变等。在教师的坚持下，家委会成员和教师一起去了。

在观察场地时，家委会成员和教师发现活动地点偏小，家庭单独开展活动或游玩还行，但是，全班孩子和家长共同活动根本不适合，而且场地周围正在种植草坪，有一些机器和杂物堆在那儿，不安全。于是，家委会和教师一致决定另择地点，并在实地观察了几处后，最终确定了植树的场地。

此次事件后，此班的家委会由衷地敬佩教师的专业性和责任心。他们说："你们的敬业态度，对孩子负责的精神，让我们感动，孩子交给你们我们家长放心。"

3. 引发思考

当家委会成员中出现不同意见争持不下时，教师作为平等方参与其中，引发他们深入讨论是非常重要的。这种参与不是凌驾于家委会之上，而是用一种平等、平和的态度引导家长，促使他们换位思考，从他人和多个角度出发来设计活动，从而保证全体家长的参与度和满意度。

某班家委会成员的经济条件相对较好，在讨论外出春游的方式时，提出要自驾游。他们站在自己的角度认为家里有车，自驾游会比较方便，但他们没有考虑到班里大部分的工薪阶层家庭，他们家里是没有车的，他们会不愿意参加这样的活动，会认为这是在炫富，会使自己的孩子感到不平等和自卑。

此时，教师把问题抛了出来："大家看呢？是否要考虑到所有家长的心理、经济能力呢？"

旁边墨晗爸爸和慕晨妈妈说："家园同游是一个群体性的活动，要有大家在一起共同参与的感觉，如果包一辆大车大家坐在一起花不了多少钱，而且孩子在车上会觉得很有趣，也利于家长和孩子们之间的相互交流。"

听到此话后，提议自驾游的家长说："抱歉，我只考虑到方便，忽略了其他家长的感受，就按照你们说的吧。"

4. 适时主导

教师要对于每位家委会成员的优势和不足以及他们的性格特点有所了解，适时适度地进行干预和介入。特别是当家委会工作安排不下去时，教师要主动介入，而且要让家长发现参与家委会工作后能推进自己孩子的发展。

在安排亲子活动主持人时，除了琢雅妈妈，其他家长都主持过，可是她并不愿意主持。

于是教师说："琢雅妈妈您主持，好吗?"她说："我绝对不能主持的!"教师说："您每天都说自己的女儿内向、不敢在集体面前讲话，这次就是锻炼的机会嘛。您可以带着女儿一起主持，您讲一句台词，让女儿讲一句，这不就是正是锻炼女儿的好机会吗?"

琢雅妈妈认为教师讲得很有道理，于是接受了任务。活动中，她看到女儿自豪和兴奋的样子很高兴。活动后，她主动跟老师说："谢谢老师，让我和女儿一起主持，让女儿得到了锻炼。"

5. 全程参与

教师和园长始终要牢记，无论是班级家委会还是幼儿园的家委会都是在教师和园长的指导下开展工作的。因此，教师和园长在放手让家委会承担某项任务或开展某个组织活动时，一定要全程参与。但是，这种参与不是完全由教师主导的，而是一种从旁协助和适时引导的参与。

某班教师请家长委员会根据班级六一表演节目商量演出服装问题时，家委会一致决定由家长出钱购买。此时教师的全程参与主要通过以下三个环节来实现。

(1) 布置任务前，教师应事先给予家长一些原则性的要求。

①要考虑到大多数家长的经济承受能力和心理特点。不要太贵，要照顾到经济收入低的家庭。

②要考虑到以后还能用，如演出后，还可以作为班服，衣服大小下一年还能穿等。这样可以避免在家委会作出决定后再调整时造成其他家长的不满，使得家委会成员做事没有成功感，不愿意以后参与服务工作，又和其他家长产生矛盾。

③要留有余地。要事先请每位家长登记自己孩子需要服装的尺码大小。购买时，一方面要尽力调配到家长登记的尺码，另一方面还要与商店或厂家说好：由于各个尺码大小不统一，如果家长发现大小不合适的，可以自己来调换。这样既方便了个别家长的需求，又避免了由于个别家长不满意而造成

的矛盾。同时，让个别家长自己去调换，体验统一购买服装家长的辛劳，也减低了操办者反复退换的辛劳。

(2) 在执行任务中，教师要在家委员旁观察、适时介入，帮助家委会化解矛盾。如家长在发服装时，有一位家长虽然登记了最大号，但是，由于登记的大号和买来的大号不是一个标准，所以买来后，此家长不满意，去找家委会成员要求更换。负责此项工作的家长说："我们是按照你自己登记的尺码买的，要换自己去换，我们没有时间帮你单独去再跑一趟。我特意给你留了最大号了，你还不满意。"而那位家长则说："我登记了大号，但是你这个号也太大了。和我要的那个号不是一回事。"这时家长将怒火发到教师身上，气冲冲地冲到教师跟前说："你们帮我换，否则我不要这个衣服。"教师此时耐心地对家长说："你不要着急，我们先帮你换一换，如果换不到再来商量。"后来，经过教师的努力，顺利解决了此问题。如果教师不从旁关注，并及时化解，这个冲突很可能会扩大，甚至影响到孩子的情绪及六一的表演。

(3) 在完成任务后，教师要对家委会的工作给予肯定，也要对于所有家长的配合给予表扬。这样，对于操劳的家委会成员的辛勤工作是一个精神上的鼓励和支持，也使其他家长了解了家委会工作的辛劳，同时强化了他们配合和理解家委会工作的意识。最后，教师要对一些问题认真总结梳理，以便下次组织相似活动时借鉴。

需要注意的问题

一、尽可能让每位家长都担任家委会成员

一般情况下，每一学年都要更换一次家委会的成员，以便每一位家长都能参与班级管理工作，并尽量在孩子在园的时间内，让每一位家长都担任过家委会成员。由于人人都参与过此项工作，所以每一位家长都知道家委会工作的内容，从而主动配合现任家委会成员的工作。当新的成员不了解工作时候，新几任的家委会成员还可以辅助进来，帮助新成员较快地进入工作状态。

二、欢迎非家委会成员参与班级工作

教师与家长们关系融洽后，特别是到了中大班，班级工作特别好开展，

家长们常常不分是否是家委会成员，是否是家委会的工作，他们都会非常积极主动地帮助教师和班级解决。此时教师不要拘泥于家长是否是家委会成员而打击家长的积极性。如大班孩子家长特别活跃、热心，只要班里有活动，教师请家委会成员留下来讨论问题时，旁边都会有一些非家委会成员的家长表示也要参加，此时教师应表示同意。因为教师在组织家园亲子活动时，会有很多琐碎的东西需要更多的家长提供帮助，所以教师要接纳其他热心家长的参与，这样会调动更多家长的主人意识、参与意识。

三、换届选举时要有连任

每年一次换届选举时，要保证部分家委会成员的连任。连任可以鼓励热心、有能力的家长的积极性，并充分发挥他们的影响力和作用，同时也可以保持家委会工作的连续性。换届时教师要保留家委会成员中特别好的，即那些有专长、有能力、有责任心和热情的家长连任。

四、接别人班时家委会可不在开学初改选

新接班的教师由于对原班级中家长和原有的家委会成员的情况都不了解，所以不要急于在开学初就换届，以免换届后不合适又没有办法再调整。

接班的时候教师要了解哪些家长是家委会成员，家访时要特别留意倾听他们的意见，如“作为家委会的成员，这学期班上的工作您还乐意去做吗？有什么想法和困难，请您提出来。”

当有家委会成员提出这学期不想再做时，教师一定不要立刻答应。可以说：“我是新老师，对孩子、家长都需要一个熟悉的过程，你们先继续留任，以后再讨论好吗？”教师表示自己的态度后，家长会轻松很多，也愿意将自己的想法与新教师交流了。

经过半学期下来，教师就可以发现哪些家长是像他所讲的那样有困难，哪些家长确实是能力有限无法胜任，还有哪些家长确实能胜任。教师在充分了解家长们的实际情况后，再来作改选和连任的决定。

五、不要擅自去掉不合适的家委会成员

当教师发现家委会成员中有不负责任的人员时，如既没有能力也不愿意做工作，每次通知他们参加活动时总是找出很多理由推脱不来，但目前他们还在任期内，教师不能不通知他们参加活动，否则容易使这些家长认为教师忽视他们的角色和权力，从而不仅不利于问题的解决，还会产生新的矛盾。因此只要召开家委会会议或活动，教师就一定要通知到他们，至于他们来不来是他们自己的事。因此，教师要慎重对待这些家长，不要造成新的冲突和隔阂。

第二节 家庭访问

家庭访问是教师实地考察和了解孩子成长背景的必要环节，是进行针对性教育的基础；是了解关于某个孩子、家庭信息的过程；是教师通过个人素养的展现赢得家长的好感和信任的时机；是教师和孩子、家长进行近距离、点对点相互沟通和相互教育的环节；是教师与孩子、家长建立情感的途径。

教师到孩子家上门访问（以下简称“家访”），不仅是与孩子的父母共商孩子教育问题的方式，还是与家庭中所有成员沟通的时机。在家访过程中家庭中的奶奶爷爷等其他成员都可能会参与其中，因此，家访是教师和孩子家庭中所有成员进行互动，帮助他们统一认识的最佳时机。家访是教师与孩子家庭成员之间的近距离接触，可以增进与家庭中所有成员之间的情感联系。新生家访是教师和孩子家庭建立良好关系的开始，老生家访是双方良好关系的延续。教师在家访过程中获得的信息、取得的效益远远超过电话、短信等手段获得的，家访可以让教师直接了解孩子的家庭经验资源、教育资源、为有效开展家园共育奠定基础。

家访前的准备工作

一、制定家访计划

家访按照时间段分为学习期间的日常家访和寒暑假期间的家访；按照对象可分为新生家访和老生家访。

一般来说，幼儿园都非常重视家访，要求教师对新生在入园前进行一次普遍的家访；对于老生要求一学年普遍家访一次。至于是在日常学习期间还是寒暑假期间进行，则由班级教师根据孩子的发展需要决定，不同孩子在不同年龄段、不同时期进行家访的目的是不同的。但是无论是哪一种家访都需要班里两位教师在家访前对本班孩子的情况进行全面分析，确定家访名单和家访的具体目的，制定家访的计划，避免家访的盲目性和无效性。

家访前制定的计划可以是提纲式的，也可以不写出来，但是班级的两位教师要事先讨论并达成一致意见。家访计划不要追求一种文本上的完善和完整，只要让教师明确即可。

中班放暑假前，教师请每个孩子在假期中种植一盆太阳花，在新学期开学时带来丰富班级的自然角，同时要比一比谁种得好。暑假时教师进行家访的目的之一就是了解孩子的种植态度、种植方法、种植过程中产生的问题、家长是否参与了孩子的种植、家长如何与孩子互动、孩子在种植过程中有了哪些发展等。

为了让家长清楚了解孩子假期的任务，并能参与指导孩子的种植。放假前，教师就将这一目的事先告诉了家长，同时给他们提供了一些指导孩子进行种植的策略。

家访前教师围绕以上的家访目的制定了一个家访调查表，以增强家访时的目的性，使教师可以充分有序地与孩子和家长交流。由于家长和孩子在实际种植时都有很多体会，再加上家长有目的地观察和参与了孩子的种植，所以他们与教师可交流的内容非常丰富，参与交流的积极性很高，避免了家访时双方都无话可说的尴尬情况。

教师在家访时，可根据家长们的问题提出下一步可以改进的地方，使得孩子在余下的假期生活中持续地关注太阳花。如因为太阳花开的时间较短，家长提到孩子不会写字，没办法记录时，教师可提示他们让孩子用画画、照相机拍摄等方法来解决。

教师在与家长讨论的过程中，应使家长理解教师让孩子种植的目的，即不是一定要种植出一盆花来，而是在种植过程中培养孩子对植物的探索兴趣以及解决问题的能力。这样的家访不仅对于孩子是一个点对点的指导过程，对于家长更是如此。

二、提前明晰本时期、本年龄段家访的目的

家访的目的是实施针对性的沟通，在互动过程中推进孩子、家长、教师的共同发展。因此，教师要明确不同孩子在不同时期、不同年龄段实施家访的目的是不同的。这样才能制定出有针对性的家访计划，从而有效地实施家访。

1. 新生家访的目的

初步熟悉孩子，通过现场观察，了解孩子的性格特点、生活习惯和认知能力；通过与家长的交流，初步了解孩子的家庭结构、经济情况、家庭成员相处关系、对待孩子教养的态度、对幼儿园的认可程度等；征询家长对幼儿园的要求和希望；初步建立沟通交流的通道；与孩子、家长建立初步的情感。这些信息的初步获得，有利于教师在开学初就能够实施有针对性的教育、指导并与家长进行有效沟通。

2. 老生家访的目的

了解老生假期的生活、活动情况，与孩子进一步建立亲近感；向家长介绍即将升入班级的孩子发展目标和学习的重点内容；针对孩子的现状向家长提出相应的配合要求，指导孩子在假期中进行针对性的调整；与家长交流孩子在假期中的进步，为升入新班作准备；向家长征询下学期班级工作及孩子发展的希望和意见。

3. 专题信息的采集

无论在实施新生还是老生家访时，教师都可以根据自己的专题研究需要进行专项信息采集。

某教师擅长于早期阅读的研究，她准备在小班开学时就尝试建立班级小小图书馆。为此，她假期家访的目的就增加了“重点调查家庭阅读情况，为小班建立图书馆、开展阅读沙龙活动、家长组织阅读活动等作准备”的内容。教师将自己专题研究的调查融入家访中，整合地进行重点和全面信息的采集，以免日后再次家访或调查时，增加家长和教师自己的负担。

此教师在家访时，先向家长介绍自己下学期的研究重点和具体的做法后，就开始实施研究的第一步，调查孩子和家庭的情况。教师拿出事先设计好的调查表，当着家长的面与孩子互动，当孩子回答不出时就询问家长，或者请家长补充，最后教师根据调查表里的一些内容和家长交流。

在这个过程中，家长初步了解了教师下学期重点要做些什么，从而在家里可以有意识地做些配合工作。同时，家长通过观察教师如何和孩子互动，和孩子一起完成填表的过程，有利于启发他们今后在家里利用相关事件和孩子互动，并展开教育。

有了这样明确的目的，教师虽然没有写纸质的计划，但是心中非常明确，家长也能感受到教师的敬业态度、专业性以及家访的必要性，就会主动配合并积极参与其中，孩子、家长以及教师三方也会各有裨益。

4. 突出不同年龄段孩子的家访重点

孩子处于不同年龄阶段时，家长对于教师家访的期望各不相同。

托班家访时，家长更多担心的是孩子的入园适应性和生活护理上的问题，希望教师能够多介绍孩子在园生活的详细情况，并告诉家长可以做哪些改善工作。

小班家访时，家长开始关注孩子的兴趣培养以及孩子与同伴的交往问题，如自己的孩子是否在班级有同伴，和其他孩子相处得是否融洽等。

到了中大班，家长特别希望了解孩子在本年龄段学习内容、学习水平等，家长在假期中可以提前做什么准备、应该注意什么样的问题等。

但是无论在哪个阶段，家长都希望教师在孩子即将进入下一个阶段前，能够提前给孩子作一些准备。因此，家访的时候教师应当根据家长的这种需求来制定和准备家访的内容。

大班上学期家访时，很多家长对孩子升入小学的适应性问题感到非常焦虑。他们非常希望了解到幼儿园在幼小衔接方面将要做哪些工作。教师家访时，可以主动介绍幼儿园在幼小衔接方面将做哪些工作，并告知家长学习习惯的培养是关键，然后针对此孩子的特点指导家长在家里应该做什么，具体可以怎么做。最后，要安慰家长，告诉他们所有的孩子都会适应小学学习的，请家长放心。由于教师对家长进行的是一对一的指导，所以家长能够有针对性地作调整，这样更利于建构家园共同体，推进孩子在每一阶段的发展。

三、提前设计好家访记录表

教师的每次家访都是一次与家长、孩子深入的个别交流，教师对于每一个孩子的家访重点各不相同。家访过程中教师能够采集到大量的信息，这些信息如不及时记录就会流失。特别是寒暑假期间的家访，一般都是集中家访，一天中教师要对班级中好几个孩子进行访问，常常会将每家家访的重点和孩子们的信息混淆。因此，教师在家访前应设计一个家访登记表，一方面可以提醒教师访问不同孩子的重点，以便进行有针对性的访问；另一方面也方便自己在访问过程中做一些简单的记录，如每个孩子的特点和个性化的信息。总的来说记录表是根据家访的目的来设计。

新生家访表就是根据教师要全面了解新生的基本情况来设计的。包括开学后的主要接送者是谁；孩子的身体状况，如是否有脱臼、抽筋惊厥，是否对什么过敏等；孩子的生活习惯，如是否自己吃饭，是否挑食、对什么挑食，午睡习惯怎样、是否需要人陪，有无依恋物、依恋物又是什么等；有什么特殊爱好或表现；孩子出生后谁是主要抚养者；家庭教育情况等（见表2-2）。这样教师在访问中，可以拿着表格和家长、孩子进行交流。一方面有助于教师在访问中目的明确、聚焦问题、不跑题、不遗漏，提高家访的有效性和质量；另一方面方便教师在和家长交流过程中边问、边听、边记录，及时地将每个孩子的特点和每个家长的关注点进行记录。

教师可以采用文字、符号、标记或打勾叉等简便的记录方式帮助自己快速记录和加深印象。

每天教师都要对当天家访的内容进行整理、归类。所有孩子的家访结束后，教师对每位孩子及其家庭的情况，会有一个总体的初步了解，通过记录表格，教师可以发现孩子们的共同特点和家长们的共同需要，以及家长之间、孩子之间的个别差异，为开学后有针对性地对孩子实施教育和开展家长工作作好准备。

教师还可以将记录表中的信息与新生报名表进行对比，发现哪些家长给孩子报名时所填的内容和自己在家访中实际了解的情况有差别，这有助于教师了解家长说的观点和他们实际做的行为有哪些不一样，从而思考其背后的原因：是主观上为了上幼儿园有意填得与事实不符呢，还是家长看问题的角度就是如此等。然后在今后工作中重点观察，以便从孩子的发展及与家长的交流中找寻答案，从而更好地促进孩子的发展。

教师家访时的记录，可以让家长体验到教师对待家访的认真态度。特别是当家长讲完后，教师再次针对自己没有理解或没有听清的地方进行提问时，家长通常都非常积极的配合，也再次感受到教师对他们观点和意见的重视以及教师的良好工作态度和认真负责的工作作风。

家访记录表见表 2－1、表 2－2、表 2－3。

家访的实施

一、事先预约

无论是寒假、暑假期间的家访还是平日的家访，教师都要事先预约，且一定要给家长一个准备的时间段和选择时间的权利。这样可以避免让家长觉得教师的家访打乱了他们原有的计划和生活秩序，从而不愿接受家访或造成家访效果不佳。

切忌在家访前一天突然告知家长：“我明天要来家访”。家长一听就非常反感。“我明天已经安排了事情，你怎么能突然说要来家访呢。”家长会拒绝，即使不拒绝心里也非常生气，结果教师花了力气得到的效果却不好，而且失去了通过家访建构家园共同体的目的。

所以教师预约时要给家长一个时间段选择。如平日家访的预约，教师可以说：“××家长，我想在下周内到您家进行访问，不知您哪一天方便，我好根据您的时间来安排其他家庭的访问时间？”这个预约给家长的信息是：我先跟您预约的，您定下时间了，我才能与其他家长预约时间；教师非常尊重家长，把您的时间放在第一了；而且教师给您一周的时间准备。此时，家长无论多么忙，都会安排好时间来接待教师访问的。

如果是寒暑假的家访预约，教师要在放假前就约好，因为假期长，一般家长会带着孩子外出旅游，教师不能破坏家长的计划。因此，教师可先问："您看我大约什么时间段到您家访问比较合适？"而且一定要补上："是放假初期、放假中期、还是快开学时？您定下来后，我会根据您的时间来安排整个假期的工作。"因为，教师也不能完全围绕每一个家长的具体时间，将整个假期都用来家访，一方面幼儿园会在假期中安排教师集中学习培训，另一方面教师自己也会有很多的安排，所以教师第一步只能预约时段，而不能具体定哪一天。到了接近具体家访时段后再与家长确定具体的时间。

预约时教师要注意避开孩子午睡、午餐和家庭晚餐的时间，尽量不去打乱家庭已有的生活作息时间，给家庭带来不便。这一方面可以显示出教师的专业性，了解孩子的生活作息是不能随意打乱的，另一方面也避免给家长形成初步的不良印象。

教师在预约时间时不要讲得太死，必须是一个时间段。虽然教师一般会把每次家访时间控制在半个小时内，但有时与家长谈的问题在规定时间内没有谈完，会稍微延长一些。而且教师有时也会遇到意外堵车、交通管制等情况。

有些家长特别严谨，如果教师预约十点钟进行家访，结果迟到了他们会很生气，教师给家长留下的第一印象就是不守时，为以后的家园合作造成了阻碍。

所以教师在与家长预约时可以说："××家长您好。我大约会在九点半到十点半之间到您家进行家访，我会在上一家结束后再与您联系，抱歉，打扰您了。"

教师这样说了，给家长的信息是：第一，我在上一家家访，不是在干其他的事不能准时来；第二，我与您约的是一个时间段，只要在这个时间段内来，都是准时的；第三，我还非常知礼，在上一家结束后再与您联系，这样在我没有和您联系之前，您可以自由安排自己的事情，教师已尽力将对家长的打扰降低到最小了。

家长就会理解教师：教师真辛苦，要家访那么多家庭；教师真有礼貌，话说得非常好听；教师真有职业精神，先提前预约，提前一天又电话提醒，当天快到时再次电话提醒。于是，家长就形成初步的结论：这个教师素质高，这个幼儿园的管理水平高。

预约的时候，教师要问孩子是否在家，一定要选择孩子在家的时间家访，否则会大大降低家访的价值。因为教师无法观察到孩子在家里的状态以及他与不同家人的互动情况，就无法针对孩子的特点展开进一步的了解和互动。

二、观察、询问、倾听、记录

1. 观察

观察孩子居住的小区环境是什么地区的房子、那里住什么样的人群、周围环境有什么设施，如周围是书店、公园、图书馆还是全是高楼住宅等；观察孩子家庭的经济情况，可通过他家房子的结构、房屋的数量、家里的装饰等来判断；观察家庭是否爱看书，如家里是否有书房、书房都放了哪些书、书的数量大约是多少、有哪些种类等；观察家庭人员结构，如是和祖辈住还是三口之家、是否雇佣了保姆或钟点工等；观察孩子的个性并尝试和孩子互动，从而观察孩子在家和教师的互动状态是怎样的；观察孩子在家里和家长的互动状态又是怎样的。

2. 询问

由于家长在长期抚养孩子的过程中对自己孩子的生长情况、特点、喜好、他们认为的优点和不足等，都会有很详细的自己的认识和观点。教师要通过询问家长，了解孩子的发展情况、生活习惯等，如是否挑食，具体挑什么食物；睡觉是否有依恋物，是什么物品，是独立睡觉还是要他人陪伴，是谁陪伴；了解孩子从小是谁带大的，和谁生活在一起的时间长；孩子上幼儿园后生活是否有变动、主要和谁在一起生活，谁主要承担教育或接送任务；了解家长需要教师关注的重点，如孩子上幼儿园后有哪些担忧、希望教师关注他哪些方面等。这样就可以把家长关注的重点记录下来，然后根据孩子的特点给予有针对性的关注。

3. 倾听

教师在家访中要注意倾听家长的声音。家长们会抓住家访时与教师近距离的接触，主动介绍孩子在家的表现、假期中的生活、孩子的进步与困惑等，特别是一些高学历的家长和祖辈家长，他们会滔滔不绝地叙述自己的观点和做法。此时教师一定要耐心倾听他们的想法，即使他们的观点与自己的明显不一致，也不要在中途打断他们，更不要去反驳他们，而是等他们叙述完后，在自己后面的对话或今后的工作中自然地、慢慢地逐步渗透。

在家访中教师要安排征询家长对班级工作的看法和需求的环节，如“您有什么要了解的或新学期对教师和幼儿园有什么需要？”“希望老师在哪方面对您孩子照顾和关注？”因为家长在自己家里比在幼儿园里放松，他们的状态也是一种自然的状态。家长会积极地提出对幼儿园、对教师的建议。同时由于教师给了家长表达自己希望的机会，可以进一步了解了每个家长的个性化需求，从而更有针对性地进行家园互动。

教师的倾听过程也是向家长学习的过程。家长群体是由不同文化水平、不同职业、不同领域的人组成的，他们对于教育的认识不乏真知灼见。他们在抚养教育孩子的过程中，不同程度地积累了一些有效的独特经验。教师在深入每一个家庭访问的过程中，自然地了解了各界人士对教育的看法、意见，为今后整合一切有利于教育教学的有效资源，更好地为孩子的发展服务作好了准备。

4. 记录

教师在家访过程中一定要有记录。俗语说得好：好记性不如烂笔头。再加上家访的家数多，每一个孩子家庭成员多，教师不可能一一记住他们的特点和要求。所以教师要在家访过程中用照相机、家访表格、笔记本、录音笔或摄像机等工具进行记录。

在新生家访时，教师可以用照相机给孩子、家长和自己拍下珍贵的家访合影，并通过影像很快地熟悉孩子和家长，然后上传到班级 BBS 上，供家长和教师共同熟悉和建立感情。还可以用照相机拍摄孩子的假期资料，待开学后给孩子们进行交流观看，也可以作为教师研究的分析资料。

在家访时教师边看、边问、边记录，利于回去后的资料分析。教师可根据专题研究的需要，在征询家长同意的前提下，用摄像机或录音笔做同步的录音或摄像，便于今后的研究中反复分析运用。

教师要注意：对于记录下的家长的问题要给予反馈，让他们感受到教师对他们问的问题的重视和认真对待。如孩子到中大班后，家长和教师很熟悉了，家长会不停地问：“老师，我们孩子小班时不爱发言的情况，到中班后有进步吗？”如果教师此时还没有观察或回答不上来，家长就会认为教师从来没有将他们关注的事情放心上，甚至误认为教师没有责任感。

教师将家访中家长的意见进行归类分析后，将涉及幼儿园管理和整体发展方面的内容，以适当的方式告诉园长，让园长了解到家庭对幼儿园教育的态度及价值观，从而有针对性地对幼儿园的管理、发展作出建设性的改进。

家访中教师应展现的素养

家访不仅是教师对家长和孩子进行近距离的观察分析的时机，同时也是孩子和家长近距离地观察分析教师的时机，所以教师一定要重视此过程中个人文明素质、专业素质的展现，让家长和孩子喜欢、认同和接纳自己。

一、展现教师的文明素质

教师进入家庭后，从敲门、进门、脱鞋、坐姿、喝水等各方面要注意体现个人文明的素质。

1. 按门铃的礼节

教师要先按一下门铃，然后等一会儿，倾听屋里是否有脚步声，若没有人来，再按一下。这样，体现出教师的从容、有礼和耐心。切忌一直按门铃，这样会显得粗暴无礼，还让主人感到教师非常不耐烦的情绪。

2. 进门的礼节

从进门开始教师就要面带微笑，并主动问候和自我介绍：“××好，我是×班的×老师。”然后向家长和孩子问好，接着向家长抱歉，由于自己的到来，打扰了他们。无论今天教师访问了多少家，有多疲倦，都要用微笑面对家长和孩子，用自己的好情绪让家长感受到教师是喜爱孩子、热爱自己的工作的，并不是敷衍地例行公事般来家访。

一般现在家庭进屋都要换拖鞋并将手中的包、雨伞等分类摆放或挂在衣架上的。所以，教师进门要先观察一下家庭的环境或者先询问主人的意见，雨伞是否放在门外，若放，要放在哪里、怎么放；包挂在哪里，动作幅度要小、动作要轻、慢；是否要换鞋，如果要换教师可将自带鞋套换上。不要急于到处张望，而要由让家长领着自己去落座。切忌：自己领先进屋并到处走动，随意看主人的房间。不要对家庭贫富进行语言的评价或情绪的流露，尤其是很富有的家庭或特别贫穷的家庭。教师不要流露出“哎呀，你家好有钱哦。”“哇，你家这么多房子啊!”……教师要注意态度的不卑不亢，一视同仁地对待每个家庭和家长。

3. 谈话内容

谈话内容要始终围绕孩子教育改善和孩子现有特点观察这个主题。切忌转变成与家长交流房屋装潢、如何挣钱、如何消费等其他话题上。教师要做到：到孩子家里该看的看，不该看的不看；该问的问，不该问的不问，所有的问题都指向孩子的教育背景和生活背景的了解，以免家长对教师的家访目的产生质疑，从而拒绝教师的家访。

教师的语速要慢、声音要轻，说话时要注意家里是否有老人或其他孩子在睡觉，不要吵醒或影响其他人的睡眠，或给其他人员带来不便。

4. 着装得体

家访时，教师的着装要体现出教师的职业形象：得体、大方、简洁。衣服一定要有领有袖，不要穿低领低胸衣服；尽量穿裤子，不要穿裙子，若要穿裙子一定要穿长裙，穿长裙时要注意坐的位置和坐姿，避免出现不雅的事情。教师着装的意义等同于“相亲”，要让家长认可教师的着装。

这些细节都能让家长感受到教师的高素质，从而初步对教师产生好感，也更容易接纳教师。

二、展现教师的专业素养

1. 一进门就能喊出孩子名字

教师在新生家访前，应利用新生报名表或从他人处了解孩子和家庭的基本情况。到孩子家后，能说出孩子的名字，无论是姓名还是小名，都能立刻赢得家长的好感和信任。如“××好，×老师来看你了。”或者用询问的口气说：“你是××吧?”这些语言给家长的信息是：这个教师很敬业。然后家长会很想知道教师是怎么了解到孩子的信息的。当听说是看了家长填的报名表知道的后，他们会感觉到教师请他们填表是有作用的。以后，教师再请他们填表时，他们会非常认真仔细地填写。

教师可以采取：提早一天将明天要访问的孩子的新生报名表材料看看，在当天访问完一家后，将要访问的下一家资料再看一下记住自己想要呈现给家长的信息。如“你们宝宝会过敏吧？他对什么过敏呢？告诉我们后，我们会在幼儿园里照顾到他的特殊需要。”

家长听见教师这么说，就开始对教师产生好感和信任：老师把我孩子放在心上，班级那么多孩子，还没有开学呢，她都记住我孩子的名字和容易过敏的事情了。她还主动询问孩子对哪些食物过敏，要照顾我们孩子。这个教师很负责、很用心。教师的家访是有备而来的，他今天来是来进一步帮助家长们核对这些信息的。家长会进一步得出积极的体验：哦，以后教师让我填表，要认真填写信息。

2. 要尊重、理解、包容祖辈家长

家访时，若是祖辈家长在家接待教师，对孩子在幼儿园的生活他们会提出很多细节上的要求。教师要耐心倾听，眼睛要看着他们，面带笑容，详细记录他们的要求。老人一般对孩子入园都很不放心，教师要尽力给他们安慰。但是，当祖辈家长握着你的手说：“我的孩子就交给你了”时，教师绝不能满口保证地说：“您放心，不会出现任何意外的。”这样，一旦孩子与其他孩子之间发生矛盾或自己不小心哪里受了点伤，祖辈家长会与教师理论的。他们会说：“你不是答应我孩子不会有事的吗？”此时教师会陷入被动。因此，教师可以说：“奶奶，我尽量哦，不周到之处您要多谅解哦。”同时，也要向其说明，孩子在园磕磕碰碰的事儿是难免的。

教师要了解并理解老年人认真和较真的特点。

教师到哈哈家家访时，外公特地戴了眼镜，拿出班级教师写的名单联系册指着他女婿的名字一栏说：“老师，你们把我们家女婿的单位写错了，我写给你们看，正确的是××。”然后当着教师的面将其改过来，并嘱咐说：“下次你们要写对哦。”接着，又拿出他外孙女的成长册来，指着评价表逐条问教师：“为什么这一条是打在‘优’、那一条打在‘良’一栏呢？”他想知道教师评价的标准，了解他家孩子的差距在什么地方。这就是老人，他们不是存心为难教师，而是特别认真，作为教师要理解他，耐心地解答他们的问题。

3. 要智慧面对孩子的拒绝

在家访的过程中，孩子常常会出现拒绝教师的亲近行为，此时，教师要充分体现自己的专业性。教师一定要冷静，首要选择转移孩子注意的方法，

千万不要和孩子正面冲突，以免孩子的拒绝行为升级，造成家长和教师的尴尬。

如教师一进孩子的家门，孩子就说："我要打死你，我要打死你。"还有些孩子讲脏话等，家长会和孩子说："怎么能这个样子呢？"但是孩子还是继续说："我要打死你，我要打死你。"这一方面可能是家里的家教有问题，另一方面也是孩子的年龄特点，他不想上幼儿园或者不认识教师，心里感到害怕而拒绝教师。遇到这种情况，不仅让教师，也让家长感到特别难堪。

此时，教师要安抚家长说："老师不会因为孩子的这个行为对他和家长产生不良印象。"接着，教师要向家长说明孩子出现这样行为的可能原因，请家长不要着急。同时，告诉家长无论是哪种原因，孩子的年龄特点造成他不可能立即改变自己的情感和行为，如果成人非常在意或企图阻止，只会刺激孩子的情绪，使行为进一步升级。所以教师应请家长采取转移注意或冷处理的方式，转而与家长交流而不去关注孩子，同时教师要把孩子的表现放在心里，入园后注意观察是什么原因造成的，并给予针对性的干预。

在托班新生家访时，教师要和孩子一起合影，以便传到网上，让孩子在假期中上网指认教师，对教师产生熟悉感，从而开学后，缩短入园适应期。可是在教师照相时，常常会有些孩子拒绝和教师一起照相。

此时，教师要接纳孩子的这种行为，可以说："那好吧，你和妈妈照一张相。"切忌：一定要孩子按照自己的要求做。不要说："老师抱着你照好吗？"甚至教师直接走上前去抱孩子。这样不仅没有达到亲近孩子的目的，反而激化了孩子情绪，使得他们更加不愿意照相。

教师可以退后一步说："宝宝，让妈妈抱着你和我一起照。"如果孩子还是不愿意，教师可以直接说："妈妈抱着宝宝照吧。"然后教师自然地加入，采取根本不告知孩子的做法。如果孩子实在不愿意照，教师可以和家长讲，可以让幼儿单独照，然后再和家长照，并通过后期技术将教师、孩子和家长三者的图像整合在一起。此时，教师千万不要在孩子面前显示自己的亲切，而强行抱他。因为此时教师与孩子并不熟悉，孩子对教师没有安全感，非常害怕和教师有身体上的接触。当孩子不能接纳教师时，教师就要退一步，不行再退一步，直至达成自己的任务。

教师在第一次新生家访时，不要主动地去接触孩子，因为孩子接纳教师是有个过程的，再加之是在孩子自己的家里，他们在家是另一个状态，他们不会因为你是教师就能约束住自己的行为。因此，教师要注意，当你没有把握孩子会接纳你时，要尽量少跟他们说话，少用教师的身份去要求他做一些什么事情，这不仅达不到想要的效果，反而会造成家长对教师家访的拒绝。

有时家长会非常热情地让孩子表演节目，此时孩子的情绪也会爆发。如家长说："我们宝宝很能干的，我们表演节目给老师看。"此时常常会出现孩子不愿意表演或由于节目很长孩子中途忘记的情况，从而影响了孩子的情绪。此时，教师要安慰孩子和家长说："宝宝准备的很好，到开学还有一段时间，你还可以练得更好，开学时再表演给我们全班的小朋友看好不好？"这样，既给了孩子和家长一个台阶，也可以化解孩子和家长的尴尬。一般家长都会说："对对对，我们开学再来表演。"而孩子也会立刻放松下来。

4. 要展现同班教师的整体性

主班教师或相对有经验的教师要照顾到配班或年轻教师的感受、发挥他们的作用。家访常常是同班组的两位教师一起去，此时作为班级中的配班或年轻教师常常会感到自己无事可做或不知做些什么的状态，家长似乎也不愿与他们进行交流。此时，主班教师或相对年长、有经验的教师要给配班教师搭台子，或事先分配好工作，让其明确自己可以做的事儿。

如主班教师负责介绍一些教育的经验，并解答家长提出的问题。配班教师可以在旁边主要负责记录，同时观察主班教师是如何进行家访的，提出了什么问题、问题的顺序是怎样的、家长提出了什么问题、主班教师是如何回答的、家长是怎么叙述他的孩子的、他的关注点在哪儿等。

同时，配班教师要提前作准备。可以与主班教师分工：对于一些幼儿园常规性的介绍，每家都要说的一些固定内容，可以由配班教师来说；而对于一些专业性的问题，主班教师可以多说一些。

每家都要问的关于孩子在家里的生活习惯等问题，让配班教师先问，主班的教师可以增加补充性问题或需要进一步了解的问题。也可以前面几家的家访以主班教师为主，配班教师先学习观摩，后面几家先由配班教师为主，主班教师给予一些补充和进一步的深问。

以主班教师为主时，主班教师要留一些时间给配班教师进行补充和提一些自己的问题。如主班教师说："某老师你有什么要补充啊？"这样配班教师就可以将自己在记录过程中不清晰的、自己想关注的问题提出来，真正做到两位教师互相支撑，采集到更多的信息，共同高质量地完成家访任务，为今后工作作好准备。同时，两位教师的相互补充和配合，使家长感到两位教师是一样的，避免让家长形成某一位教师不重要或不能干的观点。

5. 要尊重特殊家庭的忌讳

教师在家访时，有时因为孩子家庭结构或家庭中有特殊的人员，家长往往不愿向教师介绍或让教师看到，对此教师要给予理解和充分的尊重。

巍巍的父母离异了，但家长从未向教师提起，但教师感受到妈妈比较忌讳提孩子的爸爸，所以教师在家访的时候就尽量去避免父亲的话题。

教师到唱唱家访问，客厅里坐着个男的，长得很魁梧，一眼就能看出他行动不便。从教师一进门起，他就两眼直愣愣地一直盯着，此时孩子的爷爷奶奶不仅不向教师们介绍他，而且还回避地将教师带到外面，相对离客厅远一些。客厅没有开灯，非常昏暗，他就一动不动地坐在方桌子边一直盯着教师。当时教师虽然很好奇，很想了解这个人在家里面是什么角色，和孩子是什么关系，以便今后了解孩子的行为，但是看见家长非常忌讳，教师就没有去提起这个话题，尊重了主人的想法。

家访中应该注意的问题

一、不要太冒失

教师初次到孩子家里访问，对于孩子的家庭成员肯定不认识，也不可能知道他们之间的关系，因此，教师不能冒失地喊人，以免搞错关系，造成尴尬。比如将孩子家的外婆、奶奶错认为是钟点工、保姆等；将孩子的爸爸因为年龄大错认为是孩子的爷爷或外公等。当教师感到不确定时，可以问：“您是孩子的……”一般情况下，教师在哪儿拖长音，家长就会主动告知，他与孩子的关系和身份。此时也可以问问孩子：“他是谁呀？”让孩子去介绍，这样也很自然。

二、制定家访路线

孩子的家大多住得比较分散，教师可以将相对同一个方向的路线进行归类排序，先到谁家、再到谁家，这样教师可以节省很多时间和精力。

三、自备鞋套

现代家庭大多要进门换鞋，因此教师无论何时去家访，都要面临换鞋问题，如袜子易脏、脚的气味、鞋的摆放、家长在意教师是否有脚气等。因此最好幼儿园里给教师配备鞋套，这样教师家访时，套上鞋套，就可以解决很多尴尬。

四、制定《家访工作守则》

家访的重要性毋庸置疑。目前幼儿园教师都非常重视，也亲身感受到它的作用。为了更好地发挥它的价值，幼儿园可以根据本园的实际情况，制定出符合教师们需要，起到引领规范作用的《家访工作守则》。这样有助于教师们掌握和家长交流的原则、内容和技巧等，从而自信地去家访。

表 2－1　家访记录表①

项目	班级	小二班	时间		家访者	
家访目的	1. 初步了解新生的家庭情况、在家的生活习惯、性格特点，了解孩子的家庭教养状况，初步建立沟通交流的通道 2. 向家长和新生介绍教师，与孩子建立初步的情感 3. 了解老生暑假的生活活动情况，与孩子进一步建立亲近感 4. 与家长交流孩子的进步和改进之处，为升入小班作准备 5. 重点调查家庭阅读情况，为小班建立图书馆、开展阅读沙龙活动、家长组织阅读活动等作准备					
家访对象	老生 29 人、新生 7 人					
家长意见反馈	1. 新生家长主要关注孩子生活的照料，如吃饭怎么喂，要不要学会穿衣服，睡前喝奶怎么办等，希望幼儿入园后能在生活习惯上得到培养（详见表 2－2） 2. 大部分老生家长已经由原来关注孩子的生活，如午睡、进餐等，逐渐转向关注孩子的兴趣培养，除了假期中报了兴趣班，很多家长要求报小班兴趣班，并希望尽快报到名 3. 家长们对教师的家访很感动，表示暑假时间较长，孩子想念教师和同伴，教师的到来让孩子非常高兴 4. 家长对托班下学期的早期阅读讲座非常满意，在教师的带动下，90% 左右的家庭关注了亲子阅读，很多原来没买书的家庭开始注意买书给孩子看					
家访情况分析	1. 家长们很重视教师的家访，从 QQ 群、家长的询问中能看出，家长希望能从教师处获得更多自己关注的信息。家访中发现，除了父母都会争取在场外，比较关注孩子教育的祖辈家长也会赶来或作好准备。所以，家访一定要选在周六或周日，这时家长有时间，也能聚在一起，也利于教师在有效的时间里有较大的交流范围 2. 这次家访前作了比较充分的准备，首先规划好路线、联系好到达时间，而且实际操作与设想吻合，没有让家长等候过长时间；其次设计好便于简要记录的表格，准备了小本子、标记、照相机等，两位教师共同定好家访程序，并进行分工，保证了家访紧凑、质量高 3. 对于暑假中孩子的表现，无论好坏、进步的地方家长都很愿意向教师介绍，说明家长很希望教师能更多地了解自己的孩子，在各方面能较好地照顾孩子。教师认真地倾听和记录，能让家长放心，对一些观念上的差异，家庭成员之间的分歧，教师不当面评说，而是留待以后有机会再分别交流					

① 此表作者为南京市北京东路小学附属幼儿园俞燕婷、蒋娇娇。

表 2－2　小二班新生入园家访记录表②

幼儿姓名	家庭类型	居住条件	经济条件	入园情况	自理				体质状况	个性习惯	家长希望	备　注
					吃饭	午睡	穿衣	入厕				
	四代同堂、有妹妹	中等	中等	本园亲子班	要喂、包饭	迟	会穿鞋	中午醒了小便		急躁、随便，不应答		
	一家三口和外婆同住	中等	中等	本园亲子班			会穿鞋	睡前大便		比较大方		
	和妈妈住外婆家	尚好	尚好	本园亲子班	吞咽蔬菜有困难		会穿鞋		内火大，怕热，盖得少	比较大方	音乐兴趣的培养	爸爸长期在国外
	一家三口、有钟点工	中等	中等	本园亲子班			会穿鞋	两个月前停用尿不湿	右边肩部骨折过，冬天会连续发高烧	愿意与教师亲近	报兴趣班	父母工作忙
	一家五口、和爷爷奶奶同住	中等	中等	本园亲子班	吞咽长叶子菜困难	睡前喝奶	会穿鞋		易患上呼吸道感染，发高烧	大方	在同伴交往上顺利，不造成心理伤害	
	一家三口	尚好	尚好	本园亲子班	咀嚼困难、胃浅易吐、边吃边玩、要喂一个多小时	睡前喝奶	会穿鞋			自我中心，有轻微的口吃现象，外婆担心心理问题，需观察	关注口吃的矫正	主要教养者是外婆，非常关注生活细节和教师态度
	一家三口	尚好	尚好	本园亲子班	要喂		会穿鞋			随意、不太倾听和应答	同伴交往	

② 此表作者为南京市北京东路小学附属幼儿园俞燕婷、蒋娇娇。

表 2－3　托班家访情况记录表③

托儿姓名	接送者	身体状况、生活习惯			家庭教育情况					备注
		吃饭	午睡	入厕	个性	兴趣爱好	家访表现(喊老师、表演、抱一抱)语言、动作发展			特殊表现
	妈妈、外婆、奶奶；第一天：妈妈	会吃但不肯自己吃，不包饭、不挑食	睡觉很好	自己会小便，但是要脱裤子，会玩阴茎，大便会喊	开朗，比较大方，会穿鞋子，会用茶杯喝水 比较调皮，到处跑，欺负姐姐，妈妈护他	玩球、玩汽车、看书(家里选择的书不是很合适)	愿意喊“老师好”，并且很大声、清楚	表演儿歌《小老鼠上灯台》，边表演边爬凳子	会上楼梯，下楼梯不会两脚交替，能和姐姐一起玩球	暑假学习跆拳道，没有哭，家里对入园情绪很有信心；家里人不是很懂教育；孩子得不到满足会打人
	外婆；第一天：妈妈	蔬菜咽不下去，不吃青菜、瘦肉、对虾。爱吃西瓜、花生米，吃饭追着喂，坐不下来食欲很好	睡觉质量很好，但是觉少	不会站着小便，大便会喊	较开朗，坐不住；玩具不给别人玩；但是食物知道分享	喜欢音乐、敲鼓、唱歌，喜欢带衬词的音乐	会说“老师请吃”	不愿意和教师共同照相	大肌肉发展很好，会爬楼梯	外婆很在意称呼，要喊奶奶；父母很溺爱孩子，采用放养的方式；孩子对闪光灯敏感

③　此表作者为南京市北京东路小学附属幼儿园方芳。

续表

托儿姓名	接送者	身体状况、生活习惯			家庭教育情况					备注
		吃饭	午睡	入厕	个性	兴趣爱好	家访表现(喊老师、表演、抱一抱)语言、动作发展			特殊表现
	送:妈妈 接:阿姨 第一天:妈妈	自己吃,不爱吃的会包饭	自己单独睡	会小便,玩得时候容易忘	会欺侮姐姐,在家捣蛋,适应能力强	汽车、看书,电视看得很少	不说话	愿意唱歌给教师听	身体动作灵活	父母不健谈,工作很忙,一直在武汉姨妈家住,刚刚接回南京
	送:外公 接:奶奶	自己会吃饭、不挑食		会小便,也会尿在身上	很内向、不说话、脾气倔;不肯和教师照相,非要玩相机	对文字感兴趣,注意力比较集中	不和教师说话,认生	不和教师抱,发脾气	妈妈抱得多,动作不是很灵活	脾气相当大,全家人都害怕他哭
	外婆	自己会吃,但要喂		会小便,会喊	比较内向,在教师的鼓励下愿意喊人	能安静地看书很长时间,并且能边看边自言自语地说	愿意说"老师好"	愿意和教师抱抱	动作灵活,会上下楼梯	家长很重视教育,非常关注孩子入园的情绪,也比较担心这一点;开学需重点观察

续表

托儿姓名	接送者	身体状况、生活习惯			家庭教育情况					备注
		吃饭	午睡	入厕	个性	兴趣爱好	家访表现（喊老师、表演、抱一抱）语言、动作发展			特殊表现
	多数时奶奶接送，妈妈在家妈妈接送	会用筷子、勺子吃饭，吃饭很好，不吃葱		会大小便，自理能力很强，会自己穿鞋子、洗澡、洗脸	开朗，话多	爱看书，会自己讲故事	语言流畅，表达意愿很清楚，愿意拿玩具给教师玩	上课很认真，很有耐心，观察很细致	很灵活	一直在上创意宝贝课；父母出差较多，多数是奶奶带
	送：爸爸、外公 接：外公	自己能吃，长的、硬的东西不会吃，不会咀嚼，一直吃泥状的食物、不吃糖		不会脱裤子	爱说话	会拖地、爱跳舞	很愿意喊教师，和教师交流互动		不会上下楼梯	家里人非常的溺爱，外公心脏不好；孩子哭了会吐
	外婆	会自己吃，饿了不包饭	很爱睡觉	不会掏阴茎	喜欢和小朋友玩；在熟悉的环境中愿意交流；慢热型；父母亲子关系好，会和他玩	看书，玩车	比在幼儿园时表现好，在教师鼓励下愿意表现、会收拾玩具	要鼓励后说，不愿意说话	会跳、会踢球	

续表

托儿姓名	接送者	身体状况、生活习惯			家庭教育情况					备　注
		吃饭	午睡	入厕	个性	兴趣爱好	家访表现（喊老师、表演、抱一抱）语言、动作发展			特殊表现
	外婆	会用筷子自己吃		会小便，大便会坐马桶	开朗	会用剪刀、爱笑、玩小汽车	语言发展好，教师问什么都愿意回答，对答如流	家中的好书很多，愿意看书	会爬楼梯、踢球、拍球 2—3 个	
	送：妈妈 接：外婆	包饭，对吃不感兴趣，边吃边玩		小便弄在身上后才讲，晚上睡觉用尿不湿	爱跑、爱玩、胆小，和教师交往很谨慎，但是很有规矩	看书、球、笔	会用茶杯喝水，数学能力强，会点数十以内物品	愿意喊教师，教师问问题都愿意回答，语言很清晰，口齿不清楚	上楼梯会交替，下楼梯并步下	爸爸妈妈教育观点不一致，爸爸总是数落妈妈教育的不对，爸爸教育观点落后，认为教说话用拼音的方式教
	一直奶奶带	会自己吃饭，热的咽不下去，吃不了粗的东西	睡眠少	裤子不会脱、会喊、晚上用尿不湿	开朗	跳舞、唱歌、玩球	大方，愿意喊教师，请教师吃东西	会背唐诗，唱歌《小燕子》	喜欢运动	自尊心强、看电视《巧虎》

第三节 预约家长个别交流

预约家长个别交流是由班级教师根据孩子在园情况，围绕孩子的发展，有计划地预约家长到幼儿园进行的一对一的交流。很多在小型座谈会或群体家长来园活动中不便展开的话题，此时教师与家长可以直接、坦诚、深入、有针对性地交流，从而达成共识，它能最大化地满足家长的个性化需求，是家长工作中一个不可或缺的形式。但是很多教师惧怕与家长面对面交流，害怕家长提出的一些问题自己无法解答，特别是一些年轻教师更不知如何面对家长，这就使得家长感到预约交流无效，教师与他们预约时总是推脱有事不来，也就失去了一个让家长理解幼儿教育、支持教师工作的渠道。

预约交流前的准备工作

一、确定主题

由于是预约交流，因此在交流之前，教师可以先将话题确定。

话题来源可以是孩子发展中突出的特点或存在的问题，也可以征询家长的需要。在征询家长话题时，教师可以在家长接送孩子时征询，也可以通过打电话、发“教育一线通”等方式向家长征询。

问题可以是：“您希望了解孩子什么方面的情况？”“您在教育孩子过程中有什么困惑？”“您希望我们此次交流围绕哪个主题进行？”等。从而了解到家长的需要，并根据他们的提议来确定谈话的主题。

教师还可以根据家长日常与自己交流中流露出的一些观点来确定话题。特别是当发现某些家长因为某件事对幼儿园或教师产生不满后，教师一定要主动找家长预约交流，不要等家长来找教师，这样教师就会处于被动状态。教师主动预约家长说明教师不仅关注到这个问题，而且还持续关注孩子的发展。

某孩子脸上在园被其他孩子抓破了三次了，可能是他的自我原因，也可能是他攻击别人等原因造成的。当孩子的脸第一次被抓破时，家长没有说什么，觉得可能是意外，但是他记在心里了。到了第二次他心里就不满了。但是，教师此时依然没有预约家长交流，反而采取回避的态度，认为反正每次都是此孩子先挑起事端的。到了第三次家长彻底地爆发了，他气冲冲地找到教师进行指责，甚至还威胁说："今后再发生一次，我就到园长那儿去投诉你!"

教师委屈地大哭不止，但这正是教师没有采取主动积极的方法造成的。如果在第二次事件发生后，教师就将此事确定为与家长交流的主题，主动约请家长来园交流，同时观察孩子为什么会两次被抓破脸，他的什么样行为或在什么情景下会被抓，他的行为和别人有什么不一样的地方，他的行为和被抓是否有因果联系等。这种观察使教师事先占有一些事实资料，一方面为和家长沟通作准备，另一方面可以有效地预防同类事件的发生。这样教师就占有了主动权，让家长感受到孩子虽然被抓破脸，但是教师是关注孩子的。即使下次孩子再发生类似事情，教师已与家长交流过，家长知道是什么原因引起的，他的认知改变了，态度也就改变了，也不会使矛盾扩大。

此案例提醒我们：教师要根据潜在的矛盾冲突迹象，将其确定为交流的主题，提早与家长约谈，教师主动的态度是建构家园共同体的前提。

二、观察

教师和家长有效沟通的基础是教师的专业性，这种专业性体现在教师对每一个孩子的细致观察，体现在对每一位孩子的关注和理解、体现在教师推进了孩子发展水平的提高。教师对孩子关注和理解的多少，在与家长个别交流中能够充分地展现，这是让家长信服教师的契机。

因此，在交流之前，教师一定要对此孩子的在园表现有细致的观察和了解。如果教师平时对其没有充分了解，那么确定话题后，教师一定要重点观察孩子的具体表现，以便与家长交流时，向家长分析并得到家长的认同。

如果一个教师把家长约来后，只是空谈理论而没有孩子具体行为的描述，绝对是得不到家长认同的。因此，在与家长交流时，一定要充分了解此孩子在此问题上发生的多个事件的具体过程，教师可以采取让家长看视频或语言描述的方法。

交流时教师要先向家长介绍孩子在园的表现，接着向家长了解孩子在家是否有类似的事件或言行出现，然后再共同商量下一步该如何解决问题。

教师叙述得生动、真实与否，对于后面环节的开展有很大的关系。

教师谈到某孩子在园午睡时，始终需要教师陪伴，睡着后还会伸出手来不停地向周围或空中抓东西。教师问家长："孩子在家睡觉时是什么样的？为什么会出现这样的情况呢？"家长立刻说："教师观察得真仔细，我们家孩子一直是我陪着睡觉的，而且她睡觉时一直习惯拽着我的头发，所以她用手在空中抓，是在找我的头发。"

这样，家长就感受到教师工作很细心、很负责任，当接下来教师提出帮助孩子养成良好睡眠习惯的要求和策略时，家长就会认同并愿意接受教师提出的观点以及孩子其他方面在园表现的描述。

三、收集策略

教师要围绕某案例收集其中的问题解决策略，具体收集时教师可以回顾自己以往教育生涯中对同类型孩子采取的有效策略及孩子的后续发展情况，可以向本园有经验的教师咨询，也可以看书或上网寻找解决此问题的多种方法，还可以请专家从理论层面上进行梳理等。

新和爸爸在一开学就要求给她换座位，认为和他坐在一起的孩子都是不能干的，对他影响不好。

当时，教师就跟他说先不要换，一方面可以让新和接触新朋友，另一方面教师也可以观察周围的孩子对他到底有多大影响，是正面的多还是负面的多。听了教师的话，家长当时没有说话，但心里还是不太乐意。

教师看到这一情况后，就积极准备与家长围绕此话题进行个别交流。因此，开学后，教师除了一直观察新和在新小组中与同伴之间的互动关系外，还主动向老教师请教，上网查找相关资料等，并一直关注家长的想法和情绪变化。

在预约交流前，教师仔细考虑了该怎么跟他爸爸讲这件事，可以提供给家长哪些策略，怎么把教师的想法告诉家长，如何做到不卑不亢，如何既能说服家长，又能安抚家长的心情。

教师在进行了充分的理论层面和实际问题解决策略方面的储备后，再和家长交流时，就会充满自信，面对家长的即时提问和质疑，也能从容不迫，始终是面带微笑与之交流。通过对孩子行为的生动描述，列举多个事例，转变家长的观念，让家长通过谈话获得多种有益的信息，从而为孩子的发展作出自己的努力，使家园共同体的建构又向前发展了一步。

四、了解家长

在与家长交流之前，教师要充分地了解家长。家长个性是暴躁还是文静、是高学历还是低学历、是从事脑力劳动还是体力劳动、是行政干部还是普通百姓等。教师都要充分了解、掌握家长的差异，尽力找到和不同家长的契合点。教师要分析家长的想法，家长可能会做的事，家长在此问题上可能以什么方式接纳自己。教师要关注家长的个性，思考交流沟通的方式，要观察家长在某个事情上会有多大可能性接纳自己的意见。教师要做到让家长在情感上接纳自己，在认识上同意自己。

因为不同的家庭背景、文化背景、成长背景，不同职业、个性的家长，他们的价值观和话语系统是不一样的，教师与之谈话的方式和采用的语言系统也应该各不相同。

同时教师还要认识到，这个家长虽然比较暴躁，但是他暴躁不等于和教师对立，此时教师可以对他进行怎样的沟通甚至教育。

家园共同体建构过程，既是教师对家长进行教育的过程，也是教师被家长教育和自我教育的过程。当教师充分了解了家长们的个别差异后，教师就占有了交流的主导地位，然后根据家长的需要、特点选择相应的沟通方式，从而最大化地达成相互理解。

五、确定时间

预约交流的时间，不仅要提早告知家长，更要向家长征询适合的时间，同时也要考虑到适合教师的时间。因此，教师在与家长预约时，一般应给予一个时间范围，让家长自选。

教师可以根据交流的目的、内容和需要确定时间段，可以集中在开学初、期中、期末的一周或一个月，也可以分散在每月的最后一周或每周的某一天等，还可以安排在日常工作之中。无论选择哪一个时间段，都要给予家长一个相对自由的选择，让他们可以根据自己的工作时间，选择适合自己的具体时间段。

预约交流的时间底线原则：每位教师每学期至少与每位孩子的家长预约交流一次，每次时间不少于半个小时。这样一方面体现了对每个孩子、家长的公平；另一方面半小时时间也是交流质量的保证。当然，在实际交流中，一般都要超过半小时。

双方都要注意相互配合的原则：遵守约定的时间，不能迟到、也不要随意改动时间。因为，教师和其他家长还有交流计划，不能因为某一个人的计划破坏了他人的计划。家长和教师都会因为工作忙，而将预约时间忘记，因此，教师要给家长一个书面预约通知单或短信，帮助家长记不清时查看见表2－4。

表2－4　预约交流一览表

孩子姓名					
	九月第三周	十月第三周	十一月第三周	十二月第三周	一月第二周
	爸爸 周一中午1:00				
				妈妈 周一中午1:30	
		爸爸妈妈 周一下午5:05			
					外公 周二晚5:05
			爸爸妈妈 周三晚5:05		

六、预约人员

一般教师都是与孩子的父母预约，但是由于父母工作繁忙，有时会请爷爷奶奶或家里的其他人员来，这样，教师准备的谈话内容就会变得无的放矢。

有些谈话内容的针对性特别强，如因为孩子的父亲或母亲的问题影响了孩子，教师特别希望他们亲自来园交流，预约时教师就要特别明确地告知孩子的父亲或母亲此次交流是谁来。

有些孩子是与外公外婆或爷爷奶奶生活在一起，只有休息日与父母住在一起。如果预约交流仅仅与父母进行，教师会发现他们交流时很激动，表示要配合教师改善家庭教育的方法，可是回去后实施效果很差。这是因为谈完后只有他们知道正确的观点和方法，但是他们每天又不和孩子生活在一起，主要还是将孩子交给老人。由于老人没有参与交流，不知道正确的观点和方法，即使父母传达了正确的观点和做法，也可误传或不被老人接受，更谈不上正确执行了。所以教师需要让所有与孩子生活在一起的成员都同时与教师交流，面对面地进行澄清，共同承担教养孩子的责任，从而提升交流后的成效。

总之，教师要根据交流的目的来确定与孩子家庭成员中的哪位或哪几位来交流。但无论是谁，教师都应事先明确，并在预约时告知家长，以保证谈话的针对性和有效性。同时以“预约交流通知”的方式告诉家长。

预约交流通知

各位家长：

您好！

下周一（1 月 14 日）至下周五（1 月 18 日），我们将开始家长预约交流。

主题是本学期宝宝的发展情况。

交流时间每个家庭大约半小时。

恳请大家于本周内尽快来园选择您合适的具体时间，并将宝宝的名字签在相应的表格中。先来先选哦！

特别注明：

①本次谈话要求宝宝的爸爸妈妈参加（一人或两人都可以），千万不要请老人来哦！

②请按照自己预约好的时间准时前来。为了不影响他人交流的时间，请不要迟到。

××班

×年×月×日

七、安全防备

每个幼儿园都有自己的进出门的制度，家长不可以随意进入幼儿园。为了既保证孩子的安全，又顺畅地与家长交流，幼儿园和教师可以请家长手持“家长进园交流预约单”进出幼儿园大门，这样既可以提醒家长按照时间进出大门，又保证孩子的安全和幼儿园正常的工作秩序。

家长进园交流预约单

________家长

我是北幼________班教师________，诚邀您于________年________月________日________时________分持此预约单来我园，共商孩子的发展和教育问题。

预约教师：________

具体地点：________

进园时间：________时________分（门卫人员填写）

离园时间：________时________分（门卫人员填写）

交流时间：________时________分________时________分（交流教师填写）

门卫签名：________

预约教师签名：________

________年____月____日

预约交流的实施

一、开始直接挑明主题，不要拐弯抹角

教师在请家长落座后，就可以直接向家长说明本次交流的主题。这样的好处是。

1. 让家长明确主题，始终围绕内容来谈，提高交流的聚焦性和有效性。避免家长在与教师交流过程中游离出主题，将话题扯远，从而不利于问题的解决。

2. 教师事先可有针对性地准备话题内容，特别是一些年轻教师，对于孩子的教育经验和策略积累得相对较少，当家长跑题或提出另一个问题时，常常不知如何面对，从而使自己处于尴尬境地，又使家长觉得教师的专业水平不高，不利于今后认同教师对孩子的教育观点和方法。

二、先表扬孩子的优点或进步，不要先批评

交流时，教师不能一开始就陈述孩子的不足。因为作为家长，都希望教师表扬自己的孩子、发现他的进步，谁都不愿意被教师约到幼儿园内批评。家长开始就没有一个好的心情，就会对教师产生抵触情绪，从而直接影响后面的交流效果和对教师交流内容的认同。

因此，教师要先通过叙述孩子近期发展中的进步和优点来营造良好的交流氛围，为后续的深入交流铺垫好情感基础。

三、先描述与孩子相关的事件本身，不要先下结论

教师不要在与家长交流之初就先下结论，告知家长他的孩子调皮、不爱学习、喜爱打人等概念化的结论，而应详细描述孩子在园出现的一个或多个事件，像讲故事一样讲清楚事件发生的时间、背景、过程，孩子当时的语言、动作、表情、体态等，教师在叙述时可以模仿孩子的神态、语言和动作，增加家长的现场感。

因为家长非常想了解自己的孩子在园是怎样的，甚至想了解有关孩子的一切事情，所以教师在叙述时，他们会非常专注地听自己孩子的故事，他们在津津有味中感悟到或理解了教师要与他表达的主题。当教师在后面与之讨论时，他们会非常有耐心地与教师讨论，或主动地倾听教师对于自己孩子的分析与评价。

四、先征询家长看法，不要急于表达自己的观点

当教师把孩子的故事讲完后，不要紧接着就分析判断孩子好与不好、对与错等，而要先征询家长的看法，如“孩子出现这样的行为可能是什么原因呢?”“他在家是否出现过这样的情况呢?”“如果遇到这样的情况你们是如何处理的呢?”这样家长就会自己去回忆、反思孩子在家是怎样表现的，自己做了什么造成孩子会出现这样的行为……

有时，家长在叙述的过程中就会明白孩子行为产生的原因，会对教师说：“我知道了”。更多的家长在自己分析后，还是找不到原因，他们会主动向教师求救：“老师，你说是什么原因?我们该怎么做?”此时，教师再来表达自己的观点，是满足家长的需要，给家长支招，他们会从内心生发出需求而主动倾听，教师此时发表的言论也就不是对家长进行指责或对他们不足的批评了。

交流后的后续行动

一、观察家长后续行动的效果

预约交流的目的是让家园双方都能为孩子的发展共同出力，因此，教师不能为了交流而交流，认为这是幼儿园里的制度规定，教师要每学期至少与每位家长预约交流一次，觉得“我已经与全班幼儿家长都交流过了，我的任务也就完成了”，而是应该从交流后的效果进行反思。

每一次交流都是教师与每一个家庭心与心的交流，是教师专业性的体现，目的是让家长和教师同心合力地推进孩子的发展，教师的每一项工作都是为了这个目的展开的。因此，教师要将自己的每一个行动都成为推进孩子发展

的有效策略。

预约交流后，教师一定要去观察、反思家长们的教育行为有无改进或调整，他们的孩子是否有变化，孩子的变化和他们是否有关系，他们的变化和交流有多少关系，教师的哪些方法对他们产生了作用，哪些方法对他们是无效的等。

两岁的皮皮是个脾气非常倔强的孩子。一天小便时，皮皮把另外一个孩子挤下来，自己准备脱裤子小便，此时教师把她抱下来说："皮皮，要排队上厕所，你等一下。"当那个孩子小便后，教师再让皮皮去小便，皮皮怎么也不肯，而且穿着裤子就站在那小便了。

教师将此事件与家长交流，并请其在家里进行教育。家长回家后想改变她的女儿，可是家里并没有与幼儿园一致的情境，因为家里上厕所不需要排队，也没有人要与她抢位子。如果成人跟她讲道理，两岁的她根本听不懂。因此，家长回去教育后，孩子没有变化，这不是家长不配合，而是因为教师选择的交流主题不合适。

因此，教师事后反思总结：当孩子在幼儿园情境中有某种现象，但在家里没有这种现象，也没有情境帮助孩子改变时，教师就没有必要要求家长回家去解决问题，而应由教师在幼儿园情境中，逐渐帮助孩子改变。这是教师根据交流后家长是否采取行动及行动的效果反思获得的，这样的反思，有利于教师在今后的交流中积累有效的经验。

二、对家长在交流中反映的问题要进一步观察并给予反馈

在大多数的交流中，家长都会针对自己的孩子向教师提出一些问题，有时这些问题是教师日常没有观察到或不清楚的。此时教师不要难为情，不懂装懂，含糊地回答家长，而是应当如实告知家长："您反映的这个问题或现象我还没有发现，暂时我还不能回答您，但我会请教其他教师或我在园观察孩子后再与您交流。"教师一定不要应付家长，而是应该观察过一段时间后，再次预约家长前来，给予反馈。

这种态度和行为，会让家长感受到教师是重视他的问题的，而且非常有

责任心，更重要的是让其感受到教师对他孩子的持续关注，使得他们愿意主动与教师沟通，愿意采取一致的教育方法，推进孩子的发展。

三、持续的交流，感动家长

对于一些特殊孩子的家长、在家庭教育中有困难的家长以及根本不重视孩子家庭教育的家长，教师仅靠一次交流是无法转变他们的观点或提高他们教育孩子的方法的。教师要多次、持续地与他们进行预约交流。在交流时，要采取多举例少讲理论的方法。让家长看到和感受到教师的真诚和爱心，理解教师用了大量的时间来和他们交流，不是为了找他们的麻烦，而是为了他们孩子能够发展得更好。通过一次次的交流感动他们，使他们与教师建立良好的情感关系，促使家长理解教师，接纳教师处理问题的方法并且愿意尽可能地配合教师的教育。

实施个别交流应注意的问题

一、班级教师之间要沟通

教师在自己观察过孩子，收集了一定事实资料后，不要贸然地与家长交流，而是要先与同班组的另一位教师、保育教师进行沟通，将自己看到的和想到的关于此孩子的情况讲给他们听，听听他们是否和自己观察到的情况一致，他们还发现孩子有什么不一样的情况，他们看到的情况如果与自己不一致可能是什么原因造成的等。

这样可以保证教师对孩子的分析、诊断是全面、准确的，避免了偏见的产生。同时，也可以避免家长将同一个问题在不同时段问班级不同的教师时，得到不一样的诊断或反映，以免家长对班级教师产生不信任。

教师在预约交流后对家长的观点和问题也要及时与班级中其他教师进行沟通，这样便于大家共同观察和收集资料，当家长来询问教师时，可以同时回答，也让家长感受到班级几位教师的合作性和整体性，从而信任每一位教师。

二、年轻教师不要害怕与家长交流

年轻教师要敢于面对家长，要认识到只有在与家长面对面的实战交流中才能提高自信、积累谈话的经验。年轻教师可以以一位新教师的角度去观察孩子，也会有很多老教师看不到的新发现；可以从自己擅长的方面开始与家长交流，如某年轻教师喜欢音乐，对孩子音乐方面的发展比较熟悉，可以以孩子的音乐发展为主题与家长交流。

三、认真对待不期而遇的交流

除了有计划的预约交流外，还有很多是与家长临时性的交流，因此，教师要把每个孩子放在心上，做一个有心人，时时刻刻观察孩子的日常言行并记在心中。无论是哪位家长，什么时候来交流，教师都能向家长具体描述孩子的情况，使家长感受到自己孩子是被关注的，从而自然地认同教师、接纳教师的建议，积极主动地配合教师的教育主张，使家庭教育和幼儿园教育同方向、同步走。

案例

秦妈妈的焦虑①

- **人物性格特点介绍**

秦子睿是大班唯一一个插班生，家住科研所内，我们班有几个孩子住在科研所内，因为平时接触较多，逐渐形成了一个小团体（包括孩子和家长）。秦子睿个性开朗，有些急躁，很喜欢和同伴一起玩，他反应比较快，但不太能用语言表达自己的交往意愿，也就造成他与别人交往时缺乏耐心，表达不清，与同伴的交往不太顺利。秦子睿的妈妈是位全职妈妈，性格开朗爽直，很关注孩子的交往能力发展。

---

① 本案例作者为南京市北京东路小学附属幼儿园俞燕婷。

- **事例背景介绍**

秦子睿所在的班级组织春游活动，中午要聚餐，考虑到已是大班下学期，孩子的自由选择需要更大的空间，我们改变往常按自然组聚餐的做法，让孩子自由选择同伴。考虑到各小组需要进行有效的交往，各组人数必须均衡，我们对人数进行了限制。这些我们都一一向家长做了介绍。分组时，秦子睿想进入科研所的那个小团体中，团体中一个叫顾欣悦的女孩儿没有同意，并试图向他解释人数够了，可是秦子睿听说不同意后就气呼呼地走了，没有听到解释的话。（这一过程是事后了解，并得到有关孩子的证实）回家后，秦子睿伤心地诉说分组的事情，并告诉妈妈顾欣悦叫其他孩子也不要同意。秦妈妈第二天早上在幼儿园遇到顾欣悦和她的妈妈，有些生气地质问顾欣悦。顾妈妈觉得女儿受了委屈，没在幼儿园和她争辩，回家后找秦妈妈谈话，结果不欢而散。我从顾妈妈处了解事情后，觉得秦妈妈的心里肯定有解不开的疙瘩，马上打了个电话，果真秦妈妈很激动，说自己正在上论坛，准备发表一些对聚餐分组的看法。我先安抚了秦妈妈的情绪，然后提出下午来交流的邀请，秦妈妈情绪稳定了些，接受了邀请。

- **教师与秦妈妈的谈话**

教师：您有什么想法？现在可以和我说说吗？

秦妈妈说得较多，主要集中在以下两点。

1. 在诉说事情经过时，觉得儿子没被接纳心里很不舒服，顾欣悦有做得不对的地方。

2. 对自由选择分组有看法，认为对儿子存在着不公平，儿子是插班生，同伴间的关系肯定没有老生牢固，儿子语言表达能力弱，想做什么不会清楚表达，自由组合对他来讲有很大的困难。

教师：秦子睿在这次事件中没被其他小朋友接受您的心里感到很难受，我们非常理解。这个事情得很好地解决，才能不影响您和顾欣悦妈妈的关系，毕竟你们住在一个院子里，经常见面，孩子还要经常在一起玩。其实我们大人之间良好的交往关系会给孩子树立榜样，给孩子更多交往的机会，应引导孩子学习如何获得别人的认可。

秦妈妈：我们应该和老师先商量商量。

教师：对啊，孩子在幼儿园发生的矛盾，我们并没有亲眼看见，所以最好问老师，先了解清楚孩子之间到底发生了什么。（我将通过相关的不同孩子了解到的事实经过、自己询问的经过一一讲述给秦妈妈听）

秦妈妈：儿子就是这样，急火火的，和别人比起来开窍迟，经常弄不懂别人的意思。人满了，他就认为是不要他了。

教师：秦子睿产生误解的原因，不是他听不懂，而是根本没听完就跑了。如果秦子睿能耐心听完别人的话，可能心中的焦虑就不会有了。

秦妈妈：就是啊！

教师：现在就自由分组的做法谈谈我们的目的和想法。我们是想给孩子一个自由选择的机会，在选择的情境中很自然会产生各种问题，所以每个孩子遇到的问题不同，他们需要想办法采取策略解决自己的问题。秦子睿有他面临的问题，别的小朋友也有他们的问题，比如有的孩子都不能向其他小朋友提出自己的要求，秦子睿就没有这样的问题，所以并不是插班生就更困难。我们观察发现秦子睿虽然才来不到一年，但是比我们班有些孩子与同伴交往的频率高得多，这是因为他开朗积极，喜欢交往并能很热情地与同伴交流。当然，并不是有热情就能很好地交往，还要有策略，要能关注到别人的感受。

秦妈妈：这个我也理解，在家的时候我为了锻炼他的耐性，就买了个智力球让他玩。他在一而再、再而三的失败后就没有兴趣再玩了，所以以后为了防止他这样，我就干脆不让他做了。交往也是这样，他如果失败了，我也会要他放弃。等他开窍了，到了小学再教他会懂的。

教师：不用等到小学，他现在就有交往的意愿，交往中遇到的问题自然就他的面前。如果放弃，他还会遇到更多的问题，大班这样的交往分工活动很多，长此以往以后可能会造成交往热情的丧失。其实您已经发现了他在交往中的欠缺，他的表达方式很外露，多数表现在行为中，这样容易造成别人的不舒服和误解，产生排斥和不接纳。我们成人要做的事就是提供机会引导他学习。我们给孩子自由分组就是出于这样的目的，看看孩子遇到什么问题，他怎么解决，需要我们怎样的帮助，他能积累哪些对以后进一步交往有益的经验和策略。更主要的是孩子在一次次的交往过程中能慢慢意识到自己的问题，进行自我调整，最近我们发现秦子睿就有些注意到不用手去抓别人了。

教师：其实，如果我们将这些经历看做是孩子不断学习和发展的过程，孩子从中获得的是对今后有益的交往经验、交往方法，我们是不是可以不要太焦虑了呢？

秦妈妈：听了您这样说，我觉得这是很好的事情，我该怎么做呢？

教师：首先可以鼓励秦子睿自己向顾欣悦询问原因，这样有助于他交往语言的运用，当然这是需要练习的。然后问问他“要进的小组人满了怎么办？可以有哪些方法？”接着让他尝试使用这些方法解决问题，直到自己满意为止，这样才能让他真正体会到交往的成功，知道如何说、如何做才能获得别人的认可和接纳。

秦妈妈：回家我就和秦子睿说说。

教师：其实，今天在了解事情的过程中，我们已经引导秦子睿这样去做了，回家后可以和他多交流交流，看看他的情绪怎样。

第四节 家长小型座谈会

在家园沟通中，班级家长会和个别交流是我们常用的交流方式，座谈会用得较少。

座谈会是一种圆桌讨论会议，通常由4—10位家长聚到一起，在教师的引导下对某一主题进行深入讨论。开座谈会的目的是了解家长们和教师对某一主题的看法以及影响这种看法的原因，并试图找到解决问题的方法。

座谈会不同于一问一答式的个别交流，是在有经验的教师主持下的多人讨论，参加者之间存在一个互动关系，由于一个人的反应会影响其他人，因此这种互动产生的信息要比同样数量的人作单独陈述时产生得多。座谈会是教师与参加座谈的家长之间、各位家长之间的互动，每个人都是教育的资源和被教育者，因此可以分别满足不同家长的沟通需求。在家长会和个别交流中，有时家长只听教师说，由于没有受到触动，无法意识到问题的严重性，也就很难接纳教师的建议。如果采用小型座谈，家长在把自己孩子与其他孩子情况的比较中，在与其他家长具体经验的碰撞中，有所感悟，接受建议就会容易一些。

小型座谈会还是一个相互学习的平台，教师可以从不同的家长身上吸纳到一些教育观点和策略，深化和丰富自己的教育的认识和方法，同时也是家长之间相互碰撞、启发、学习的机会。

针对班级中部分孩子的共性问题，采用小型座谈的方式比较好，这样能充分调动家长的育儿经验，改变以往教师一人谈的方式，集思广益，让家长教育家长，也节省了教师大量的时间，不必逐一与家长沟通，避免了个别交流时对共性问题的多次重复。

小型座谈会中谈论的问题，一般会讨论得比较深、透，问题的分析和解决面也广，家长受益的时间会延续得较长。小型座谈会有个别交谈、集体讲座欠缺的优势，表达的家长们分享的经验具体、实用、操作性强，倾听的家长们接受起来更容易，而且能让听者主动反思自身教育行为对孩子的影响，并针对自己孩子的特点采取有效的方式进行教育。

教师们特别是年轻教师常常打怵于座谈会的组织，她们困惑：怎样确定座谈会的话题、怎样让家长了解座谈会的中心话题？在座谈会的前期，教师如何作准备？过程中怎么组织？特别是不能根据每一位家长的心理和需要来组织座谈，对于谈话的局面也不太好掌控。感觉小型座谈家长多，教师担心每个人都抛出各种问题自己不能很好地控制，加之家长多，自己一个人心里特别紧张。

座谈会话题的来源

一般来说，座谈会的话题来源或适合讨论的事件，可以由教师根据教学主题、孩子发展情况等来定，也可以提前向家长发放问卷，了解家长最想了解的问题，选取其中较有集体讨论价值的内容作为主题。

一、某些家长的共同需求

当某位家长或某几位家长对自己孩子的问题比较担忧，又苦于没有好的方法解决时，教师可以有针对性地介绍相关育儿教育理论，或者请在这方面做得比较成功的家长到小型座谈会上进行经验介绍，让小型座谈会真正成为家长交流经验、解决问题的平台。

我园小班第一期的插班生家长小型座谈会，教师就请所有的插班生家长参加，同时，对于那些对此有兴趣的老生家长也邀请他们做嘉宾。因为他们的孩子都经历过入园不适应，他们的一些切身经验和真实感受，可以与插班生家长分享，也更易得到这些家长的欢迎和移植。

又如保姆或钟点工的培训式座谈会。由于现在很多家长自己的工作比较繁忙，孩子都是由保姆或钟点工来接送或照看。保姆或钟点工不敢教育孩子或不会教育孩子，多数采取一种放任的态度，同时很多孩子对于保姆或钟点工也极不尊重……教师可以以“保姆如何照顾和教育孩子”为主题展开座谈。让他们谈谈自己的难处，并教给他们一些具体的策略和方法，解决他们在带孩子过程中的实际困难，提高其与孩子互动的质量。

二、应引领各年龄段孩子家长的内容

各个年龄阶段孩子的家长都有一些共同的担忧，都希望在孩子发展的每一阶段得到教师的引领。作为教师要在孩子的每一阶段，围绕家长担心的一些问题，提取一些比较集中的问题召开一些座谈会，起到引领、解惑的作用。如新生入园适应问题、同伴交往问题、幼小衔接的问题等。

如大班幼小衔接的问题。教师可以提前告知家长，幼儿园将做以下工作：①请往届大班毕业生的家长来谈作为家长应该从什么时候起准备，作什么准备，怎么作准备……以帮助自己的孩子顺利进入小学，减少不适应行为；②请小学教师给家长做幼小衔接的专题讲座，谈谈孩子入学家长和幼儿园该作什么准备、怎么作……请小学的语文和数学教师来园给大班的孩子上课，让他们体验小学生上课的感受，以适应小学教师上课的节奏和方法；③请来前一两届的幼儿园毕业生接受弟弟妹妹的采访，回答弟弟妹妹关于小学的一切问题；④展开幼小衔接的主题课程活动，如参观小学、观摩小学生是怎么上课的、到小学上厕所、寻找小学与幼儿园的不同之处……

由于提前告知了家长，解除了家长和孩子的入学的焦虑和困惑，也帮助家长科学有序地与孩子一道进行幼小衔接的准备。

三、即时生成的主题

教师在日常教育以及与家长交流中，要注意观察孩子在园的表现以及与家长谈话时出现的问题，把孩子和家长的问题进行分类筛选，将其中较集中的一些问题，不断地生成为有针对性的座谈会主题。

托班上学期第一个月座谈会的内容，教师就可以根据开学以来孩子的整体状态，事先拟定一个话题，如培养孩子良好的进餐习惯。然后通知全体家长并邀请对此话题感兴趣的家长主动报名参加座谈。教师可以对报名的家长进行有意识地选择，既有爸爸妈妈，也有爷爷奶奶。这是因为进餐习惯的培养既与父辈有关，也与祖辈有关。开会时，教师可以先让爸爸妈妈说说自己的想法，对老人的要求是什么，也让老人了解爸爸妈妈对他们的要求，接着让爷爷奶奶们说说他们对爸爸妈妈们的要求。由于提出要求的双方都不是自己的儿媳、女婿、女儿、儿子或公公婆婆等，避免了家庭成员内部婆婆和媳妇等的相互指责和不理解，同时也能够让祖辈们冷静地听到子女们的意见，利于站在对方的角度去理解问题，让双方明确大家的共同出发点是为了孩子发展得更好，从而回去后能够主动地进行教养观念的转变和行为的改善。

四、连续跟踪的专题

每个幼儿园在学期或学年中都会组织全园性的专家讲座、班级开放日和专题研讨活动，这些活动的效果如何，家长对此还有哪些新的要求和思考等，教师都可以组织部分家长召开小型座谈会。

我园在家长们听完园里邀请的早期阅读专家的讲座、看完班级教师开展的早期阅读活动后，请家长在家依据专家观点和教师的策略进行一段时间的实践，然后请家长思考和沉淀一段时间后，再围绕此话题进行座谈。家长们在座谈时，气氛非常热烈，有的家长反思了自己的实践，有的发展了专家观点，家长们充分分享了自己的实践经验，更重要的是在分享中大家相互学习，体悟到亲子阅读的重要性，也更加享受亲子阅读的时光。教师从家长们分享中获得了很多鲜活的策略，丰富了指导家长在家开展早期阅读的经验。小型座谈会推进了幼儿园组织大活动或班级集体性研讨活动的有效性和针对性，深化了讲座中的理念，进一步了解了家长们对亲子阅读指导的针对性需求，从而帮助家长们获得了更为具体的指导策略。

五、向家长征集的话题

当教师不确定座谈会的话题时，可以在开学初或召开座谈会前，用征集话题和征集参与座谈人员的方式，来获取家长们感兴趣的话题。可以为此专门设计问卷，也可以以“一线通”的方式，向家长征集。由于是向家长们征集话题，他们往往会从自己的角度出发，提出很多个性化的话题。教师可以将家长们的话题进行分析、归类，选择一些有代表性或共性的问题，作为座谈的话题，也可以为帮助家长解决个别孩子的问题，专门展开座谈。总的来说，向家长征集话题召开的座谈会针对性较强，解决问题的策略也具有较强的实效性和鲜活性，能够起到立竿见影的效果。

几个家长在座谈会上提出“孩子做事情磨蹭这么办?”，立即有家长解答到：“作为家长先要思考，我的孩子为什么会这样？可能是什么原因导致的?”接着家长们又分享了自己解决孩子做事磨蹭的策略。座谈会后的第二天教师就在这些孩子身上看到了家长的转变。

六、定期的家长经验分享

随着社会对家庭教育的重视，很多家长非常注重孩子的家庭教育，也积累了很多教育孩子的方法。让他们做主角来介绍个人的育儿经验，与其他家长分享自己育儿过程中的心得，对于其他家长来说，经验鲜活，方法具体，易于移植。

有一位家长说：“孩子每次吃药，都是全家人最头痛的事情，不知有什么好办法。”于是教师就发出邀请，请对此有经验的家长和有需求的家长来参加小型座谈会。在会上，很多家长积极主动地分享了关于如何让孩子主动吃药的方法。

一位妈妈说：“我与女儿玩扮演游戏。我假装生病但不吃药、打针，同时还表现出身体特别难受的样子，女儿立即将我平时教育她的话以及医生的话说给我听。我就利用此机会和她达成协议，不论谁生病，都要按照医生的话吃药、打针，将病快快医好。以后，女儿只要一生病，都是主动要求吃药打针。”

一位爸爸讲：“给孩子的任性要有底线。我们家平时其他事情上，孩子可以撒娇，但是吃药这件事，全家上下一条心，绝不退让。孩子第一次不吃药时，对着妈妈大发脾气时妈妈要坚持，跑到爸爸处爸爸也要坚持，躲到最宠爱他的奶奶那儿，奶奶也不帮他，最后，他只好吃了。以后，他知道了，对于吃药这件事，是没有商量余地的，全家没有一个人会让步。所以，只要他生病就会乖乖地吃药。”

由于班级中的某位或某几位家长特别有教育技巧和经验，给了其他家长极大的启发，同时对于还没有遇到这类困惑的家长也起到提醒的作用。

座谈会前的准备工作

一、按照问题类型选择多层次的家长参加座谈

在选择家长时教师要注意座谈的目的是什么，充分发挥家长资源的共享作用，谈话过程中的信息分享应是多元的。在一次座谈会中，要选择不同类型、不同观念、不同学历水平、孩子在园的发展水平不同的家长，因为不同层次的人员在一起讨论同一个话题本身就是一种资源共享。如可选择家长中个性开放的和保守的、有经验的和无经验的、爱讲的和爱听的、在单位是管理者的和被管理者的、有妈妈爸爸也有爷爷奶奶……来参加座谈，切忌使家长觉得教师在给自己贴标签，自己是专门来接受教育的，从而造成家长和教师之间新的不和谐。

二、重视日常对家长性格和各个方面信息的收集

平日家长接送、家访时或幼儿园组织亲子活动、家长开放日时教师要注意观察每位家长的行为表现。孩子入园前的登记表、平时家长填写的问卷、与某家长同事的交流等都可以成为教师了解家长的信息来源。如教师可以利用了解到的家长学历层次、从事的专业、性格特点、工作类型、教育观念等信息，对家长进行合理分类，从而能够比较准确地了解家长特点，有助于教

师在座谈会时对不同类型的家长进行不同的引导，提高引领的针对性。

三、围绕话题专门收集有效信息

在开座谈会之前，需仔细分析家长的困惑或问题，然后针对家长反映的问题，进行全面信息的收集。

1. 孩子信息的收集

将孩子日常的具体表现描述给家长听，让家长觉得教师是了解他的孩子的，也能够让谈话的内容更具有说服性。教师有针对性地观察孩子在园的表现，要定时或连续地观察，并将观察到的信息用照相、摄像或文字记录。然后对记录进行分析，对于不能解释的问题可以请教专家或对此有所研究的同伴。在与家长沟通时，要用具体行为模仿和言语描述的方法把孩子的情况告诉家长。不管与何种类型的家长交流，这都是必备的前期工作之一。

2. 话题内容的信息收集

教师要广泛地收集和了解与话题相关的内容，储备关于此话题的观点和策略充实自己，以备与家长谈话中能够更好地互动。收集方法包括上网查阅，请教同事、专家，查阅理论书籍等。

3. 家长信息的收集

包括了解家长的性格和教育观点，了解时要注意家长是否有忌讳，再决定邀请什么样的家长。如有些家长自尊心特别强，不希望自己孩子的一些不足让本单位的同事知道，因此教师在选择座谈会人员时，就要避开同单位的人，使得来参加会议的每个人都能心情舒畅、自然地分享经验、相互启发。

四、早发信息，给家长充分的准备时间

教师要事先将座谈的主题告知家长，给家长一个准备的时间，也给自己一个准备的时间，以保证座谈会的效果。教师可以征求家长的意见，与家长共同商定谈话时间，保证家长能够准时出席会议。

五、控制人数保证每位家长都能充分发言

限制座谈会人数是为了保证每位参与的家长都有发言的机会。即使家长没有在座谈前与教师沟通过教育中的问题，但他们对教育自己的孩子总会有些想法或经验，因此一定要保证每位与会者的发言机会。当然，小型座谈会的人数需根据话题决定，但要使家长能够充分地发言、深入地交流，人数最好不要超过十人。

组织座谈会的技巧

年轻教师不仅对于话题的确定感到困难，对于座谈过程中家长生成的话题更是感到难于驾驭。为了避免此种困惑，教师可以采取以下技巧。

一、座谈会开始时教师要向家长说明本次座谈的中心话题

座谈时，家长常常要谈的话题很多，不同的家长关注的话题又不一样，还有些家长在谈的过程中会跑题。因此，教师在开始时，就要简明扼地交待本次座谈的中心话题，突出重点，让家长明确本次座谈的目的与中心主题。

二、座谈过程中教师要注意聚焦主题、提炼概括，并与家长互动

教师在座谈会的全程都要注意聚焦主题。如果有家长转移到其他话题时，教师可以及时提醒："××家长我们可以下次再谈此话题！"家长们虽然是围绕中心话题交流，但发言的内容也难免零散杂乱，此时教师要及时提炼和概括，尤其是一些教师认可的观点，以引起家长们的重视和关注，并表明教师的态度。对于一些有异议的观点，教师也可提出引发大家的讨论，通过不同角度的阐述，帮助大家达成共识。对于个别家长，对幼儿园、班级、教师工作的某些方面有质疑或不解的，可及时在此利用家长之间的交谈以及教师的说明，帮助这些家长理清事实、了解教师的具体做法。

在手足口病流行期间，虽然幼儿园通过网站公示、发放“告每位家长一封信”等方式向家长介绍了幼儿园的消毒工作，但是有些家长依然不放心。因此在座谈会上，教师详细介绍了幼儿园的消毒制度、消毒工作，由于是面对面的交流，家长们更加清晰地了解了幼儿园围绕此问题开展的大量工作。同时，其他家长也补充道：“我每天送孩子比较早，都看见保育老师在对教室、寝室进行臭氧和紫外线消毒，还看到老师在清洗孩子们玩过的玩具……”经过座谈会上的交流，家长们才彻底对幼儿园的消毒工作放心了。

三、教师在交流中要始终充满自信

教师的自信对座谈会的效果有很大影响。在交流中，教师一定要展现出自信，用专业知识和对每位孩子情况的充分了解来说服家长，给家长提供合适的教育策略，让他们感受到与教师交流是有收获的。倘若教师认为自己的能力有限，不会概括、提炼时，可以将讨论的话题进行罗列，突出重点地重复他人的观点。切忌在说话的时候，让家长感到教师的自信心不足，认为参加座谈会是一件浪费时间的事情。

组织座谈会时需注意的问题

一、每次参加座谈会都要有活跃的家长参与

教师在选择家长参加座谈会时，切忌都是一些沉默型或不善言谈的内向型家长，这样会使整个座谈会变成教师的“一言堂”或气氛非常沉闷，使得小型座谈会集思广益、共同研讨的目的大打折扣。

二、注意参加座谈会的每位家长的忌讳点

对于特别在意场合、强烈需要被尊重的家长，已表明不想参加座谈会或参加时特别要关照的家长，教师要给予尊重和关照。如某些在单位当领导的家长、注重尊卑有序的祖辈家长等，他们在座谈会中会特别注意自己的身份、他人对自己的尊重等，因此教师在组织座谈会时，可以采取先介绍他们身份，

提请其他家长注意，在座谈过程中，教师要注意纠正其他家长的言语或进行补充说明，以尊重这些家长，使其乐意参加座谈会，吸纳其他家长的育儿经验。

三、对于平时不善表达的家长不必勉强其发言

对于不善表达的家长，可以利用座谈会的形式先让他们做倾听者，在倾听其他家长介绍教育行为和观点的过程中，受到启发后产生发言的需求。座谈会后，要给家长一个思考和沉淀的时间，然后教师再与个别家长进行交流，了解其参加座谈会后的收获、启发和困惑，是否有进一步交流的愿望，若有可约定下次交流的时间，从而使这些家长逐步主动地参与到与幼儿园的互动中。

四、要将发言的机会和时间留给家长

小型座谈会基本是围绕一个主题展开的，在座谈过程中，教师要最大化地将发言的机会和时间留给家长，并在适当的时候，进行小结和连接。

小型座谈会不仅是家长们经验分享的时间，也是他们相互倾述的好时机。教师要先倾听家长的观点，让家长和家长之间进行对话，让家长教育家长，这样才能事半功倍。

教师要让每位家长都有发表自己的观点或意见的机会，尤其是不善言谈的家长，可先让他/她听别人说，当别人已经说了很多，而他/她仍然没有发言时，教师就要主动出击，给他/她提一些直接的问题，让他/她有话可说如：“××妈妈，你们家孩子是怎样的情况呢?”

当家长提出自己的问题时，教师可以请这个方面发展比较好的孩子家长介绍自己的做法，也可以针对某问题用事例介绍孩子在某年龄段中发展的较高水平。这样既可以让该家长了解到自己孩子在园的情况，也可以让其他家长了解到某问题在某年龄段孩子可能的较高发展水平是什么。由于是家长亲身实践的经验，既实用、具体，又非常鲜活，因此能够吸引大部分家长注意力。

五、个别孩子的问题不易拿到座谈会上讨论

当某孩子在某一段时期出现比较突出的问题，如情绪问题、同伴交往问题、自我约束等方面的问题时，比较适合与家长个别交流，这样教师和家长能够比较透彻、坦诚地交流，不用担心伤及家长的自尊心，造成家长的抵触心理。

六、在座谈会上可以对个别孩子的进步或优点进行表扬

教师对个别孩子的表扬，可以让其他的家长学习相关的经验，但不能渲染得太过分，否则其他家长会觉得教师偏爱这样的孩子，反而担心自己的孩子是否会受到冷落。

七、给予家长自主选择参加座谈会的权利

教师让家长自主选择是否参加座谈会或参加哪一个主题的座谈会，可以充分调动家长参与的积极性和主动性。通过事先介绍话题和座谈的时间，并让家长自愿报名参加，既尊重了家长的选择，也保证了座谈会的针对性和效果。当然，教师对于一些从不参加座谈会的家长可以主动地个别邀请，同时了解其不参加的原因，然后尽量从话题内容及人员的安排上吸引他们参与。

八、座谈会的时间要有所控制

教师可根据话题讨论的热烈程度灵活调整座谈会时间，太短，会使家长感觉来一次收益不大，太长，会造成家长心理上的疲倦而反感。因此 1 小时左右，不超过 2 小时是较适宜的时长。

家长座谈会的邀请及话题征集的示例如下。①

---

① 本内容作者为南京市北京东路小学附属幼儿园张琴。

家长您好！本学期为了使家园预约交流的谈话内容更具针对性，且更能推进与改善孩子近期的发展，请您根据孩子在家中的点滴变化，提出目前您最需要解决或最关注的问题。

我们将围绕您的问题，再结合平时对孩子的观察，与您展开小型座谈或个别预约交流。

友情提醒：问题不要过泛，最好具体些，主要是您在教育孩子过程中感到不解的或棘手的问题，我们将竭尽所能，与您携手，在共同观察与讨论中推进您孩子的发展。

为了能较好地安排与您预约交流的时间或形式，请您以短信或写纸条的方式将最关心的问题告知本班教师，并署名：某孩子家长。在下周二前我们将统计、分类。

××班教师

×年×月×日

第五节　家长学校

幼儿园为了让家长更多地了解孩子在园的学习、生活、游戏等情况，了解自己孩子与其他孩子活动的情况，了解教师教什么、怎么教，常常邀请全体家长到园参加活动，这些活动都属于家长学校，包括集中的讲座式家长会以及家长深度参与的互动式家长开放日活动。是采用家长开放日还是家长开会的方式，要根据研讨的内容和主题来决定，不能简单机械地认为互动式一定优于讲座式，凡是家长活动都应该是互动式。而应当将讲座式的家长会和互动式的家长开放日整合起来，放在一学期、一学年，甚至放在孩子在园从托班或小班入园起直到大班毕业的三、四年的整体计划中。家长是来开会听讲座、还是来看教育活动，关键应当看其针对性和有效性，即看家长学校的主题、内容、组织方式是否从家长、孩子、幼儿园的需要出发；是否让家长逐步愿意、主动、深度地参与到幼儿园的课程和孩子的教育中来。

家长学校活动前的准备

幼儿园组织的家长学校活动，如何让全体家长愿意来参加，积极主动地参与，是教师、园长邀请家长来园参加活动时首先要思考的问题。因为家长是成人，都有自己的工作和其他一些社会活动，要让他们从众多工作中选择到园来参加活动，教师要努力让他们在参加的每次活动中都能有所得，让他们体悟到来园参加活动是有意义、有成效的，他们才能主动积极地选择参与幼儿园活动。为了保证有高质量的活动效果，教师必须在活动前作好、作足准备。

一、了解家长的需求

只有针对家长需要解决的问题展开的活动，才能最大化地吸引家长积极主动地参与到幼儿园活动之中。作为举办活动的教师，必须了解参加活动的家长的需要是什么、孩子处于什么发展时期、不同年龄班家长的需求是什么、他们的差异点和共同点是什么等。教师可以通过家访、家长日常接送环节的沟通、调查问卷、个别交流、小型座谈会等多种方式，了解家长的需求和困惑，了解他们对于家长学校活动的主题、内容、形式的具体要求。

1. 家长问卷

幼儿园可以专门设计家长对幼儿园、班级教育活动和家长活动的调查问卷，也可以在每学期一次的全面工作家长问卷中，围绕家长需求的主题增加几个问题。举例如下。

家长活动问卷

- 您希望下学期的家长活动围绕哪个主题开展?
- 用什么样的形式开展?

讲座____（专家____、家长____、教师____）

观摩教学活动____（教师主教____、家长主教____、专家示范____）

互动－研讨（专家答疑____、家长间讨论____）

● 什么时间段开展？

开学初____、期中____、期末____

当家长问卷收上来后，园部和班级教师对其进行统计、分析、分类和归纳，然后根据大多数家长的需要确定下学期的家长活动主题，同时将结果反馈给全体家长，让家长知道自己的意见被重视，也提高了参与的有效性。

2. 小型座谈会

每学期初或期末，班级或园部都会开家长代表座谈会，家长代表可以由各班级家长委员或抽样的各班级家长代表组成。通过座谈的方式，幼儿园和教师可以了解家长们对上一学期家长工作的感受和体会，并引发进一步的讨论和深度分析，并在此基础上，讨论出新学期家园活动的主题、内容、形式和时间。

3. “教育一线通”

目前大多数幼儿园都使用“教育一线通”进行家园沟通，此种方式也可以成为征求意见的手段。教师通过“教育一线通”向家长发出征询意见，家长也通过“教育一线通”进行回复。如：

为了使下学期的家长来园活动更符合您的要求，解决大家共同急需解决的问题。现征询您的意见：您希望用什么形式和我们交流？您最关注什么内容的话题？请回复。谢谢！

家长回复后，教师要积极反馈。如：

感谢很多家长的积极回复，我们会尽量满足您的愿望！经统计后决定，下学期的主题暂定为健康研究。为了能更深入地解决问题，请您围绕此话题思考您的经验、困惑以及具体要求，大家共同研讨。

此种手段虽然便捷，但是由于家长对文字信息理解的差异以及文字表达水平的限制，其效果往往会受到一些影响。

4. 通过班级 BBS 或幼儿园网站进行调查

教师可以通过班级互动平台向家长征求意见，展开讨论，从而了解家长的想法和需求。但是，由于并不是每一位家长每天都有空上网，所以，教师在征求意见前，要先通过“教育一线通”发信息通知家长，这样才能保证每位家长都知道此事，提高参与率。如：

各位家长好！为了了解您对下学期家长来园活动的建议，我们已将具体要求和内容发到班级互动平台了，恳请大家浏览并参与，踊跃提出您对活动的话题、内容、形式等观点和具体方案，谢谢！

二、梳理并明确家长们的需求规律

由于现在一家都是一个孩子，家长对于教养孩子的实际经验相对缺乏，他们非常希望幼儿园和教师能够提前、告诉他们一些孩子在本阶段或下一个阶段要做什么和怎么做的具体要求和方法。教师们作为教育者不能完全依赖于征询家长意见后再开展家园活动，更多的时候要走在家长的前面，帮助他们解决困惑。为此，幼儿园要提高教师对不同年龄阶段孩子家长需求的了解水平和解决问题的水平。

幼儿园可以经常组织教师们交流、分享家长活动的经验和困惑，定期梳理家长在孩子发展各阶段参与活动的规律性。园里有经验的教师们在多年与家长们的接触中，已掌握了不同阶段孩子家长的需求，也积累了家园互动的一些经验，在全体教师交流中，可让年轻教师学习他们的经验，了解各年龄段孩子家长的需求和家长来园活动的组织方法策略。幼儿园要将这些经验进行总结、提取、归纳、梳理、提升，转化为利于全体教师学习的文本，每学年再根据工作中的新经验进行增补和修改，一方面帮助教师们尤其是年轻教师尽快掌握组织家长学校的规律；另一方面也使教师们可以主动引领家长的发展，自信、高效地展开家园活动。

教师们在交流中发现，家长们在孩子发展的不同阶段的关注点有差异点，也有共同点，并据此总结出如何在不同阶段解决最主要的问题、最适合的问题、最能解决的问题，然后对需要长期关注的问题，采取循序渐进地推进和引导的策略。具体如表 2－5。

表 2－5　家长对不同年龄段孩子的关注点①

<table>
<tr><th>关注点</th><th>托　班</th><th>小　班</th><th>中　班</th><th>大　班</th></tr>
<tr><td>教师对孩子的态度</td><td colspan="4">● 教师是否面带笑容，且说话温柔、亲切，能主动和孩子问早，说“再见”不敷衍
● 教师对每个孩子是否一视同仁，是否对自己孩子很关注
● 教师是不是经常表扬鼓励自己的孩子。如家长会问“老师今天有没有表扬你？老师为什么表扬或者奖励你？”
● 孩子犯错时，教师是怎么做、怎么说的。如家长会问“老师有没有骂你呀？说什么了？”
● 孩子喜欢哪一个教师。如家长会问“你喜欢哪个教师？哪个教师对你好呀？你为什么喜欢××教师？”
● 教师是否能和孩子玩到一起，乐意参与到孩子的活动中</td></tr>
<tr><td>孩子的情绪</td><td colspan="2">● 孩子是否愿意上幼儿园
● 孩子今天在幼儿园有没有哭，哭了多长时间，什么时候不哭的。如家长回家会问“你今天在幼儿园有没有哭呀？你哭了，老师有没有抱你呀？”
● 接送孩子时和教师交流孩子在幼儿园的情况，以便得到心里安慰</td><td colspan="2">● 孩子偶尔出现不愿意上幼儿园的情况是什么原因，是否是教师在园批评孩子了</td></tr>
<tr><td>安全问题</td><td colspan="4">● 孩子的身体是否有碰伤，特别是脸部和头部
● 是否受到其他孩子的欺负
● 教师是否及时处理孩子受到伤害，并及时向家长说明孩子受到伤害的情况
● 询问自己的孩子事情的真相。如家长会问“你是怎么碰到的？有没有小朋友打你、推你啊？”</td></tr>
</table>

① 此表作者为南京市北京东路小学附属幼儿园王树芳。

续表

<table>
<tr><th>关注点</th><th>托　班</th><th>小　班</th><th>中　班</th><th>大　班</th></tr>
<tr><td>进餐</td><td colspan="2">• 每天是否吃饱
• 幼儿园伙食情况，如家长会问“今天你在幼儿园吃什么了？”
• 孩子挑食问题，如家长会问“不吃素只吃荤、吃荤不吃素、黑色的东西不吃怎么办？”
• 孩子吃得慢怎么办
• 教师有没有喂自己的孩子
• 在幼儿园喝水的情况</td><td>• 在幼儿园喝水的情况</td><td>• 正确使用筷子</td></tr>
<tr><td>孩子的仪表</td><td colspan="4">• 脸、嘴巴是否干净
• 头发是否梳整齐，衣服是否穿整齐
• 裤子、鞋子是否穿反，裤子是否拉到腰上
• 夏天是否满头大汗
• 冬天会出汗的孩子脖子后是否塞毛巾了</td></tr>
<tr><td>睡觉</td><td colspan="4">• 孩子是否睡着，睡了多长时间，睡得冷不冷、热不热等</td></tr>
<tr><td>交代给教师的事情</td><td colspan="4">• 家长来接孩子的时候，教师是否主动及时地给家长反馈，让家长感受到教师对自己孩子的关注，并了解今天孩子在幼儿园的情况</td></tr>
<tr><td>大小便</td><td>• 孩子大小便不敢喊怎么办
• 孩子大小便在身上怎么办</td><td>• 孩子憋尿
• 孩子不愿意在幼儿园大便</td><td></td><td></td></tr>
<tr><td>生长发育</td><td>• 说话是否清楚</td><td>• 动作的发展，走、跑、跳等动作是否协调</td><td>• 坐姿、抓握笔的正确方法</td><td>• 换牙、视力方面的问题</td></tr>
</table>

续表

关注点	托　班	小　班	中　班	大　班
教育教学活动中的表现	• 愿意和教师一起活动	• 上课眼睛看着教师，孩子有上课举手发言的意识	• 上课注意力集中，能主动举手回答问题 • 回家能讲出幼儿园学的东西	• 积极举手发言，回答问题准确，能记住教师交给的学习任务
	• 幼儿园每天学习的内容，如会念多少首儿歌、会唱几首歌曲、会讲几个故事、画的画、做的手工，各种结构作品、大班做计算题、写数字等的情况			
同伴关系	• 能说出自己小组内孩子的名字和教师经常提到的孩子的名字	• 认识哪些同伴，平时喜欢和谁在一起活动，愿意把自己喜欢的东西带到幼儿园	• 有多少好朋友 • 是否合群，能和其他孩子玩到一起，愿意和大家分享自己喜欢的东西	• 能否和同伴合作共同完成学习任务，在同伴中的地位怎样
性格、个性问题	• 内向孩子的家长担心孩子在幼儿园有事不敢告诉教师 • 不愿意喊人，没有礼貌	• 孩子脾气倔强或不爱表现自己怎么办	• 孩子有逆反心理、不听家长的话、是“两面派”怎么办	• 孩子做事情不细致、急于求成或者性子慢怎么办
在幼儿园的活动情况	• 是否知道自己去拿玩具玩，是否一直“呆”坐在座位上	• 在幼儿园喜欢做什么事情	• 在幼儿园有什么兴趣爱好，有哪方面的特长	• 孩子遇到困难和挫折是怎么解决的 • 孩子是否积极参加活动，是否有表现力和创造力
在幼儿园的自我服务情况	• 是否愿意自己吃饭、喝水，自己学穿裤子、鞋子	• 是否会自己吃饭，穿裤子、鞋子，会漱口，擦嘴巴 • 是否知道东西要放在指定的地方	• 是否会穿衣服、拉拉链、把衣服叠整齐，是否会擦汗，是否愿意做值日生	• 是否会将衣服塞进裤子里、扣纽扣、梳短发，是否愿意自己擦大便 • 是否会做值日生

续表

关注点	托　班	小　班	中　班	大　班
在幼儿园遵守规则的情况	• 在成人的帮助下是否知道不能打人、咬人、不抢别人的东西	• 在教师提醒下，是否能注意自己的言行不影响其他幼儿，是否能听懂教师的指令性语言，是否遵守班级常规，不用手随意碰同伴	• 是否知道遵守规则，集体活动中能注意听教师的要求，关注同伴的行为，向好的榜样学习，不和同伴哄闹	• 是否有初步的自律行为，能控制自己不哄闹，按照要求参加活动，有集体意识，知道为集体增光

说明：

①上面的划分不是绝对的，只是一个相对的区分。

②家长的关注点是家长根据自己观察到的孩子的特点，发现孩子身上明显的优势和不足，有针对性地和教师沟通的。孩子最近一段时间突然出现的异样表现如小动作、脾气暴躁、对某一现象或某件事物感兴趣等都会成为家长关注的焦点，进而询问教师孩子在幼儿园的表现，有没有类似情况发生，和教师分析原因，寻求解决问题的方法。

③家长的关注点是变动的，关注的这方面问题解决了，又关注另一方面的问题，当然也会同时关注几个问题。

④家长的关注点会受敏感话题、热点话题的影响，会把这些话题联系到自己孩子的身上。

家长学校活动的实施

一、根据主题内容、家长水平决定活动形式

家长来园参加活动的形式不是概念化、赶潮流，简单地认为凡是活动一定要互动，否则就不是双向的沟通，效果就一定不好。家长来园参加活动并不是要形式的花样百出，而是要让家长通过实际的参与转变教育理念，提升教育水平，更好地理解、配合教师的教育要求，共同承担起教育孩子的责任，为孩子的发展创造更好的环境。同时，与家长双向互动，是指在与家长几年的合作中，幼儿园和教师要倾听家长的声音、吸纳家长有益于孩子发展的教育观点、经验和方法，而不是机械地将其理解为每一次的活动都要双向互动。即使是以教师讲座为主的所谓“一言堂”，有时也是必须和必要的。因为很

多时候这种“一言堂”是家长需要的，也是事先征求他们看法时他们提议的，教师针对他们的需求、水平安排针对性的内容，家长会很有收获。

某班级家长整体文化水平偏低，对于孩子的年龄特点、教育内容、方法都不清楚，他们对于孩子即将入园特别担心，不知道自己该如何帮助孩子比较顺利地度过入园适应期。他们非常渴望教师或教师请来专家给予他们指导。教师了解到家长的需要和实际水平后，加之这位教师本身就是特级教师，无论是教育水平、教育经验，还是与家长沟通、互动的水平都很高，于是此教师决定自己给家长讲课。他在新生开学初围绕家长如何帮助孩子顺利度过入园适应期的主题展开了专题讲座。他主要通过两个环节来进行。

第一阶段由该教师主讲。

第一环节：教师先让家长观看上届新生第一天入园时家长不同的做法及孩子的行为表现，分析家长行为对孩子行为的影响。

第二环节：介绍托班孩子的生理特点、心理特点、学习特点。着重强调入园对该年龄孩子是一个巨大的挑战。提早告诉家长孩子必然会出现许多不适应，主要表现为：①分离焦虑，如哭闹、不愿意上幼儿园；②生理反应，如吃不下饭、消瘦，抵抗力减弱，相互传染，易生病等；③情绪表现，如惊叫、做梦等。

第三环节：重点介绍家长应该做什么、怎么做。在讲座中，该教师主要介绍了他多年带班中每一届新生入园的典型案例和具体应对策略。让家长了解孩子入园不适应的具体表现及其原因，并告诉家长孩子出现每种不适应时，家长能做什么、需要做什么、应该做什么等。讲座内容丰富、生动，方法具有可操作性。整个讲座过程中，会场鸦雀无声，家长们专注地倾听并不时做笔记。

第二阶段他邀请了上届的新生家长来现身说法。

这位家长介绍了去年自己孩子的入园适应问题以及如何帮助孩子度过入园适应期。在这个过程中，她详细描述了自己的家庭成员是如何经历矛盾、焦虑、意见不一致等，直至最后在幼儿园教师的指导下，怎样改变了观点和方法，终于使自己的孩子适应了幼儿园生活的全过程，她的现身说法对其他家长起到了生动具体的指导作用。

此位教师组织的新生家长会的全过程，都没有与家长互动，也没有让家长提问题，似乎是主讲人的“一言堂”。但前提是这位教师充分了解了家长的需求和困难，知道怎样帮助家长消除恐惧和化解困惑。因此，他选择了最适合此家长群体的内容和形式，让全体家长充分认识到入园适应的特点、重要性，掌握了帮助孩子顺利度过适应期的具体方法。这样的家长会的内容和组织形式得到了家长的肯定，参加过这样的家长会后，家长们说：“教师就是专业性强，应该经常举办这样的讲座。”可见，这样的“一言堂”真正起到了让家长理解孩子、理解教师的教育理念，提升他们解决孩子入园适应问题水平的作用。所以，我们在请家长来园参加活动时，不应该将精力和时间一味地花在形式的新颖上，而应该深入了解家长的实际水平、需求，深入思考家长活动的主题和内容，选择适宜的活动形式，切实提高活动的质量和有效性。

二、让家长体验孩子学习中的困难

家长来园活动时，为了能实际改变家长的教育观念，帮助他们掌握教育策略，教师应尽可能地让家长体验孩子学习过程中的困难，从而能够站在孩子的角度进行思考和互动指导。因此，家长来园活动时，教师应让他们通过间接观察、参与体验感受孩子学习的困难。

1. 间接观察

家长来园参加活动，如果教师总是用语言讲述，告诉他们一个个教育家的观点，给他们讲大段的道理容易使他们疲劳，而且仍然不知道和理论对应的实际做法是怎样的。家长不是幼儿教育专业人士，他们急需的是具体可行的操作方法。因此，教师应尽可能地运用录像视频的方法，让家长间接观察孩子的学习过程，吸引家长参与到学习和交流中。

我园在围绕小班孩子学习数学的专题活动中，针对家长只重视孩子的计数能力培养，忽略孩子的年龄特点，在小班就教孩子 100 以内加减的问题，给家长播放了小班孩子排序活动的视频，让家长理解孩子在小班阶段的生理基础和年龄特征，并通过视频画面引导家长发现生活中存在大量的数、序、空间等知识，让家长知道如何在生活中自然地渗透数学能力的培养。家长看完后说：“以前孩子不愿意学习算术，我只认为他没有耐心、不聪明，今天知道了，原来是还没有到时候啊！是我们的方法不对啊！在生活中也可以让孩子学习数学呀。”

2. 参与体验

对家长正确教育观念的引领，仅仅通过理论的讲解是不够的，常常需要让家长亲身参与到活动中来，感受到教师的教育理念和方法的价值才能产生作用。教师可设计情境，请家长学习孩子将要学习的内容，教师采用与孩子学习时相同的学习环节、方法，让家长通过进入情境、动手操作、整体感受、肢体活动等多种途径，亲身经历孩子的学习过程，将家长从一个旁观者变为参与者，使其有所感受，留下难忘的印象。把家长置于孩子的位置上，可使家长知觉、体验、分享孩子的情感，并通过设身处地地感知孩子的学习过程，对孩子的学习过程产生一个理性反思，正如狄尔泰所言“将心比心”，从而真正理解自己的孩子。

家长常常不理解同样的学习内容，为什么别的孩子比自己的孩子学得好，教师虽然告诉过他们每个孩子的强弱项不一样，需要的学习方法、学习速率也不一样，家长应当了解自己孩子的特点和需要，调动孩子主动学习的愿望，提出与其特点和需要相匹配的要求和目标，采取相应的方法等。但家长的观念很难转变，他们常常提出超出孩子能力水平的要求，采取的教育方法机械、单调，甚至在言语上指责孩子，致使孩子自卑、惧怕、不喜欢参加学习活动等。

为此，教师安排了一次家长来园学习孩子们的“小茶壶舞”的活动。在家长会上，教师让家长完全按照孩子的学习步骤来展开学习。

在第一遍音乐后教师让家长说出音乐的结构和感受，家长们立刻紧张起来，要求再听一遍。接着，教师问家长：“你们需要听几遍可以把歌曲学会呢?”有的说再听一遍，有的说再听两遍后试试看再说，有的家长表示要至少听三遍。教师说：“哦，大家需要不一样。这样吧，我们先听一遍，然后大家试试，看有多少人可以记住。待会儿向大家介绍你是怎么听出来的，用了什么好办法，再教教我们。”

在听完第二遍时，教师请家长们交流一下，“哪里难记？谁有什么好办法来解决它?”这样听了三遍后，所有的人都基本会唱歌曲了。

然后教师请家长转入动作学习环节，教师先示范基本动作，让家长进行模仿学习，选择自己需要的观看次数，提出自己的困难在哪里，教师再根据家长的困难进行示范和讲解，最后请家长创编饺子的造型。

通过这三个环节，家长们体验到每个人学习三个环节的快慢是不一样的，有的人学歌曲快、有的人学动作快、有的人创造性思维优于别人。正因为每个人的不同，所以在每一个环节需要的学习速度和难度是不一样的，作为教师应提出与学习者合适的要求并采取相宜的方法。这样家长们理解到自己的孩子和其他孩子是有差异的，体悟到对自己孩子的指导应更有耐心、更有针对性。

活动后，家长说："以前从没有想过，仅仅学这样一首小歌曲，不同的方法对于孩子可以有这么多的发展价值，仅仅从这一个活动中就能发现孩子这么多的特点，我们也向老师学到了很多。比如在学习过程中，成人要不停地问孩子的需要，'你要听几遍?''你要看几遍?''你哪里不会?''你用了什么方法?'……始终要关照到孩子的需要，尊重孩子的想法和做法，孩子怎么会不喜欢学习呢。"

从中可以看出：让家长来园参与孩子的学习内容，体验孩子学习中可能遇到的困难，让他们感受到教师采用的方法比其他方法更能让孩子主动学习。只有家长体验到了，才能理解孩子，理解理论的观点。否则，教师说得再多，也无助于家长观念的转变。

三、多形式一体化的主题式家长活动

多形式一体化的主题式家长活动是指围绕一个主题，请家长来园听专家或教师讲座、观摩教育活动，然后家长分成若干小组针对观摩教育活动本身或孩子的发展表现进行讨论，再将各个小组内讨论的观点集中在大组交流分享、将各自的困惑与专家或教师互动等整合式的家长来园活动。它有助于家长在一个单位时间内多角度、全方位地了解幼儿园教育、幼儿园课程，也更能吸引他们深度地参与到孩子的教育中来。家长来园参与活动，是开会听讲座、分小组讨论、还是观摩活动；是选择开会一种方式，还是开会、观摩活动、研讨互动一起进行，都要根据家长、孩子、教师等的综合需要来决定。

为了让家长能够参与到我园园本课程的评价中来，我们每学期每班都会根据不同年龄班的课程内容，组织几次一体化家长来园参与的活动。

如在托班活动《两只响瓶》家长参与的活动流程和组织形式是这样安排的。

在家长来园的前一周就通过“教育一线通”、文本、网络等多种方式，告知家长此次来园参加活动的主题、内容、形式和所需的时间长度（上午8：30到11：30），并请家长提前作好准备，请各位提早观察自己在此方面的情况，并思考自己的观点和困惑（因为邀请了此方面的专家，可以与之互动）。

活动一：开家长会

时间：8：30到9：00

目的：初步学习园本课程托班的相关评价标准。主要是通过教师和家长们共同解读文本标准，理解对应的孩子的具体行为，为在活动中评价孩子发展水平的标准统一作准备。

方法：家长自学文本、教师答疑和讲解、教师情景表演三种形式相结合。

具体流程：

第一环节：教师接待家长签到。家长逐一来园签到时，教师将事先准备好的“托班上学期家长开放日活动《两个响瓶》评价观察记录表”（见表2－6）文本发给家长人手一份，请其自行阅读。

第二环节：会议开始，请家长先谈自己在阅读文本过程中，感到不理解的地方，教师逐一解答。接着，教师带领全体家长再共同完整学习表2－6，解读本次活动的目标具体实现了园本课程目标中的哪些内容，在今天活动中是通过哪些环节和策略来落实的。

第三环节：教师逐一情境表演孩子们在学习过程中可能出现的各种行为，让家长根据提供的文本评价标准逐一尝试评价，帮助家长将文本标准和孩子的具体行为表现进行对应，进一步深化理解每条文本评价标准，让家长们达成共识、统一标准，以便家长在后面教学活动中，比较准确地对孩子进行评价。如教师特别引导家长注意表2－6中“孩子可能的行为”一栏中的描述，请他们根据教师现场模拟的孩子的行为来判断该行为属于其中的哪种表现，帮助家长准确判断孩子的表现。提醒家长要控制自己的行为，具体表现在第一环节中，在教师发完指令后，家长应先观察孩子的反应30秒后，再去引导孩子。不要过早介入指导，用自己的语言或行为代替孩子的思考，从而剥夺了孩子自己解决问题和发展的机会，家长也失去了了解孩子问题解决和学习发展情况的机会，以及与教师、专家共同诊断、分析、调整教育措施的契机。

活动二：家长观摩教学活动

时间：9：00 至 9：30

目的：在观摩和评价中深入理解园本课程的评价标准的适宜度并能提出自己的看法；能依据标准较客观地评价自己孩子的发展水平，并诊断孩子的问题产生的可能原因。

方法和流程：家长坐在自己孩子的身后，观看教师的教学活动，并针对活动观察表，观察自己孩子在教学每一环节的行为表现，然后进行逐一评价；在最后一个环节时，通过参与孩子的活动，进行评价。

活动三：家长分组讨论

时间：9：35 至 10：05

目的：通过家长相互之间交流自己孩子在教学活动中的具体行为表现和对其的评价，了解此年龄阶段孩子的学习特点和水平，了解自己孩子的不同之处，丰富对孩子整体发展阶段的认识，并与其他家长相互学习。

方法：将全班家长分成几个小组，每组推选一位小组长负责组织并记录大家的发言和困惑等。请每位家长对照观察表格中"家长观察、指导建议"一栏，具体描述自己孩子的情况，并进行反思。同时对有争议的问题展开讨论。

活动四：与专家互动

时间：10：10 至 11：00

目的：进一步深化对评价标准的理解，改善家长的教育观念、丰富他们的教育方法。

方法和流程：专家和全体家长围坐成圈。

第一环节：由每组小组长汇报本组的共识、困惑以及本组成员认为有待讨论的问题。

第二环节：家长们和专家集体逐一讨论和解答问题。

家长用一个上午的时间参加了这样一个一体化活动，通过多种手段和形式围绕一个教学活动的目标实现与评价标准的理解进行了讨论，时间短、质量高。这不仅提升了家长的教育水平，还丰富和完善了园本课程的目标和评价标准，更重要的是让家长和教师成为了教育孩子的共同体。

表 2－6　托班上学期家长开放日活动《两个响瓶》评价观察记录表（　　年　月　日）

幼儿姓名：＿＿＿＿＿　　　　教师：＿＿＿＿＿

园本课程目标			本次活动目标	
1. 在成人的鼓励下，愿意参与生活中的探索活动 2. 在成人的帮助下，尝试解决小问题			1. 学习用豆豆和彩条制作响瓶 2. 能听清成人发出的指令，独立尝试开瓶装豆的方法，并愿意选择自己喜欢的彩条与成人一同装饰瓶体 3. 体验与成人合作制作响瓶的愉快情绪	
活动程序	观察内容	家长观察、指导建议	幼儿可能的行为表现	
一、装豆豆	理解教师的指令	教师发出指令后，30 秒内家长观察孩子，做到不催促，不提醒（教师指令：“请小朋友自己打开瓶子装豆豆。开始！”）	听完指令后，幼儿立即开始装豆豆	
		30 秒后，幼儿仍不操作，家长可从问题①开始提问引导，到孩子开始操作为止。提问建议：①“你在干什么呀？”②“老师让你干嘛？”③“装豆豆吧？”④“打开瓶子装啊？”如果问完问题④后，孩子仍不行动则按第三条建议进行指导	听完教师指令，不动手，经家长提醒后开始装豆豆	
		边用动作示范装豆豆，边用语言鼓励孩子活动	家长不断鼓励并示范后，才开始装豆豆或仍不愿装豆豆	

续表

二、装饰瓶体	1. 理解家长的指令	豆豆装好后，家长语速较慢地提出要求，如“我们把瓶子打扮一下好吗？”“请你去那儿帮妈妈拿一根你喜欢的彩条来和我一起装饰瓶子好吗？”	孩子能理解家长的指令，独自取回材料	
			家长多次语言鼓励后，能独自取回材料	
			家长多次语言鼓励后仍不行动	
	2. 自主选择的意识	家长提出“我们去看看还有什么材料”的建议，在带领孩子观察各种材料后，请孩子选择自己喜欢的材料拿，可以说：“你喜欢什么？去拿吧！”	能有意识地选择材料	
			随意拿取材料	
三、自由舞蹈	体验亲子活动的愉快	当教师提出要求后，家长用动作带动孩子共同舞蹈	孩子乐意与家长共同跳舞，情绪愉快	
			在家长的反复鼓励和带动下才愿意参与舞蹈	
			在家长的鼓励、带动下，仍不愿意参与舞蹈	

家长讨论的中心话题：

1. 对照记录表简要介绍“您孩子的活动状态是怎样的。”
2. 针对您孩子的现场活动状态，您有何想法？您认为下一步您要调整的教养方式是什么？
3. 参加本次课程评价活动后对您的启发是什么？

组织家长学校时需注意的问题

一、注意收集每次活动结束后家长的感受和体会

每次家长来园参加活动后，他们到底对活动有效性的感受是怎样的，每个具体内容和方法的选用是否满足了他们的需要，活动后他们的教育观念和行为是否有改善等，教师都要注意征询家长的意见、观察家长和孩子的行为等，从而为下次活动的改进找到方向，保证活动组织得更加贴近家长的需要。

二、及时反馈家长在本次活动中提出的未解决问题

每次家长在来园参加活动的过程中都会提出一些问题，若当时没有办法解决或教师一时无法回答的，教师一定要记住，在活动结束一段时间后要主动给予家长反馈。

三、家长每次来园签到的表格应该是连续的

签到表（见表2－7）可以是一学期连续的，也可以是一学年连续的，这样做有以下优点。

1. 帮助教师清晰地了解孩子的家庭成员中每次是谁来参加活动，从而了解和观察分析出谁来参加活动对孩子的后期影响大，总结出在此孩子成长过程中，不同家庭成员不同的影响力以及孩子发展中可能的影响因素……帮助教师获得更多的孩子成长中的信息，从而在推进孩子发展的过程中，加以分析和利用，以便找到最佳的策略。

2. 让家长清晰地了解到一学期或一学年幼儿园开展了多少次活动，看看自己每一次是否都参加了，从而让每一位家长都看到其他家长对班级活动的参与情况，起到相互影响的作用。同时，签到也避免了一些家长，由于自己不来参加活动，对幼儿园活动的信息不关注，常常主观认为幼儿园活动开展得少。

妮妮妈妈看到乐乐爸爸每次都来参加活动，觉得乐乐那么出色，原来是他们重视孩子的教育，每次都来参与幼儿园的活动，经常与教师和其他家长进行沟通，而自己却来得很少。通过签到，妮妮妈妈潜移默化地受到了正面影响，以后都主动按时来参加幼儿园的各项活动。

表 2－7　小×班上学期家长来园活动签到表

孩子姓名	第一次活动 内容：数学专家讲座 时间：2009 年 9 月 5 日	第二次活动 内容：观摩数学活动 时间：2009 年 10 月 3 日	第三次活动 内容：沙龙——家庭中的数学教育 时间：2009 年 11 月 6 日	第四次活动 内容：个别预约交流 时间：2009 年 12 月 4 日	第五次活动 内容：家园同庆新年 时间：2009 年 12 月 31 日
备注：家长在每次活动下面的空格里签上自己与孩子的关系即可，不需要签自己的名字。					

第六节　家园节日活动

“节日是我们生活的高潮，它极致地表现了人们对于生活的情感、愿望、理想以及价值观。”“每个人都是节日文化的携带者，也是传承者。”① 从这个

① 冯骥才．在节日中享受我们的节日文化．中国艺术报，2010－08－23．

意义上说，每位家庭成员都是节日文化的传承者，每个家庭都是节日文化传承的资源。正因为此，幼儿园都非常重视节日文化的教育，在组织国际劳动妇女节、六一儿童节、元旦、重阳节、中秋节、端午节和元宵节活动时，幼儿园和教师都会邀请家长来园参与庆祝活动。让孩子在庆祝活动中理解节日文化的内涵，充分体验和家人同庆的愉悦。那么如何才能将家长的文化资源真正发挥到传承者的作用、如何在娱乐中将节日文化的核心价值自然而然地融入孩子的心中，形成文化记忆呢？

家园节日活动前的准备

一、统筹考虑，制定整体计划

由于节日活动较多，而且每年都有，孩子的年龄特点、心理特点、接受能力不一样，因此教师要整体考虑小中大班的节日活动目标、内容、形式、家长参与的方式。这样，既可以避免孩子学习内容的重复，也符合孩子的年龄特点，还能让家长资源的作用最大化。

不同年龄班的过年活动的整体计划。

托班：请爸爸妈妈或爷爷奶奶来园和孩子共同放鞭炮，欣赏烟花的色彩、造型及声响的不同；事后，教师和家长们共同创造性地将此情景和事件用墙饰表现出来。教师和家长们将各色吸管经过剪、折、弯曲、拧、卷、叠等多种方式组合成各式不同图案的烟花造型。让孩子体验将漂亮的烟花变到墙上的惊奇感，初步体验到爸爸妈妈或爷爷奶奶的本领很大。

小班：主要发挥爷爷奶奶的作用，请他们讲元宵节的来历，邀请爷爷奶奶教自己的孙子女包元宵；包好后，直接在班级蒸煮，孩子观察；最后孙子女请爷爷奶奶先吃，并每人用小勺喂爷爷奶奶吃一个。让孩子学习关心老人，体验和老人一起过节的快乐。

中班：请爸爸妈妈来园参加亲子制作花灯的活动。在活动开始时，教师先邀请做花灯的老艺人来园讲授并演示如何做花灯，接着孩子和家长以家庭为单位学习制作花灯，做好后大家相互欣赏，同时家长、孩子以及全园的教工参加评比，选出每种花灯的优点并颁奖。如最佳创意奖、孩子参与为主奖、最佳色彩奖、最佳图案奖、最佳手工奖、最佳牢固奖、最佳材料奖、最佳造型奖等。让孩子初步了解扎花灯的传统技艺，让家长、孩子在体会制作花灯的快乐的同时发现他人的优点，并相互学习，在继承传统花灯工艺的基础上，发挥个人创造性，让孩子体验创新的乐趣。

大班：请家长和孩子一起开展过年年俗表演或关于过年的主题有奖抢答等竞赛活动。教师和家长围绕年文化主题，共同讨论确定具体的题目、内容和组织形式等。共同布置会场，准备活动，让孩子在准备的过程，感受过年的氛围，并在活动过程中了解和体验中国年文化的内容和内涵。

虽然都是过年的亲子活动，但是每个年龄班的主题和内容形式都是不一样的。同时，也要考虑家庭中不同成员的特长，使家长资源得到最充分的发挥。

如小班特别邀请老人就是考虑到以下几点。

1. 老人对与过年相关的民俗、手工、食品制作等都比现在的年轻人要擅长。

2. 老年人大部分都退休在家，相对有时间和精力参与活动。

3. 避免每次亲子活动都是请爸爸妈妈来参加会和他们的工作产生冲突，反而减少他们参加活动的次数，增加他们的焦虑或愧疚感。

4. 邀请老人来参加活动渗透了年文化的精神价值之一，即尊敬长辈、孝敬老人。让孩子们从小就知道要热爱长者，在节日里要想到老人。和老人团聚在一起、和老人一起吃元宵、先让爷爷奶奶吃、喂老人吃元宵等环节的安排就是为了帮助孩子学习体验如何照顾、关爱老人。让孩子在自然的氛围中，承接传统文化的精神。

总之，同一个节日主题在不同年龄班设计得有不同重点、目标、组织形式，可以帮助孩子和家长对同一个节日始终保持新鲜感和参加的激情、兴趣，同时不断拓展和加深对同一个节日文化的感知和体验。

二、通知要早，给家长和孩子充足的准备时间

由于大多数家长平时都是以工作为主，参与幼儿园活动都是利用工作之外的时间。因此，教师在开展每一次活动之前，都要尽早告知家长，以便他们能在一个时间段内妥善安排自己的工作并作好参加活动的准备。

大班要在开学后的第一周的元宵节活动中进行有关过年的亲子竞赛活动。寒假前，教师就通知孩子和家长要有计划地作好准备，收集关于过年的传说、故事、吉祥物、佩饰、玩具、年俗活动等资料和物品。这样，孩子和家长在整个寒假期间，都可以共同收集资料、准备物品和储备知识。教师还要将活动对孩子的发展价值告知家长，引导家长有针对性地在准备过程中发展孩子的能力，而不是为准备而准备。

对于比较胆怯的孩子，教师可以请家长在寒假里和孩子一起玩竞赛、抢答之类的游戏。在此过程中，发现孩子需要改进的地方并进行针对性的练习。教师还可以利用寒假到个别孩子家家访的机会，有针对性地进行指导并督促其作好准备，从而保证开学的活动能全员参与。

教师要注意将通知通过多种方式传达到每一位家长或家庭。教师可以采取“给家长的一封信”的方式，用文本将要开展的主题、要准备的内容、如何准备等一一详细写明，放在孩子的成长册中。这样，家长忘记时可以拿出细读。也可以将此文本发在网上，便于家长上网查阅。教师在放假期间，可以通过“教育一线通”或手机短信，再次提醒家长。这样，若忘记或还没有准备的家长就可以抓紧时间准备了。在临近开学时，教师可以再次发“教育一线通”，提醒家长和孩子，开学需要作的准备，从而保证开学时每个家庭都能有质量地参与到活动中来。

给家长的一封信

各位家长：

您好！

感谢您一学期以来对我们工作的大力支持，即将过年放寒假了，我们预祝大家假期快乐。

在寒假里，我们希望继续得到大家的配合，请家长关注以下事宜。

1. 下学期开学第一周，我们将开展主题“年——元宵节”的有奖竞赛亲子活动。活动以家庭为单位，围绕年文化主题进行抢答。烦请您和孩子一道收集关于过年的成语、传说、故事、歌谣、吉祥物、佩饰、民间玩具、年俗等，并帮助孩子了解、熟悉，并学会听题抢答。预祝您和您的孩子取得好成绩哦！

2. 搜集关于过年的物品和资料：彩色图片、照片、卡片，布艺、木制、泥制、铁制等装饰物、工艺品、挂件等（均请贴上孩子姓名，以便归还）。

3. 下学期我们定于×月×日开学，请开学第一天就让孩子把你们收集的物品、资料带来。

另：以上内容我们都已告知您的孩子了，您可以回去先问问孩子是否清楚或理解了以上内容。无论是您还是孩子有疑问或好的建议，请与我们联系并共同商讨，谢谢。

祝大家新年万事如意、合家欢乐。

××班教师

×年×月×日

三、落实人员，确定各项准备活动的负责人与准备要求

每次家园节日活动的目的、内容、形式不同，对场地、环境等的需要也不同，但总的来说，节日活动总是需要有一个相对较大的会场，有时还要求会场符合活动主题、家长和孩子活动的要求。而且在节日期间，全园各班都要举行亲子活动，如果不事先整体安排好，容易产生场地冲突。同时，横幅和海报制作、会场布置等准备工作都要有一个提前的时间量。

因此，教师要在活动前将每项准备工作尽早落实到每个具体人员，将每个人每项工作完成的要求和日期具体化和明确化。这样，有利于承担某工作的家长按期保质保量地完成自己负责的任务。

家园节日活动主要有以下工作：确定活动场地、预约场地，会场布置、横幅和海报的制作，音响、照相、摄像等物质和设备准备以及活动器材的准备。

以小班“包饺子、迎新年、欢欢喜喜真热闹”的家园亲子活动为例，教师希望在包饺子的过程中，让家长和孩子体验亲子共同劳动的快乐，在品尝饺子的过程中，饺子中的传统文化。为了让孩子体验到饺子的丰富性，教师和家委会事先确定要从不同的饺子馅、不同厚薄和不同形状的饺子皮、包成饺子的不同形状、不同的包饺子方法等方面，让孩子在玩中观察、比较、感

受，让孩子观看家长包饺子、自己尝试包饺子、观看怎么煮饺子、和家长一起吃饺子、猜饺子谜语等，从而初步感受体验中国的饺子文化。为此，要事先作好以下准备。

1. 征集会用不同方法包饺子的家长。事先调查了解家长中谁会包饺子、都会包什么样的饺子、谁包饺子的水平高，谁可以为全班孩子演示如何包饺子等。同时商讨了解家长包饺子的方法及该工作负责人。

2. 征集家长报名准备饺子馅、饺子皮、蒸饺子的蒸锅和煮饺子的锅。同时商讨征集家长报名的方法及该工作负责人。

3. 查看班级中教室的电量是否可以让六个电饭煲同时工作，如果不能，可以在哪个场地进行。

4. 商讨新年环境的布置由谁负责、可以布置成什么样、小班的孩子可以参与哪些工作。

5. 商讨宣传广告由谁负责、写什么、怎么写、什么时间张贴出来、贴在哪儿等。

因此，教师需将活动所需要的人员和物品逐一落实，可以由家委会成员协助或组织，也可以通过海报的形式提前张贴出来，让每位家长了解并主动报名承担准备任务，从而保证活动的正常开展，也体现了家庭资源、家长作用的最大化，体现大家的节日大家准备的文化内涵。

海　　报

活动主题：包饺子，迎新年，欢欢喜喜真热闹

小×班包饺子，迎新年活动就要开始了！还等什么呢！快带着孩子一起来参加吧！

在“包”的过程中体验亲子共同劳动的快乐，在“尝”的过程中感受中国传统文化的魅力。我们期待您的参与，赶快报名吧！

活动时间：×年×月×日（星期×）上午10：00—11：00

招募对象：小×班孩子和家长（爸爸、妈妈、爷爷、奶奶、外公、外婆等均可）

招募条件：

1. 原则上请每位家长负责活动所需要的物品准备：每组一个电磁炉、一个蒸饺子锅或煮饺子锅、两斤饺子馅、两斤饺子皮、会包饺子的和愿意学习包饺子的人员。

2. 原则上以孩子的自然组为单位，每组家庭能够自行解决以上所需食材、器材等。每位小组成员可根据自己的实际能力选择承担自己小组的一项任务。

3. 请在报名表上（见表2－8）写上孩子的名字。

4. 会包饺子的人员请注明会包什么样的饺子，同时注明水平是初级、中级还是高级。

5. 每组承担准备饺子馅的人员，请注明是什么馅，最好与其他组不同，这样可以让孩子了解到饺子馅的不同，也可以品尝到不同馅、不同口味的饺子。

表2－8　报名表

	每组会包饺子的人员	一个电磁炉	蒸饺锅或煮饺子锅一个	每组两斤饺子馅，一人准备即可	每组两斤饺子皮，一人准备即可
第一组					
第二组					
第三组					
第四组					
第五组					
第六组					

四、流程清晰，将当天的活动流程事先发给家长

每当家长来园，孩子都会特别高兴，家长也会特别兴奋。有时在活动中容易出现注意力分散的现象，常常活动已经进入下一个环节了，可是有部分

家长和孩子还停留在上一个环节中，从而造成现场秩序混乱。为了避免这种情况，使当天的活动更有效率，教师需提前几天将活动流程发给家长人手一份，便于他们提早熟悉当天的活动流程，以便不依赖于主持人或组织者，自主地进入每一个环节。

而且家长参加幼儿园的亲子活动大多需要事先与单位请假或安排好自己的工作，有了流程后，他们就可以根据活动的时间和环节事先安排好自己的工作。

活动流程

各位家长：

你们好!

在热心家长××爸爸的提议和大力支持下，本着“关心孩子、增进了解、家园沟通、共同成长”的宗旨，我们共同策划了“家园同乐、分享甜甜、欢度新年”的班级亲子活动，特邀请各位家长在百忙之中抽出半天的时间来参加。

特将此次活动相关事宜公布如下，请大家作好相关准备。

➢活动时间：×月×日　周×上午8：00—11：30

➢活动地点：小一班

➢活动准备：

1. 请家长为您的孩子准备一份与其他孩子互换的且有意义的礼物，用包装纸包好，内附卡片，请您写上自己孩子的姓名和祝福他人的话，于周×带来。(建议：价钱5—10元，用具、玩具、文具学习用品、图书不限，但不能是食品。)

2. 结合主题“甜甜的感觉”，为孩子带一样“甜甜的食品”，要让孩子知道并能介绍说出食品名称。（建议：食品品种不限，突出“甜甜的”特点，数量够活动中全班孩子相互分享即可。)

3. 鼓励和帮助您的孩子作好在集体中声音响亮发言和大方表演的准备。

➢活动流程：

1. 家长观摩孩子日常晨间活动（8：00—8：55）

（1）晨间区域自选游戏活动（8：00—8：30）

（2）盥洗、点心（8：30—8：45）

（3）早操（8：45—8：55）

2. 亲子美工制作活动，布置节日的教室（9：00—9：30）

3. 亲子同乐游艺活动（9：40—10：30）

（1）孩子轮流大声地向大家介绍自己和自己的家人

（2）展现甜甜的笑脸、甜甜的歌声、甜甜的感觉、甜甜的话

（3）击鼓传花才艺表演

（4）以抽签的形式互换新年礼物

（5）品味分享孩子带来的“甜甜的食品”

4. 家长沙龙

自由交流分享育儿心得，分享孩子成长中的快乐与烦恼，提出教育的疑惑、对班级的合理化建议等。

期待您的参与、感谢您的支持。

××班

×年×月×日

家园节日活动的组织实施

一、将家园节日活动纳入孩子的游戏、生活、课程之中

如果将家园节日活动仅仅当作是一个单独的活动，教师就会认为是额外的任务和负担，活动的效果就会打折，也使家园节日活动与孩子的游戏、生活、课程等割裂，不符合孩子学习的特点。所以，教师应将家园节日活动纳入到孩子的课程之中，将节日筹备、主题内容的确定等都转变成孩子的学习内容，有计划、有步骤地开展节日活动，让孩子全程参与到节日准备与组织的每一环节之中，让节日活动成为孩子学习和发展的过程。

晨间锻炼是孩子在园生活的重要活动之一。到了冬季后，孩子怕冷，不愿出来锻炼，早上在家赖床，以致入园时间迟，孩子没有时间参加晨间体育锻炼，而且家长也总是要求教师尽可能让孩子在室内玩耍。为了转变家长的观念，也让孩子自觉投入到每天的晨间锻炼之中。教师和家委会商量后，确定将大班新年亲子活动内容确定为“冬季亲子运动会——我们是冠军”。

教师为了让孩子真正参与到运动会中，从运动会的比赛项目的选择、到孩子报名选择自己想要参加的项目，从预赛到正式比赛的日程等都让孩子和家长全面了解，从而促使孩子自主地参与活动的全过程。

在开始预报名阶段，孩子们都根据自己喜欢和擅长的项目进行报名。畅畅的动作较慢，别人报名时，他在玩玩具，等他想起来报名时，他喜欢的项目已经没有名额了。畅畅就请妈妈来说情，让他参加此项目。教师就将报名时间和每个项目具体人数的规定、孩子已写好名字的报名表格拿给畅畅妈妈看，并向她说明这样的规则不可以打破。

畅畅妈妈看后，认为确实不能为难教师。然后，教师说：“如果您的孩子实在想参加这个项目还是有机会的，因为现在只是预报名，为了让孩子能够天天坚持锻炼，为了我们班能够在比赛时取得好成绩，我们会选出每个项目中能力最强的人代表班级进行比赛。因此要求孩子从报名起就制定计划并要天天锻炼，这样在淘汰赛时，班级中报名的和未报上名还想参加此项目的人进行比赛，谁的成绩好，谁就可以代表班级去参加比赛。所以，您可以让他现在就开始进行此项目的练习。”

畅畅妈妈连连说：“这个方法好。让我们孩子在失去一次机会时，还有一次补救的机会，这样也让他有一个体验，知道如何去争取机会。”

此后，在淘汰赛之前的每一天早上，畅畅妈妈总是第一个送畅畅来园，参加晨间锻炼，还站在一旁观看，并不时给畅畅帮助和指导。畅畅每天总是主动地一遍遍练习跨栏和跳绳，无须教师提醒。只要是练习和锻炼的时间，都能看到他在卖力地练习。

他还非常会安排锻炼的时间，尽力避免和其他孩子冲突。早上一来首先去练习跨栏，因为此时其他孩子来得少，跨栏不要排队等待，当其他孩子都来时，他就去练习跳绳，因为他知道绳子是一人一根，不会和其他孩子冲突。他这种安排，最大化地争取到了锻炼时间，增加了练习的密度。所以后来在淘汰赛时，他跨栏的高度、速度都远远高于其他孩子，大家一致推选他为本班跨栏代表。

事后，畅畅很有成就感，他妈妈非常激动地感激教师说：“你们这次活动安排得真好。让我们孩子从小就知道，机会要自己去争取，确定了目标就要去努力实现。否则，机会转眼即逝。我们家长也体会到，不能依靠家长的力量去帮助孩子达到目标，应该公平竞争。其实到最后，我们已经意识到畅畅这次是否能代表班级参加比赛并不重要了，而是他在努力争取自己参赛资格的过程中得到了认识和体会，这对于他今后的成长都是有益的。”（孩子第一次预报名表、选手名单、宣传画见图2－3、图2－4、图2－5）

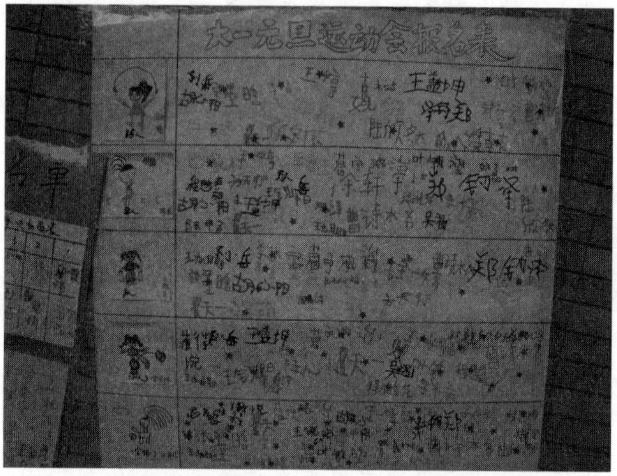

图2－3　孩子第一次预报名表

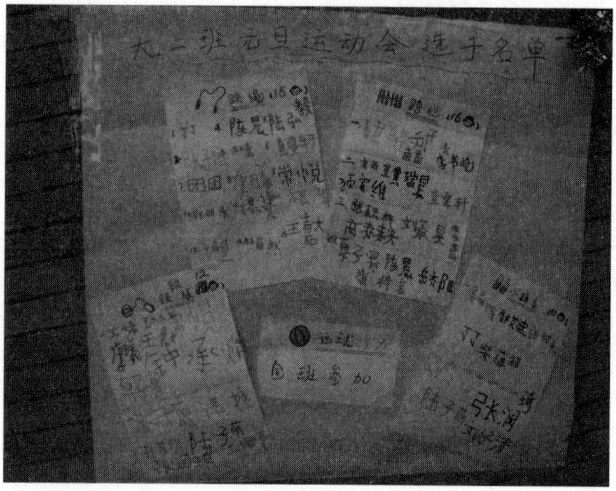

图2－4　淘汰赛后第二次确定的名单

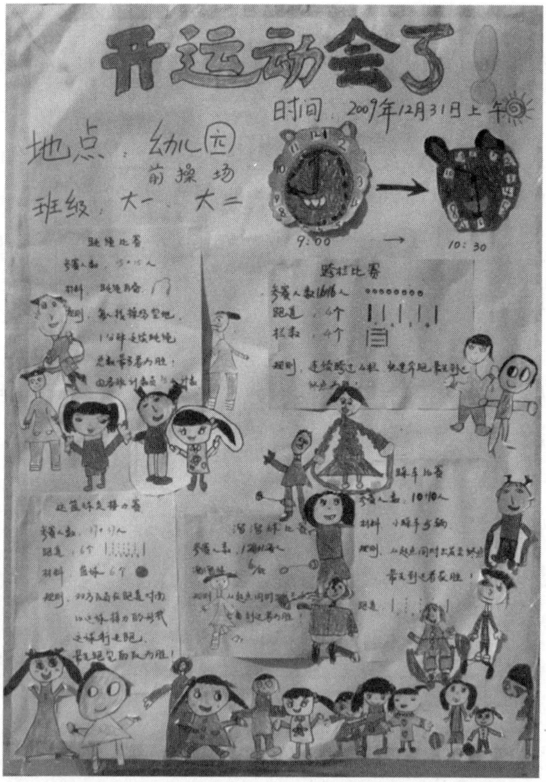

图 2－5　最终确定的参赛选手名单及宣传画

从此事件中我们看出：正是教师提早将报名规则和淘汰赛规则告诉了所有家长和孩子，才使大家知道机会平等要共同遵守规则并相互监督。同时教师设计的预报名、淘汰赛环节、正式比赛流程，实现了最大化地督促每位孩子每天早上自觉锻炼的目的。以往教师总是不停提醒家长每天早一点把孩子送到幼儿园来参加锻炼，但效果并不好，而自此方案公布后，孩子和家长都积极参与到锻炼过程中，每天早上，孩子们一个比一个来得早，也无需教师提醒，每个人都根据自己选择的比赛项目进行练习。可以说这是将家园节日活动纳入到孩子的游戏、生活、课程之中的最大价值之一。

二、让全体家长参与活动全过程

在活动中，注意发挥全体家长的作用。从主持人到布置会场、到当天活动结束后的整理工作，教师要尽可能地发挥家长的作用，最大化地利用家长资源，让家园节日活动真正成为增进家长、孩子与教师的亲密感情，进行实质性互动，共享、共乐、共成长的平台。家长参加家园节日活动不是作为一个观众来看活动，而是要真真切切地参与其中，成为节日活动的主人、主角，让孩子和家长都能感受到活动的价值和快乐。所以教师应当尽可能地调动起每位家长的积极性和参与感，不仅在准备阶段让家长参与其中，进行策划准备，而要让他们全程参与。

在元旦运动会的组织过程中，教师设计了多种角色和岗位让更多的家长参与进来，分别承担不同的职责。

教师设计了记分员报名表、裁判员报名表、志愿者报名表等，在报名表上分别注明了每个角色所需要的具体人数。如需要志愿者4名、裁判员2名、记分员2名等，这些角色的设置和人数的确定尽量使每一位家长都有机会参与其中。同时，为了便于家长确定自己的角色，教师事先将每个角色的职责和任务以文本的方式告诉家长，请家长根据自己的能力、兴趣等选择想承担的角色和职责。

运动会志愿者职责

1. 负责在比赛前将运动器械摆放在规定的场地位置上，比赛后将器械收进器械室内。每个项目的具体的摆放要求如下。

（1）跨栏：摆放时按照每隔三个点放一栏，每队四栏，共四队。注意：比赛过程中，若参赛者碰倒栏时，请及时扶正。

（2）溜溜球：提醒参赛队员站在起点处，共四队。

（3）小踩车：将小踩车放到起点，共四队。提醒参赛队员站在起点作好准备。

（4）跳绳：指导参赛队员每人找一个点，中间保持一定距离。1—7号站第一排，8—15号站第二排。

（5）运球接力：在起点和终点处放椅子，共六队，十二把椅子。

（6）运球绕障碍：每队放五把椅子，共两队，每队中间间隔两个点。

2. 维持运动员秩序

3. 在终点处拉绳

这样就给了家长非常大的自主空间，家长们可以根据自己的能力和兴趣来选择适合自己的角色，从而愉快地参与到活动中。如擅长摄影的家长可以选择承担整个活动过程的照相任务；擅长摄像的可以选择承担全程摄像，并制成光盘；擅长主持的就报名担当主持人；没有特长的家长可以选择担任志愿者。同时家长还可以根据擅长和喜欢的运动项目选择参加亲子项目的比赛。

总之，让全体家长参与活动给了家长很大的自主选择的空间，最大化地调动了家长的积极性，充分利用了家长资源。最重要的是活动当日，所有家长成为了活动的主角，教师则成为了一个协助者，实现了家长的深度参与。

组织家园节日活动时需注意的问题

一、安全问题

家长来园后，一方面孩子容易兴奋，情绪不容易控制；另一方面，幼儿园和班级里的人数变成了原来的两倍、甚至三倍，会造成拥挤，特别容易出现安全事故。所以，教师要事先设计好活动规则、行走线路、进出口的位置、确保通道畅通的方法等，并一一向家长交代清楚，最好在易拥挤处作上醒目的标志提醒。在家长来园前，给每人一份安全要求，请家长自觉遵守，保证活动中的安全。

二、教师要始终保持冷静和微笑

家长来园参加活动时，一般孩子情绪都会激动，容易出现违反规则的行为，此时无论孩子或家长多么焦虑或急躁，作为教师都应冷静对待，不能让孩子或家长的情绪失控或升级。如有些家长看到自己孩子行为表现不好时，会生气打孩子或大声训斥孩子，作为教师一定要智慧地处理好此场面或情景。

三、活动后的感谢

每次节日活动的组织总是离不开家长的支持，特别是家委会成员和一部分热心家长，他们从活动开始到结束，花费了很多的心力。活动结束后，教师一定不能忘了对他们的感谢，而且这种感谢一定要让全体家长知道。一方面是教师真诚地表达感谢，另一方面也让全体家长向他们学习，让热心家长感受到他们的付出是被教师和其他家长认可的，从而，促使他们更加积极地支持教师工作，发挥更大的作用。

四、活动材料的整理和宣传

每一次的亲子节日活动都是一次难忘、珍贵的经历，教师、家长、孩子都留下了很多灿烂的笑容、甜蜜的记忆。由于教师在事前都邀请了家长负责摄像和拍照，用照片和镜头记录下这些画面，所以，活动结束后，教师一定要请家长将这些画面进行剪辑、编辑、整理，可以刻录成光盘一家一份，也可以做成展板展览、放入孩子的成长档案册或上传到班级的网站上，帮助孩子、家长进一步加深记忆，回味这些有意义的亲子活动。

第七节 家长参与课程研讨

幼儿园课程如何让家长参与其中，一直是让幼儿园和教师比较困惑的事情。是所有家长都参与还是部分家长参与，是完整参与课程建构的全过程还是某些环节的局部参与，是旁观、旁听还是深度参与，我们围绕这些问题展开了为期五年的研究。

应当说，让家长自始至终都参加课程的研讨是不现实也不需要的，但在每个阶段都有所参与是可以做到的。

家长参与课程研讨前的准备

一、选择适合家长的时间

课程的研究需要花费很多的时间和精力，而且要静下心研究，不能浮躁。

特别是在课程建构之初，参与者需要连续多次研讨，有时可能连续几天都没有一点成果。如果所有的研讨每一次都让家长参加，而且是所有家长都参加，肯定是不现实也不必要的。

幼儿园和教师要充分考虑到，家长只有在不影响自己工作的前提下，才能参与课程的研究，因此在安排家长参与研讨时，要事先考虑家长适合的时间段或在安排时间之前征求家长意见，原则是尊重大多数家长的意见。一般放在周末、晚上或中午等家长休息时间才能保证家长的按时参与。只有保证家长的高出勤率，才能进行下一步的深度参与。如果家长人都不来，何来深度参与呢。

在前期的研讨阶段，需要不同观点的持续互动从而达成共识，此时多方面对面的现场研讨是最适合的研讨方式。到后期，可以与家长在网上互动或与个别家长进行交流。因此，在研究过程中，一般只有在需要观摩教师的教育活动和孩子参与时，才将研讨安排在周一至周五的工作时间，但也应尽量减少对孩子的作息、玩耍的影响，并从时间的安排上保障每位家长都能参与进来。

二、要先有框架或草案

幼儿园和教师要充分考虑到，家长不是幼儿教育专家，而且大多都是初次养育孩子，加之都有着自己的职业，对于幼儿教育并没有深入的学习和了解，对于孩子的年龄特点和学习特点也不熟悉。他们本身希望送孩子到幼儿园后，完全依赖于幼儿园的教育，结果幼儿园却提出需要他们和教师们一起来商讨课程，家长们会对幼儿园产生不信任，即使设计出的课程也是无方向、不专业的。因此幼儿园和教师应在已经研讨出初步的框架或草案后，再让家长参与，让他们在一个框架内参与研讨，针对框架说出自己的理解和感受，并对其进行补充和修订。此时，幼儿园和教师要最大化地吸纳家长们的意见，使课程目标、内容、组织实施和评价更加完善。

三、要有人手一份的文本

家长参与课程讨论，如果仅仅是听一听，会影响参与的质量。家长不是幼儿教育专业人士，每个人都有自己的专业和文化背景，因此，在倾听时，容易受到干扰，听到某些幼儿教育专业词语时可能会听不懂或理解成与自己专业有关的东西。有了文本后，大家就可以将精力集中在讨论问题上，提高研讨的效率和参与的深度。因此，教师要在家长参与前，就将文本打印复印好，提前一天或当天签到时就发给他们人手一份，便于他们提前阅读熟悉文本，从而保证研讨时家长的参与度。

我园家长每次观摩课程前，教师都要事先将课程研讨的重点、每一个环节研讨什么、请家长关注什么都以文本的形式一一写明，确保研讨紧扣中心、富有成效。

在小班家长观察“排序”活动的安排中，我们在事先提供的文本中写明了在目标环节中，家长要重点关注：①园本课程目标和本次活动目标的对应关系；②园本课程总目标是如何落实在每一个具体教学活动中的。在文本中我们采取将总目标中的相关内容条目与本节课教育活动目标一一对应的呈现方式。

在活动流程中，家长要重点关注：①如何在每一个环节观察课程目标的落实情况；②自己孩子完成目标的情况。详细写明各环节中家长要观察什么、怎么观察等，通过文本来引领家长聚焦重点。

第一环节：教师出示操作材料，孩子学习新活动。（家长观察孩子活动中的情况：是否注意倾听、勇于发表想法，想法的准确性、独特性；表述的连贯性、准确性、简洁性等。）

第二环节：孩子自选小组，进行操作活动。（家长观察孩子是否积极参与自选活动——孩子在同等时间内选择了几组活动，选择了什么活动，这些小组活动内容对于孩子的难易程度，孩子是否完成，哪些内容对于他是有挑战的、为什么，孩子在遇到的问题时的态度和解决方法又是怎样的。）

第三环节：孩子集中交流活动情况。（家长观察孩子注意倾听的状态、是否能够对别人的发言进行补充和质疑；孩子是否愿意并积极参与交流，交流的针对性、准确性、新颖性怎样。）

因为有了观察的线索和重点，家长在观摩中非常专注，他们可以依据问题进行观察和分析，从而能够深度参与到课程研讨之中。

四、要选择不同的家长代表

课程研讨全程都要全体家长参与是不可能也不需要的。为了让每位家长都能真正参与进来，幼儿园和教师可以根据研究的需要，分批、分层地邀请家长参与研讨，这样的组织研讨方式针对性强、指导性强，更能引领家长走入理解、丰富、完善幼儿园课程的工作中。

家长的文化背景、学历层次、职业背景、教育需要的不同，决定了他们对幼儿园课程的要求是不同的，他们自身参与课程研讨的程度、参与的方式、参与的内容也是不一样的。

我园在研究第一阶段课程目标的第一稿时，邀请了部分家长代表参与讨论，他们都是曾经或正在从事不同阶段教育、不同领域教育、学历层次较高的各个年龄班家长代表。其中有大学教师、中学教师、小学教师，职业教育、特殊教育工作者，有督导室、教研室、教师进修学校的工作者，还有从事土壤、天文、古生物研究的博士、科学家等。他们根据我园园本课程第一稿的文本目标，研讨各个年龄班目标的适宜度、全面性、科学性、时代性等。他们分别从自己的视角和成长经历，对课程目标和方案提出自己的看法，促使我们从人的发展的整体视野来看幼儿教育阶段最重要、最基础、最应该落实的目标是什么，对我们课程目标的进一步修订和完善起到了非常重要的作用。

我园在研究第一阶段课程目标的第二稿时，请了学历层次是本科以下、大专以上的家长参与讨论。在第三稿时，邀请了大专以下文化层次的家长参与研讨。最后在第四稿时，各个年龄班教师围绕课程目标设计了相应的教育活动，邀请全体家长对照目标来看自己孩子是否可以达成，验证目标的适宜性。活动后，班级教师组织家长分小组讨论、大组集中汇总，最后再以修订反馈的方式，进一步丰富、完善课程目标。

这样，在第一阶段园本课程目标的研究中，既实现了全部家长都参与到课程目标的研究之中，又满足了不同家长参与的需要。这种不同家长、不同方式与深度的参与真正实现了家长们深度参与课程研讨。

家长参与课程研讨的组织实施

一、在一个时间段内持续的研究

幼儿园和教师要吸引家长愿意并深度参与课程研讨，仅靠一次活动是无法实现的，必须以专题的形式，并围绕此专题展开一系列的活动，才能将家长逐步带入课程研讨之中。每个学期初可以根据课程研讨的重点、家长或教师感觉困惑的内容进行一个学期的研究。这样在一个充裕时间的里，教师和家长都能够沉下心来展开细致的研究，将家园课程研讨落实在每月工作计划之中，家长在一次次的研讨、与教师的互动中，逐步走入课程研究之中。

我园在数学课程建构时，就是将研究时间确定为一个学期。幼儿园请教师在假期家访中逐一了解，家长对数学教育的认识，在家里对孩子是否实施了数学教育、如何实施教育的。幼儿园将收集到的资料进行整理、归类。

开学后根据家长的需求和误区展开研究。从开学初到学期末都围绕此专题展开家园活动，有一对一的家长预约交流式的课程研讨，有分层次的小型座谈会式的课程研讨，有解读此课程的专家讲座，有学期中的全体家长参与的数学教育活动观摩，有关于数学教育目标、内容、方法的家长沙龙，有学期结束时家长参与的孩子数学发展水平评价，有围绕一学期展开的所有数学专题活动效果的家长问卷等。

经过这样一段时间的研究，家长对幼儿阶段数学教育的价值、目标和方法等都有了一个较为清晰的认识。活动后有家长说："数学教育不只是计数呀。我原来认为数学好就是要算得快、算的数字大。""原来看公共汽车站牌、记电话号码、在家里比高矮也是数学教育呀。""以前把孩子学习数学和生活割裂开了，通过幼儿园一次次的活动，现在我们知道了家长要以数学的眼光来看待生活中的风景。""我们会在旅游看风景时，引领孩子看每样事物的多少、如何排列、什么形状、怎么组成……，生活中处处充满了数学，孩子可以时时在玩中学习数学。现在才知道，我们给孩子学习算数时他为什么不喜欢了，原来是我们教的内容、方法都不对呀。现在每天散步时，我们会带着孩子以游戏的方式来寻找马路上、公园里、人群中存在的数学，我们成人和孩子都感到世界是多么神奇，多么有趣。孩子再也不觉得学数学枯燥了，幼儿数学绝不是关在屋里的数学，而是存在于户外广阔的世界之中。”

二、要请视角不同的多个专家与家长互动

不同水平的家长群体对孩子教育的认识和需求是不同的，要想通过一个专家的讲座或一次活动改变他们的观念是不可能的。而且家长都已形成自己稳定的价值观、教育观，只有依靠一群人、一个专家群体的力量，才可能转变他们固有的观念和方法。因此，幼儿园和教师要邀请一批专家围绕专题展开家园双方的多次互动。

在我园的2—6岁幼儿早期阅读的专题研究中，邀请了以下几类专家。

第一位：家长中的“高人”代表。请他来介绍他对幼儿早期阅读的认识和在家里实施的有效经验，并请他以某本图书为例展开具体说明，让其他家长获取具体、鲜活的家庭早期阅读指导策略。

讲座后，教师发放调查问卷，了解家长的收获，并征询他们的困惑及希望得到的指导内容。经过统计归类后，发现家长意见集中在“孩子不喜欢读书”“认多少字合适”“孩子只喜欢听、不喜欢说”等问题上。

第二位：在幼儿园语言教育方面有专长的教师。请他谈幼儿园是如何展开早期阅读课程的，重点向家长介绍幼儿阶段读图画书是读图。然后举例说明教师如何引导孩子喜欢阅读和参与阅读。以某本图画书为例，用游戏、猜谜、预测推理、角色表演的方法和孩子一起读书，让家长深刻地认识到，孩子的阅读和成人的阅读是不一样的。在幼儿期一定要以适合他们年龄特点的阅读方法将他们带进阅读活动中，不适合孩子特点的方法必定只会让孩子远离阅读活动。讲座后，请家长回家后尝试教师推荐的方法，观察孩子是否有所改变，并观察记录孩子喜欢什么样的图书，对于喜欢的图书是什么样的状态等。

第三位：出版社的美术编辑。请他从画者的角度谈如何通过画面的图案、造型、色彩、构图等来表现故事和主题，并且通过具体的图画书来说明和帮助家长理解图画的语言。

班级教师根据本阶段孩子的年龄特点，组织家长展开家庭亲子阅读经验分享和困惑交流，如如何培养孩子根据画面和故事情节展开想象，如何让孩

子既能按照图画书的原著讲述，又不局限他们的想象力发展等。还可进行好图画书的介绍，可以采取小型座谈会、家长会、个别交流等多种形式，并征求家长想进一步研究的核心问题。

第四位：心理学教授。请他讲解图画书中的儿童心理学，从儿童心理和图画书阅读心理两个角度介绍孩子阅读图画书的规律，即孩子在阅读图画书时常常将想象和事实融为一体，以及家长和成人应当如何根据他们的年龄特点和作品启发他们展开想象等。

每个班的教师设计了适合托、小、中、大班的图画书教学活动，让家长来观摩并共同研讨应该如何根据作品的主题、内容、人物的性格特点和结局等启发孩子展开想象。

第五位：小学低年级的语文教师。请他从小学低年级教师的视角来看幼儿期图画书阅读应做什么，引导家长从一个比较长的时间周期来看孩子当下早期阅读的价值，了解小学教师对于幼儿期图画书内容、主题及其价值的看法，从而丰富家长正在逐步建立的幼儿早期阅读观。帮助家长在家庭亲子阅读活动中运用小学教师的视角与孩子展开互动，为孩子的幼小衔接作好准备。

第六位：长期从事幼儿语言教育、特别是早期阅读研究的专家。请他向家长全面介绍幼儿期语言教育的特点，语言教育的规律，亲子阅读的特点和规律，阅读与孩子的思维、情感、社会性等方面发展的关系。最后，请家长和专家互动，提出进一步研究的主题。

此时由于家长已经在家里开展了早期阅读活动，并通过观察孩子的言行，积累了很多感性的认识，并已初步形成了初步的早期亲子阅读的观念，他们的眼光已经不仅仅是语言教育了，而是以图画书为载体对孩子实施全面教育。他们已能和专家互动，对专家的观点进行质疑，并能根据自己孩子的特点，建构个性化的幼儿早期语言发展的观念和策略，从而有效地培养孩子阅读图画书的兴趣，促进孩子的语言、智力和思维的发展。

三、教师要备家长参与研讨各环节的指导重点

教师每次邀请家长来园参与课程研讨，都要尽力保证家长能够在较短的时间内、最大化地进入课程研讨任务中来，减少和降低无效环节和时间浪费。因此，教师事先要作好充分准备以保证每一次活动的质量。

具体需要准备的事项包括以下几点。

1. 事先将全班孩子家长分成若干个小组，既便于压缩讨论的时间，又能满足每个家长发言的需求。

2. 为了让家长清楚自己在哪一个小组，教师要事先将每个小组的家长名单和小组长的名单打印出来交给小组长，方便他第二天的现场召集和组织讨论。

3. 要落实好每个小组讨论的场地，注意每个小组之间的距离以避免讨论时相互干扰。

4. 要分配并确定每个小组中参与互动的教师。在家长分组讨论时，幼儿园要在每个小组都分配一位教师，参与家长的讨论，进行互动。这样，教师就能够了解家长对课程细微、具体的想法与疑问，并进行对话，从而丰富自己对于家长的课程观、家教观等的了解。

但是每个班级只有两位教师，而家长分小组讨论时一般五人一组，一班常常有五到六组，这样就需要幼儿园内其他教师的协助。因此，园长和班级教师要考虑到这一点，事先将参与协助的教师名单确定，并提前告知。

5. 教师的备课不仅是备孩子教学活动的组织与指导，还要备孩子活动的每一环节中，对应的家长活动中每一环节的指导。

如在我园小班开展的数学活动——大小排序时，教师对家长的指导环节如下。

（1）活动前对家长的指导

在观摩活动前的集中家长会上，教师重点介绍本节数学活动的目标、特点及价值，然后具体介绍了本次数学新游戏的玩法以及潜在的难度层次，提醒家长根据自己孩子的发展水平，有目的地进行针对性指导，从而更有效地了解孩子目前发展的水平及需要努力的方向。

（2）活动过程中对家长的指导

①让家长了解哪些内容是新的，哪些是旧的，了解各组活动的要求。

②活动过程中应让家长明确，要督促孩子参与新活动；旧活动要观察孩子是否会按相应的规则操作。

③了解孩子在数学活动中使用材料的规则意识如何。

（3）利用观察表对家长指导。见表2-9。

表 2－9　家长观摩活动观察表

幼儿姓名：__________　　　　观察者（称呼）：__________

<table>
<tr><th rowspan="2">家长观察内容</th><th rowspan="2">家长观察要求</th><th colspan="3">观察记录</th></tr>
<tr><th colspan="2">孩子可能表现</th><th>孩子实际表现</th></tr>
<tr><td rowspan="3">参与活动的积极性</td><td rowspan="3">1. 当孩子没有参加活动时，家长依次用以下三个问题进行引导
（1）想玩哪组活动？
（2）你哪组没有玩过？
（3）你看哪组空了？可以去玩
2. 当孩子不能坚持完成时，家长可用语言提醒：“你完成了吗？你完成了才能走。”或用自己动作带动孩子完成活动</td><td>1. 能独立选择活动，面对有一定难度的任务，能努力想办法，积极尝试解决</td><td></td><td rowspan="3"></td></tr>
<tr><td>2. 在成人的鼓励下，选择活动，面对有一定难度的任务，能努力想办法，积极尝试解决</td><td></td></tr>
<tr><td>3. 在成人的鼓励下，不愿参与活动，或仍不愿想办法解决，放弃活动</td><td></td></tr>
<tr><td rowspan="3">比较大小、按序排列的能力</td><td rowspan="3">家长观察孩子排序时使用的策略和方法（注意：不要直接告知方法）
1. 当孩子不能独立排序时，给孩子看半范例，并引导：“上面怎么排队的，谁在第一个？你来排一排。”
2. 如果孩子仍不会，提供全范例，引导孩子：“请你像这样排一排。”
3. 当孩子能独立排序时，让孩子按不同的顺序排，或用不同形式排，如竖着排、从大到小或从小到大排、在已排好的物体中插入新的物体等</td><td>1. 能独立地按顺序给物体排序（从大到小或从小到大）</td><td></td><td rowspan="3"></td></tr>
<tr><td>2. 借助半范例的提示，给物体进行拓展排序</td><td></td></tr>
<tr><td>3. 借助全范例进行对应、复制排序</td><td></td></tr>
</table>

续表

家长观察内容	家长观察要求	观察记录		
		孩子可能表现		孩子实际表现
收放材料的意识和能力	当孩子离开，没有收放材料时，家长根据孩子反应逐个提出要求 1. 你材料收好了吗？ 2. 你要把材料收好才能离开 3. 你的材料没有收，我们一起来放	1. 玩过活动后，能主动将材料收放整齐		
		2. 经成人语言和动作提醒后，才将材料收放整齐		
		3. 经成人语言和动作提醒，仍没有将材料收放整齐		

小班组“排序”活动家长观察活动安排

一、8：20—9：15 专家讲座（三楼礼堂）

二、9：15—9：40 家长观摩活动（一楼班级教室）

（一）活动名称：排序

（二）活动目标及对应的园本课程目标

园本课程目标	本次活动目标
1. 在成人的引导下，理解事物间的关系 2. 在成人的指导下，愿意探索尝试解决问题的不同方法，体验解决问题的快乐 3. 继续建立集体生活中最基本的是非标准，在成人的引导下，学习理解什么样的活动可能具有积极的意义	1. 学习排列 5 以内物体的序列 2. 尝试运用对应、比较等方法排出物体的序列 3. 有初步的规则意识，知道轮流参加各组活动，换组活动时能将材料收整齐

（三）活动流程及家长观察重点

1. 教师出示操作材料，孩子学习新活动。（家长观察孩子活动情况：注意倾听、发表想法等）

2. 孩子自选小组，进行操作活动。（家长观察孩子自选活动、使用材料的情况；遇到的问题时的态度和解决方法，根据观察表中指导要求进行提问，启发引导）

3. 孩子集中交流活动情况。（家长观察幼儿注意倾听的情况）

三、9：40—10：10 家长分小组围绕中心话题进行讨论（三楼礼堂）

中心话题

1. 家长对照观察记录表简要叙述孩子在活动中的情况，并简单分析。

2. 家长结合今天的活动，谈谈自己对本年龄段孩子学习数学的内容的理解，对幼儿数学教育的认识及困惑。

四、10：10—10：40 家长大组交流，与专家互动

只有教师事先准备充分，备课到位，备活动还要备准备，备孩子还要备家长，将方方面面的工作细节都考虑到、做到位，才能保证家长能够在最短时间内、最大化地进入到课程研讨中，保证家园课程研讨活动的紧凑、高效、高质。

组织家长参与课程研讨时需注意的问题

一、要组织全体教师反思

园长或分管业务的园长在每一次家长来园参与课程研讨后，都要组织全体教师反思，既可以从课程内容选择、目标制定、组织实施、评价等各个环节展开反思，也可以从家长小组交流中的建议和发言中反思，还可以从专家点评和讲座中反思，从而为以后组织家长参与课程研讨积累经验。

二、要组织不同学历层次和职业背景的家长代表座谈

教师通过组织家长代表座谈，了解家长们对本次活动的看法和建议，不仅可以了解他们对课程设计本身的看法，还可以了解他们对研讨组织形式的观点，也为后面的研讨更加契合家长们的能力、需求服务。

三、请各班教师观察家长参加活动后的变化

幼儿园和教师每次邀请家长来园参加课程研讨活动到底有多少作用，作用体现在哪里，都需要教师通过对家长的观察、与他们的交流，记录和分析他们的变化，了解他们的变化在哪里、是什么内容促进了这种变化、这种变化是活动后多长时间发生的等，从而逐步掌握开展家长参与课程研讨活动的规律和原则。

四、要观察孩子在家长参加活动后的变化

教师邀请家长来园参加课程研讨的目的是让家长和幼儿园同方向地推进孩子向前发展。活动的有效性应通过家长的变化是否引起孩子的变化来判断，因此教师可以通过询问、观察孩子来掌握信息，了解家长在家里有哪些转变，使孩子有哪些改进等。教师要将这些变化与家长反馈，及时鼓励家长，支持他们继续努力。

五、对家长进行问卷调查

幼儿园和教师可以针对一学期或一学年开展的课程研讨专题、研讨的具体内容和组织形式、对家长产生的效果等进行全面的问卷调查。一方面可以了解课程研讨的有效性，更重要的是可以吸取教训、保持和发展成功经验，并为今后的研究提出改进意见。

第三章 与不同类型的家长建构家园共同体的策略

第一节 祖辈家长工作

目前很多家庭中，由于孩子父母忙于工作或乐得轻松，将照顾孩子的重任交给了祖辈家长，祖辈家长承担孩子的教育和抚养责任，已成为一种常态。祖辈家长在教育隔代时，往往更注重孩子的健康和生活上的照顾，加之他们都已退休或已不承担工作，有相对充足的时间、精力，在照顾孩子时就会更加细致、尽心。但是由于他们是为子女照顾下一代，特别害怕万一出差错不好向自己的子女交代，因此会更加宠爱，甚至是放任孩子。

有的奶奶说："带自己的孩子很大胆，想怎么做都可以，可是现在带第三代，打不得、骂不得，生怕儿子媳妇、女儿女婿生气。"他们对于孩子出现的很多问题感到束手无策。教师在与他们沟通时，感到双方的关注点不大相同，他们会听不懂甚至不听教师的观点，以致造成很多困扰和误解。作为教师在做祖辈家长工作的时候，要根据他们的年龄特点开展针对性的工作，调动他们参与幼儿园教育、亲子教育的积极性，充分发挥他们在教育上的优势，提高他们教育孩子的有效性，让他们真正参与家园共同体的建构。

祖辈家长工作的前提——建立良好的情感关系

情感关系的感性层面是指互动关系中当事人的感受与体验；理性层面是指对这种互动关系的认识。情感关系本身是动态的，它可以有一定目的指向性，不同的情感关系类型具有不同的或明言或隐藏的目的与相应的功能。教师与祖辈的情感关系，应指向健康、和谐的关系发展，以接纳、尊重、理解、欣赏、信任、宽容为互动的基本前提。教师应当是建立良好关系的发起者，让祖辈家长感受到自己被尊重、了解、理解和欣赏，让他们对教师与自己的关系有积极的体验与感受。

由于祖辈家长年龄长于教师，加之经验和阅历丰富，常常会不理睬教师，教师应当热情地与之联系，始终保持对他们的高度尊重，采取主动拉近彼此之间距离的策略，在日常交流中与他们建立良好的情感关系，让他们心中对教师形成积极正面的形象。

一、每天主动与祖辈家长打招呼

祖辈家长非常在意别人是否尊重他们，他们每天来园时，都会在意教师是否微笑、是否主动与他们打招呼，因此教师要主动表达对祖辈家长的热情。每天晨间接待时，应站立在教室门口，迎接家长和孩子，并主动打招呼：××爷爷（奶奶）早；每天祖辈家长来接孩子时也应积极、主动、热情地打招呼：××爷爷（奶奶），您来接××了。

一位奶奶跑到园长办公室投诉："某老师整天板着脸，看见家长一点儿也不笑，我们把孩子交给她，还真不放心。"而事实上这位教师平日里非常喜欢孩子，在班级和孩子打成一片，师生关系非常融洽，但就是不善于和成人相处。

事后，园长与她谈话，她说："我的工作是教育孩子，干嘛要关注他们的表情呢，再说每天早上家长来送孩子时，是我们最忙的时候，哪有时间和精力关注到家长呀。"

当她后来认识到打招呼这个细节的重要性后，每天家长接送孩子时，她都主动与每位家长打招呼，而且还常常与他们拉家常。如说："奶奶您慢一点走路，小心一点。""今天下雨天还是您送，真辛苦呀！"……

家长们感受到教师的亲切，怨言也就没有了，尤其是祖辈家长更乐于与她交流。她自身也感受到与家长们距离拉近了，还积累了很多关于祖辈家长的工作经验，常常与年轻教师进行分享。如老人就像一个大小孩一样，作为教师尤其是年轻教师，要会“哄”他们，让他们喜欢自己，亲近自己，这是与祖辈家长开展工作的首要条件。

二、要关心祖辈家长的身体健康

对于祖辈家长教师要体贴和关爱他们，尤其要关注他们的身体健康，让他们感受到教师对他们的关心，觉得教师就好像自己的家人一样。一般祖辈家长的健康状况都不佳，他们通常疲惫不堪，而自己的子女又忙于工作，很少能够关照到他们，他们对自己的身体状况非常在意，特别希望有人关注。

因此，教师要经常主动与祖辈家长聊聊他们的身体状况，给予相应的关爱和体贴，记住他们的身体状况，并据此经常关心他们，就能很快拉近与他们的感情。特别是新接班或第一次与家长交流时，更要通过聊天拉近与老人的关系。

教师见了××爷爷说：“爷爷，您气色多好噢！您身体看起来很棒哦！”爷爷会立刻高兴地说：“噢！我经常爬山哎。”教师就记住了这条信息，经常问：“爷爷，今天您爬山了吗？”爷爷以后每次看到教师时，他的脸上总有发自内心的笑容，因为他已经从内心里接纳了这位教师。

三、要关照到不同个性的祖辈家长

祖辈家长们的性格各异，有些很开朗，会主动与教师交流，询问自己孙辈的情况，教师与他们的互动自然多一些，他们也更加愿意与教师交流，自然增加了教师与他们的互动频率。有些祖辈家长认为自己是长辈，教师尤其是班级中的年轻教师是自己的晚辈，不爱主动和教师说话。还有些祖辈家长性格比较内向，不爱说话，对于这些祖辈家长，教师要主动“出击”，经常寻找机会与他们交流。

如××外婆来接孩子的时候，总是板着脸站在那儿不说话。于是教师就主动招呼她说：“婆婆来接宝宝啦。”

有一天，外婆来接宝宝的时间比平常晚了半小时，教师立刻关心地问：

“婆婆是不是不舒服呀？”外婆说：“眩晕犯了，在家躺了很久。”教师紧张地问：“婆婆严重吗？到医院去看看吧！宝宝我们可以帮助照料。”外婆听了很感动。从此以后，教师每天都会问：“婆婆，最近身体怎么样啊？最近气压又低了，您要当心哦。”“婆婆，您身体不好，还坚持每天来接宝宝，真不容易啊。”外婆听了表扬高兴地连声说：“没有，没有。”慢慢的，外婆脸上也有笑容了，也愿意和教师说话了。

对于老年人来说，身体不像孩子的父母那样健康，时常会有各种疾病，所以特别希望有人去关注他们的身体健康，也希望有人去关心他们。教师应当了解到老人的这种心理需求，给予最大的理解、关心和体贴。

四、要经常夸奖祖辈家长

祖辈家长非常希望他人表扬孩子，表扬孩子就是表扬他们，希望他人承认他们的教养工作。教师要根据老人的这种心理需要，努力让他们感受到教师对他们孙辈的关心。特别是在刚开始和祖辈家长接触时，每当他们来接送孩子的时候，要多多表扬孩子，不足的地方尽量少说，从而让他们感觉到，他们的孙辈是被教师经常关注的。

因为很多老人和自己的子女在教养孩子上有分工，他们主要照料孩子的生活，帮助子女早晚接送孩子，但并不负责孩子的教育工作。若教师经常与他们反映孩子的问题和不足，一方面他们没精力、没时间，更没有方法来纠正孩子的一些问题；另一方面也会徒然增加他们的焦虑，让他们认为教师对孩子有偏见或不喜欢，从而导致与教师关系的僵化。

因此，教师应按照每个家庭中祖辈和父母在教养孩子上的不同分工，有针对性地与不同家长互动，特别是关于孩子教育的问题，多和孩子的父母沟通，以免增加老人的压力和烦恼。只有他们健康快乐，才能帮助自己的子女承担一些抚养孩子和力所能及的教育任务。作为教师应当尽量多表扬老人和孩子，使老人感到快乐和成就感，从而更加积极地参与到孩子的教养工作中。

五、要始终尊重祖辈家长

尊敬长辈是中华民族的传统美德，教师应发挥这种美德，给孩子以言传身教。虽然祖辈家长在教育观念、教育方法、文化水平等各方面都存在很多不足，但教师都要把他们当成自己的长辈一样尊敬。祖辈家长的年龄一般都比教师大，他们的生活阅历和经验相对丰富，无论这些经验正确与否，他们都会引以为豪，当教师向他们提出问题或改正建议时，他们往往不会立刻接受。对此，教师要给予理解和尊重，但不能忽略他们的想法和看法。

对祖辈的尊重体现在关注他们的困难上，应主动给予他们一些细节上的帮助，让他们感到教师是值得尊重和信赖的。

尊重体现在家长开放日活动中，即使教室里没有椅子了，教师也一定要找几把椅子给祖辈家长坐；体现在发幼儿园通知或家长园地的信息时，教师要考虑到他们不会上网、看不清手机信息，主动读给他们听或逐个向他们再说一遍。

尊重体现在每次家长开放日签到时，他们签字时看不清，教师主动指着签字的地方或帮他们代签。当有些爷爷奶奶的文化层次比较低，出现不认识字，不会写字的情况，教师要帮助其找人代写或自己代写。

尊重体现在有些爷爷奶奶不会说普通话，虽然他们讲的方言，教师一句都听不懂，但是教师要注意不要打断他们，可以将他们的孙辈喊来“翻译”。教师每次听完后，再慢慢地说一遍给他们听，以此来确定内容的准确性。

教师对这些细节的关注，会使祖辈家长感受和体验到教师对他们的尊重、体谅、关心，自然就拉近了与教师的距离，形成了良好的情感关系。

祖辈家长工作的策略

教师在与祖辈家长互动时，一定要针对他们的特点来展开工作，避免顶撞等正面冲突。

一、肯定

祖辈家长退休后希望自己能够为社会、家人作出贡献，特别渴望自己的价值被认可，教师要肯定他们为孙辈的成长、为家庭作出的贡献，承认他们在家庭中处于无法取代的重要地位。虽然祖辈家长大部分比较溺爱孩子，但是他们克服了自身的体力不支和身体不适，对孩子无怨无悔的付出，无微不至地照料孩子的生活，对此教师都要给予充分的肯定。教师要站在祖辈家长的角度来思考分析问题，了解祖辈家长教养孩子过程中的闪光点并给予肯定，对于不认可的观点和做法如他们坚持认为孩子除了身体健康外，其他一切都不重要；认为自己的儿女根本没有长大，不放心也不认可他们可以自己带孩子等，教师不要急于否定，而要在今后的日常交流中慢慢渗透自己的观点。

因此，教师要常表扬祖辈家长，可以常常说："感谢您对孩子教育的尽心尽责。""您在家带孩子真的很辛苦哦。"当他们为班级作出努力时，教师一定要及时表扬。

有一次，皮皮外婆去公园捞了一大罐蝌蚪，送到班上给小朋友观察。教师说："谢谢婆婆，婆婆真好，丰富了我们班的自然角，我们班小朋友又可以观察小蝌蚪了。"第二天皮皮妈妈对班级教师说："我妈昨天回去非常高兴，说老师表扬她了。"

二、接纳

每个人都有自己的长项和短项，每位老人都有自己的成长经历，他们还带有老人心理特点，其中有些是不容易被年轻人理解和接受的。作为教师要尽力去了解老人们的特点，接纳他们的一些做法和想法，包括他们的愤怒和与教师的对立情绪。

开学第一天，家长们都在自由地选择孩子中午睡觉的床铺。波波的奶奶非常挑剔，从第一张床一直挑到最后一张床，还是不满意。此时，其他家长已经纷纷选好了床铺。

最后，她和教师说："我想要靠在教师办公桌的那张床。"

教师一看，那张床已经被其他家长选定了。教师就说："奶奶，那张床已经被别人选定了，您再换张床吧。"

奶奶立刻变了脸说："我们家波波身体不好，靠在老师边上，老师可以随时照顾到。现在给别人选了，怎么办？你们老师就不能帮助我们调一调呀！"说完，硬是将自己孙子的被子放在这张床上，气呼呼地走了。

教师当时非常委屈，但是体谅到老年家长是希望自己的孙子得到最好的照顾，他们当时激动和生气并不是在跟教师作对，教师就释然了，也就理解老人了。然后教师静下心来去思考如何才能让老人满意。

后来教师再与波波外婆沟通床铺的时候，就不厌其烦地逐一给她试每张床，直到她满意为止。

教师要宽容对待祖辈家长的“脸色”。老人常常给教师脸色看，不是他们有意与教师斗气，而是他们的年龄特点、内心的焦虑和担心以及教育孩子时缺少方法和筋疲力尽所致。

与老人们打交道，教师要记住“老小老小”这句俗话，即他们很多时候会像孩子一样，说发脾气就发脾气。当祖辈家长发怒时，教师不要跟他们生气，要依然主动地与之打招呼，尽心照顾他们的孩子，时间长了，他们会自然消除这些心结。因为孩子的健康和对他们生活上的细致照顾永远是老人们关注的重心。因此关注孩子的生活细节护理，是打破教师和老年家长之间的冰点，建立良好情感支架的一个好方法。

凡凡没有竞选进六一节目表演中，奶奶非常生气。不仅对教师发脾气，而且还到园长那儿投诉说：“大班最后一次过六一了，为什么不让我们孩子跳舞，我们孩子就真的比别人差很多吗?”她不能接受自己的孙女被淘汰的事实，认为自己的孙女是最出色的。对于祖辈的这种心理，教师给予了充分的宽容。

之后每天接送孩子时，奶奶始终是板着脸，教师依然是笑脸相对，主动打招呼说：“奶奶早，今天又是您送凡凡，真辛苦。”

有一次，凡凡发烧刚痊愈，来上幼儿园，脸色也不太好，中午吃饭和睡觉，教师特别尽心地照顾她，注意让她远离教室中的电风扇，定时提醒她多喝水，不时摸她的头、给她量体温等。奶奶来接的时候，教师主动将凡凡今天的身体情况详细地告诉了奶奶：“凡凡今天情绪还不错，身体还在恢复，奶奶放心，我们会尽心照顾她的。”奶奶脸上露出了久违的笑容。

直到学期末，教师每天都很热情地对待奶奶，奶奶的情绪也明显转变了。毕业典礼那天，她还组织家长把大礼堂全部打扫了。临走的时候还依依不舍地跟教师打招呼说：“老师再见，我们走了哦，谢谢你们对孩子的照顾。”

三、理解

当祖辈家长生气和发脾气时，教师应把与他相关的信息与他当前的想法、感受、行为贯通起来，思考他为何这样。特别在祖辈家长出现心理危机的时候，教师要扮演他们的知心朋友倾听、理解他们的苦恼，化解他们焦灼的心情。

祖辈家长比年轻人更有责任感。他们对第三代主要承担的是生活上的照顾，所以，他们更多关注的是孩子的身体健康和生活，如吃饭、睡觉、穿衣情况，是否生病或受伤，相对会轻视或忽略孩子习惯和人格等方面的培养。教师要理解他们生怕对自己的子女不好交代的心情，他们最常说的话是："我怎么跟我媳妇（儿子、女儿、女婿）交代。"

老人们说："现在带第三代，骂不得、打不得，否则媳妇、女婿会责怪自己的。年轻时养自己儿女时，想怎样就可以怎样，可是现在有很多顾虑。"他们常常会责怪教师："老师，今天天气这么热，你还不给我们孩子脱衣服。""你看，衣服怎么没有塞进裤子里呢？"虽然起床时，教师都已帮助孩子塞好衣服，是孩子在活动时衣服又跑出来的，但老人们依然会怪罪教师。

作为教师要理解他们的心理和难处，理解他们的最大愿望就是让孩子每天健健康康、快快乐乐。所以教师要特别用心地把孩子的生活照顾好，尽力满足祖辈家长的要求。

四、倾听

祖辈们因为年龄的原因特别爱唠叨，说过的话还容易忘记，因此经常将一件事情反复地说给教师听，而且特别希望别人听他们倾述。他们还希望别人先听他们说话，然后再谈如何解决问题。教师应该理解老人，因为在他们的生活环境中，说话的机会不多，子女工作繁忙，很少能听他们说话，他们整日在家很少有机会与别人分享体会。他们很希望有倾听者，一旦说起话来，会特别长，且不轻易停顿，教师要给予他们倾述的机会，做一个很好的倾听者，在倾听的过程中不能有不耐烦的表情。老人在倾述的过程中，焦虑的情绪自然就释放了，所以常常他们说完后，原本愤怒的情绪自然就趋于平静了。

有一位外婆到园长办公室提意见说："你们教师极没有耐心，听不得家长的一点儿意见，家长一说话就立刻辩解或打断，从来没有让家长把话讲完。"

可能教师当时并没有这种想法，但是由于教师的行为让家长产生很多误解，产生了一些负面的印象。

对祖辈家长，无论他们有什么想法，不管他们说了什么，作为教师都要注意倾听。教师注意听了，老人就能感受到教师是一个尊敬老人、虚心听取他人意见的人。同时倾听的过程也是教师了解祖辈家长的心理、理解他们的想法、与祖辈家长建立信任的过程。

五、委婉

教师做祖辈家长工作的时候，如果发现他们的观点和自己有冲突，或者他们的观点存在明显误区时，教师不要顶撞或直接指出他们的不对，而要委婉地采取边"哄"边讲的方式。因为祖辈家长很在意自己孩子带得好不好，跟他们说孩子情况的时候，用一种商量的口吻，更利于他们接纳教师的建议。

××奶奶很少来接孙子。有一次，她来园看到孙子正在自己洗手就立刻说："啊，是自己洗手啊?"

如果这句话是年轻家长说的，教师会和家长调侃一下。因为是老人，教师这时要站在奶奶的角度说："看来我们奶奶在家照顾宝宝很周到、细致哦，连宝宝的小手都帮他洗了。奶奶看，我们所有的小朋友都是自己洗手的哦，宝宝长大了，他很能干的，你让他在家也要试一试自己洗手哦。"奶奶脸上露出不好意思的笑容说："好好，我回家也让他自己洗手。"

六、调侃

教师和老年人接触，要了解他们的个性，采取与其个性相适应的沟通方式。害羞或冷淡的老人，他们很少主动与教师交流，对教师采取拒人于千里之外的态度，常常使教师无法与之互动。对于这类祖辈家长，教师不仅要理解他们，还要主动与他们调侃，与他们沟通时，玩笑比严肃的交谈更恰当，当然选择适当的调侃时机很重要。

宇航父亲在外地工作，他的外公就充当了父亲的角色。

刚开学的时候，教师每天都与每位家长打招呼。每次与宇航的外公打招呼，他不仅不应答连表情都是冷冰冰的，给教师不好接近的感觉。像这样的家长，教师就调侃地说："公公您看，宇航和您打招呼，您也不回礼，怎么总是这么着急呀。"他不自然地笑了一下。

宇航得了个全勤宝宝的奖状，教师把它贴在教室门口，外公很高兴。两天后，教师要将奖状摘下来时，他在旁边说："都要拿下啦。"教师立即明白了他的意思说："公公您是不是想多摆几天呀?"他笑了。教师说："我们再摆一个星期吧。"教师接着调侃道："今天公公终于和我们说话了，不害怕我们了。您以后有什么要求，尽管和我们说。可千万不要远远地站着，离我们很远，我们想和您说话都不敢呀。"外公很不好意思地笑了，表情也不像以前那样不自然了。

通过一学期的调侃，宇航外公的脸上也常常能见到笑容了，有什么事也能主动来询问教师了。

七、等待

教师不要期望老人的教育观点和行为能够立即转变，而要慢慢地渗透。老年人的经历很丰富，自己又有抚养子女的经验，他们已经形成了根深蒂固的观点，要想他们立刻接受教师的观点，是极其困难的。

因此教师要放慢交流的节奏，通过多个事例，在多次沟通中，慢慢渗透对他们的要求，等待他们的转变。每次交流的时候，可以一个问题一个问题地说，让祖辈家长看到，自己教育孩子是可以进步的。教师要有耐心，因为祖辈家长的进步需要一定的时间，而且教师要将期待他们进步的时间放得长一点，对他们指导的程序多一点，这样他们就能和教师积极地交流和配合。

天行的爷爷是一个相对来说"夹生"一点儿的老人。天行因为感冒、中耳炎，耳朵里面化脓积水，一个月没来幼儿园。教师去天行家看望他时，爷爷就跟教师说："天行以后早上不参加幼儿园的体育锻炼了，我们九点之后再送来，防止他出汗感冒。"教师说："爷爷我们听您的，把孩子身体调养好最重要。"

此后，天行每天都是九点以后来，教师在日常更加细致地关心他的身体状况，尽量控制他的运动量，不让他出汗，而且每天都主动与爷爷汇报天行在园的身体情况。

这以后的一个月里，天行的身体状况一直很好。为了增加他的抵抗力，也让他下学期上小学时，作息时间能与小学的作息时间衔接上，教师认为天行应该按照正常时间入园，也要参加晨间体育锻炼。

于是，教师就将此建议与爷爷商量。爷爷说："行，我跟他妈妈、奶奶商量一下哦。"第二天爷爷就将天行提早送来了。

正是由于教师开始无条件地接纳爷爷关心孙子的心情和建议，没有直接拒绝或教育爷爷"孩子应该自己参加锻炼"之类的话，赢得了爷爷的好感，再加上，教师把他的话放在心上，每天都特别关照他的孙子，赢得了爷爷的信任，所以，当后来教师提出要求时，爷爷能非常爽快地接受。

发挥祖辈家长的优势

一、教师要发掘祖辈家长群中的优势资源

祖辈家长参与幼儿教育有很大的优势，教师要善于发现祖辈家长的特长，搭建让他们展示的舞台，让他们过多的时间有所寄托，让他们感受到老有所为，从而更加喜爱参与班级工作。

祖辈家长群的优势包括以下几点。

1. 祖辈家长是民间文化传承的重要资源。老年人对于传统文化、民间习俗、手工等传统的东西非常了解，他们非常擅长包饺子、包元宵、包粽子、扎花灯等。

2. 人生阅历比较丰富，对年轻教师来说更是如此。

3. 相对父母更有耐心，时间也比较充裕一些。

教师找到祖辈家长的特长，向他们表达自己的称赞和欣赏，使他们感觉

到教师是非常看重他们的，从而愿意参与到孩子的教育之中，最大化地发挥他们的教育资源作用。

教师可以经常设计一些以祖辈家长参与为主的与传统文化、习俗相关的亲子活动。如元宵节请爷爷奶奶和孩子一起包元宵、包饺子；端午节请他们来给孩子表演包粽子，讲述端午节习俗；重阳节请他们和孩子们一起爬山登高，共同庆祝老人们的节日等。

在活动中，教师可以渗透尊敬老人的内容。让孙辈们喂老人吃元宵，吃元宵时先让老人吃，让他们帮助老人剥粽子、扶着老人登高等，让老人们感到被尊重和关注，同时自己的价值也得到了别人的认同和欣赏，从而更加积极地参与到幼儿园教育活动之中。

幼儿园还可以根据老年人喜欢热闹、体育锻炼，爱跳广场舞、集体舞等特点，经常组织一些亲子运动会、亲子集体舞等。在此过程中，教师要善于发现爷爷奶奶们的特长，让他们来园表演他们擅长的体育运动，如抖空竹、扭秧歌、打腰鼓等。他们会非常积极，常常为了一个表演，天天在家里练习。

由于提供了这样一些舞台，让祖辈家长体会到其中的成功和快乐，从而更加积极主动地参与到班级教育活动中来。

二、教师要发现祖辈家长个体的特长并充分发挥其价值

祖辈家长们，各个生活经历丰富、人人有自己的“绝技”，作为教师要善于发现他们的个人特长和兴趣爱好，调动他们的积极性，创造一切机会让他们逐一得到展示，使其主动积极地参与到班级活动中来，充分发挥每位祖辈家长在教育中的作用。

教师发现乐乐外婆喜欢给孙女扎辫子，能扎出各式各样的辫子。六一活动时，教师就利用她这一特长，请她为表演节目的小朋友梳辫子。她非常高兴，主动扎了很多种发型给教师挑选，还自己花钱买了很多夹辫子的夹子。

教师说：“奶奶，辛苦您了。”她连连说：“不辛苦，我喜欢做这个事儿，一点儿都不累，你们老师帮助孩子排节目才辛苦呢。”

教师将她帮助孩子扎辫子的过程拍成照片，发在网上，一方面感谢乐乐外婆为六一演出做的工作；另一方面也向其他家长展示她扎的非常有创意的

辫子造型，与其他家长一起分享她的成就。

为此外婆很高兴，后来又主动为班级做了好多事儿。

当祖辈家长为班级做事的时候，作为教师要给予他们热情的回应，由衷地感谢他们。和老年人交流，教师要以诚心换诚心。平时祖辈家长们与自己子女在一起的时候，子女不一定会听他们的主张；而且祖辈家长整天忙于抚养孩子，也没有其他的业余生活，教师在幼儿园为他们提供了展示的机会，他们会觉得自己很有价值，会主动给幼儿园、班级提供更大的帮助。

三、教师要为祖辈家长搭建分享的平台

祖辈家长因学历、文化背景、成长经历、家庭环境等因素的不同，在教育孙辈上表现出不同的教育观点、教育方法和教育成效。而且，有些祖辈家长已退休很久，有的刚刚退休，他们也需要有一个群体，相互交流、沟通。

教师可以将祖辈家长们组织起来，经常召开经验座谈会、沙龙或培训讲座，为他们提供交流隔代教育经验和困惑的平台，使他们的正面经验得到承认、困惑得到解决、负面情绪得到释放宣泄，从而更好地参与孩子的教育。

教师不要带着偏见，认为老人都是溺爱、放纵孩子或不懂教育的，其实他们中有很多人是很精于教育的。

在我园举行的一次家长学校活动上，有一位专家说："老人不懂教育，孩子交给他们是很不明智的……"听完报告后，芊芊外公对教师说："这个专家讲话太绝对，不能一概而论。作为祖辈，我们本身有教育能力和教育精力，而我的儿女现在都在忙事业，他们没有时间和精力来照顾孩子，我们为什么不能承担起教育他们孩子的责任呢，让他们专心于自己的事业，这也是为社会作贡献呀！"

他又说："其实我是工程师，退休后，很多地方邀请我继续干，但我都拒绝了。我想，我把自己一双儿女的孩子都教育好，就是最大的贡献。为了不使自己落后于现代的年轻人和新的教育观点，我买了很多教育方面的书在家里学。把孩子送到幼儿园后，我还经常出去听专家讲座。幼儿园里组织的所有家长会、家长学校讲座，我都会早早地来，坐在最前面，仔细听并认真

记录。我们比起年轻人，已经有了教育自己子女的经验，应当说，带起第三代比年轻父母有更多的优势，怎么说，祖辈家长就不能带孩子的呢！”

芊芊外公的观点代表了有能力、有精力的祖辈家长群，他们在教育孙辈上积累了很多有效经验，教师应善于运用他们的资源，让他们与班级中其他祖辈交流，为这些祖辈家长解惑。因为老人之间更易于沟通和相互接纳。

同时，教师定期组织一些祖辈们的座谈会，也为他们搭建了一个宣泄情绪的平台。在座谈会上，他们可以与同辈人叙述自己的不快和成功之处。由于他们来自不同的生活环境，有文化水平高的、在单位做领导的、做教师的、在机关工作的，也有农村的、工厂退休的等，但由于年龄及所承担的都是教育孙辈的责任，所以他们有很多共同的话题，有很多困惑需要讨论，也有很多对子女的不满需要发泄，教师搭建的这个平台，满足了他们的这些需要，使他们感受到沟通、交流的快乐，也在和他人的交流中提升了自己的教育能力。

做祖辈家长工作时需注意的问题

一、对祖辈家长交代的事情要放在心上

祖辈家长对孩子的照料特别细心，对孩子在园的生活会有很多担心，常常会反复叮嘱教师要特别照顾自己的孩子，会交代教师一些当日应当帮助孩子完成的事项。对于这些叮嘱，教师一定要放在心上，要更加细致地完成，而且要及时给祖辈家长回应，这样才能赢得他们的认可。

赫赫外婆早上来说：“赫赫今天早上在家里没有大便，请老师白天一定要提醒他大便。”教师牢记这件事，并跟赫赫说：“如果要大便就和老师说，然后立刻去。”

结果，一直到中午吃完饭，赫赫也没有大便。教师在饭后就提醒赫赫说：“赫赫，到厕所蹲蹲看，可能有大便呢。”果然，赫赫中午就大便了。

下午外婆来接的时候，教师将赫赫大便的事告诉了她。外婆非常高兴，连连对教师说谢谢。以后逢人就说，“这个幼儿园的老师负责任”，当有其他

家长责怪教师时，还主动上去打抱不平。

有一天，莉莉奶奶来接莉莉时，发现莉莉拉链没有拉好，就说："老师真是的，怎么没有帮着拉一下呀！"赫赫外婆立即说："老师照顾那么多孩子多忙啊，拉链没拉有什么关系呀，孩子都中班了应该让他自己学着拉呀！"

二、对祖辈家长们关注的事情给予回应

祖辈家长们对孩子生活照顾得非常细致，所以希望教师也要细致。他们将孩子送到幼儿园后，会有很多担心。教师不仅要接纳他们的这种担心，更要敏感地给予回应，消除他们的担心，减少他们的焦虑。

在托班开学的时候，言青奶奶特别不放心地说："老师，我们能来喂宝宝吃饭吗？我们孙女不会自己吃饭，中午不吃饿着怎么办呀？"教师说："放心，我会喂她的，而且她看到别人自己吃，也会学着自己吃的。"

每天奶奶来接言青时，教师就主动告诉她孩子吃饭的情况，有时还将孩子吃饭的情况录像，在她来接的时候放给她看，增加真实感，让奶奶感受到教师非常重视她的担心，也非常关注她的孩子。以后奶奶逢人就说："孩子在园尽管放心了，老师照顾得比我们还好。"

第二节 高学历家长工作

我们将大专（包括大专）以上学历的家长称为高学历家长。这个群体的家长由于文化水平较高，事业有成，自信心强，对于孩子的教育基本都有自己的观点，他们愿意与教师交流，经常对幼儿园教育和管理提出他们的看法和建议。因此，教师常常感到他们比较"挑剔"和"难缠"，与他们进行家园互动有些打怵。那么这个群体的家长到底有什么具体特点或哪些"软肋"呢，怎样才能掌握与之相匹配的工作方式和工作策略，从而与他们进行有效互动呢？我们将从以下几个方面进行阐述。

高学历家长的特点

一、学习能力很强，对教育理论的理解和运用能力强

高学历家长善于学习，虽然他们各有专业，但是他们会主动了解各种儿童教育的理论。因此，他们对蒙台梭利、皮亚杰、卢梭等教育家的理论以及当下倡导的教育观念相当熟悉，有的甚至是精通。他们会选择与自己价值倾向相吻合的教育主张并运用于孩子的教育中，所以他们到幼儿园来，是带着自己的教育观念的。教师要了解这类家长的教育理论，沟通前一定要作更多的准备。

润奇妈妈是工商管理博士，他们家的教育主张就是让孩子放开来“皮”，认为只有调皮的孩子长大后才能有成就。润奇在幼儿园就非常“皮”，经常会有其他孩子到教师这儿“告状”。于是，教师请其家长来园预约交流。润奇妈妈落座后，就开始谈他们的教育主张是给孩子一种开放的教育，给孩子充分的自由等。教师一直在倾听，并通过她的表述了解她如何实施“开放自由教育”的理念。

等她叙述完后，教师首先表示认可她的观点，并告之幼儿园也在实施开放教育，正在研究幼儿集体教育中的开放与限制。由于幼儿园是孩子集体生活的场所，特别是在中国国情下，孩子人数比发达国家要多得多，孩子在园生活、学习必然有一些规则，这些规则是保障每一个孩子健康、安全的生活和学习的底线。如保证自己的安全、在活动中不能干扰到别人等。

接着教师就举例说明，目前润奇的“皮”经常会干扰到别人，如在午餐时他把自己不喜欢吃的菜夹到旁边小朋友的碗里。

润奇妈妈说：“他在家不吃的时候也会往我的碗里夹，我们也没有在意。”

教师回应说：“在家里您不会嫌弃自己孩子，可是其他小朋友就会觉得不卫生。当这样的事情别的孩子回家讲给家长听时，这些家长会认为您的孩子在欺负人。这样，会影响别人对润奇的看法，甚至会影响其他孩子是否愿意与他交往。”

听了此话，润奇妈妈很感触地说："回家以后我一定会注意这方面的教育。"

之后教师再给她提建议时，她就欣然接受了。

二、很重视孩子的教育，有非常明确的教育取向和教育策略

高学历家长的见识多，他们不仅有自己认同的教育理念，也在将这些理念运用在自己孩子的教育过程中，积累了很多鲜活的实例与成功的经验，形成了一些个性化的实践策略。对此，教师要有充分的认识。

一天，瑞瑞和同伴发生了争执，教师处理后，瑞瑞很不服气，他委屈地说："我妈说，老师有时也会说错的。"

当时，教师愣住了，心想，"这个妈妈怎么能这样教育孩子呢?"

后来在一次家长小型座谈会上，瑞瑞妈妈谈了学前期家长应关注孩子的心理教育问题，并举例说明了自己是如何教育瑞瑞的，如她要求瑞瑞在园无论教师批评他任何事情都要回家讲给爸爸妈妈听，他跟儿子约定"如果你在幼儿园犯了错误，被老师批评了，当天回家说给爸爸妈妈听，爸爸妈妈不会批评你；如果不告诉爸爸妈妈，那么爸爸妈妈一定批评你，甚至可能还要打你"。

家长认为教师在幼儿园要照看许多孩子，对于孩子发生的事情难免会有不了解真相的时候，很可能会错怪孩子，孩子回家告知家长后，家长可以根据实情做善后辅导。

瑞瑞妈妈强调："只有我了解实情才能有针对性地和孩子互动。孩子愿意说是前提，只有孩子跟我说了我才知道怎么样去善后，如果教师讲得对我怎么引导，如果讲得不对的我又怎么引导。我希望孩子从小就知道，他在外面发生任何事情都可以回去和自己的父母分享，向自己的父母求助，让孩子知道在外面被批评或失败后家庭是自己倾述和宣泄的场所。"

渐渐的瑞瑞就养成了在园或者在外面做错事，回家后主动说给爸爸妈妈听的习惯。这样父母就能够在第一时间了解孩子的思想动向，给予及时的疏导，从而避免孩子在成长过程中产生心理问题。可见，这是一个用长远观点

教育孩子，非常有智慧的家长。

因此教师不要简单地认为是家长不信任自己，而是要反思在自己的教育工作中是否有简单和不公平之处，是否做到耐心、细心、专业、准确地解读孩子的行为和行为背后的想法，反思怎样是更负责任的态度，从更有利于孩子终身发展的角度来思考问题和解决问题，只有这样才能做好高学历家长的沟通工作。

三、非常细致、谨慎、敏感、易焦虑

高学历家长的学习能力很强，能从各种渠道获取关于当前社会、教育等的大量信息。他们对各种信息相当敏感，会对接收到的信息进行联想，细致地推测出此现象也可能会发生在自己孩子身上，他们常常会超前预想到自己孩子发展中可能会发生类似的问题，进而焦虑万分。但是他们对于自己预想的问题又没有实际解决的办法，会不停地寻求教师的帮助，对此，教师要给予充分的理解并接纳。

语淑妈妈硕士毕业，在大学里做教师，平时就非常重视女儿的教育，但是由于妈妈教育得特别细致，语淑在情感方面比较脆弱、做事谨小慎微，也不愿意多交朋友。有一段时间她只愿意和自己很熟悉的一个小男孩做朋友，每次选择伙伴都不选择其他孩子。

语淑妈妈了解此情况后很焦虑，非常担心女儿以后在交友方面有问题。每天回家就跟女儿说，“你要跟其他小朋友玩”，但是女儿很不愿意，每当妈妈强迫她跟别的孩子玩的时候她就大哭。

有一天，语淑妈妈在报纸上看到一个高中女孩成绩很拔尖但性格很偏执，最后因为一件事情没想通就跳楼了。她立刻联想到自己的女儿，认为自己女儿也很固执，希望教师帮助解决。

教师利用语淑在幼儿园很听教师话的特点，向她提出要求：“这学期我们班每个小朋友都有一个任务，每个星期要和不是本组的一个小朋友成为好朋友。老师知道，你很能干一定能完成这个任务，对吗?”语淑答应了教师的要求，她努力去和每一个孩子成为好朋友。一段时间后，语淑能很自然、主动地去找其他孩子玩，也爱和其他孩子玩了，回家以后还跟妈妈说自己是怎么做的，妈妈很高兴，觉得女儿变了很多。

可见，高学历家长对孩子出现的一丁点问题都比较敏感、紧张，这个时候特别需要教师宽慰他们并给予具体的帮助，解除他们的惶恐不安。

子源的爸爸妈妈都是博士，他们非常专注于自己的事业，考虑问题直接近乎“天真”。子源家对孩子的生活护理相当细致，孩子在园无论是和其他孩子之间发生纠纷，还是他自己不小心碰到哪里，即使没有碰伤，家长也要求教师主动告知，不能疏忽，否则，他们就会认为教师没有责任心。

一天报纸上登载了“一个孩子在幼儿园摔了一跤，结果铅笔插到眼睛里”的事件。子源妈妈第二天来就特意站在门口等教师，特别提醒教师要注意孩子的安全：“老师我害怕得一个晚上都没有睡好觉，老师你们班铅笔放在哪里啊，孩子上下楼梯的时候你们是不是看着每个小朋友啊……”

此时教师一定要耐心倾听家长讲述自己的担心，然后向他们说明幼儿园的安全工作措施，绝不能感到厌烦或敷衍他们。其实并不是他们“难缠”，而是他们自身的职业和文化背景等因素使然。只有通过教师的态度和耐心的说明，才能使他们感受到教师的责任心和幼儿园的管理质量。

高学历家长工作的策略

一、采用反问、追问和提供问题线索的交流方式

在与高学历家长交流时，由于他们自身的理解能力和文化水平相对较高，教师不需要采取直接告知答案的方法，而应采用讨论和共同商量的方式进行对话，特别是反问、追问的方法。这类家长的反思能力较强，当教师提出问题后，他们经过自己的思考就能找到问题的答案，也就更容易从内心接纳教师的观点和建议。

一次元宝妈妈着急地说：“哎呀，我家女儿就喜欢在家玩，不喜欢去跟小朋友玩，怎么办呢?”

教师反问："您觉得您家女儿为什么喜欢自己在家玩，不喜欢出去玩呢?"

妈妈想了一下说："她害怕跟小朋友交往啊，胆小。"

教师说："为什么您会认为她害怕与小朋友交往呢?"

妈妈说："因为她和小朋友玩时，总会发生矛盾。有的时候还哭着回来，有的时候说别人不带她玩。"

教师追问道："为什么您和她玩就没有矛盾呢?"

妈妈笑着说："因为我知道她喜欢玩什么，知道怎么配合她玩呀。"

教师反问道："那么您的孩子会配合你吗?"

妈妈说："不知道，都是我配合她。"

教师提示道："您怎么能让她知道每个人都需要配合别人呢?"

妈妈想了一下说："是不是要让她和其他孩子玩呀?"

教师笑着说："对啊，您在家里跟她玩不会有什么矛盾，是因为您是成人，会谦让她，事先想着她可能不喜欢的东西和做法。她跟小朋友玩时，小朋友都是一个年龄层次的，不会想到这么多，所以他们之间才会发生矛盾，而这个矛盾正是孩子学习的一个契机。孩子的社会性发展就是需要经历同伴间的矛盾冲突，才会自己想办法去解决，每解决一个冲突他们就获得一次成长，掌握一个交往的策略。只有让孩子不断地面对冲突，才能使他们的交往水平不断提高。"

妈妈恍然大悟地说："哦！也就是说孩子如果始终和成人在一起，成人将他们各种交往中的障碍全部都扫清了，孩子就会认为跟妈妈在一起很舒适，可以想干嘛就干嘛，干什么都会成功，就更加不爱与他人交往。老师，我分析得对吗?"

教师说："对呀！孩子不可能一辈子跟您在一起，永远藏在您的背后呀!"

妈妈连连点头说："对的对的。"

自此以后，每天元宝回家后、节假日时，妈妈总让她自己下楼找同伴玩。久而久之，她也很喜欢下楼找自己的同伴玩，一改以前总是在家里与妈妈玩的现象。

从此案例可以看出：高学历家长具有很强的反思能力，教师不需要讲过多的道理，只要让家长认识到他们的误区即可。教师不需要一一告知他们具体的方法，而要多用问题引起他们思考，用一些问题线索和观点让他们反思、分析自己的做法和孩子某些行为表现及其原因，他们就能自己找到答案。他们一旦明白了道理所在，就会自己创造各种情境，让孩子得到发展。

二、要严于律己，表现出为人师表的良好素养

大部分高学历家长比较明理，做事严谨，讲究细节，相应的，他们自然也希望教师能够这样对待自己的工作、对待他们的孩子、对待他们。因此教师在与他们互动时，要向他们学习严谨、细致、规范的工作态度和工作作风，工作中的每一个环节都要注重细节，以避免产生一些误会和隔阂。

蒙蒙爸爸妈妈都是博士，教师第一次去家访的时候明显就感觉到爸爸妈妈非常明理、有教养。家里收拾得整整齐齐，桌上的水果、饮料分类摆放有序。

有一次，一本幼儿教学图书买不到，教师请蒙蒙爸爸帮助将原有的小彩色图书放大，他非常认真地将教师的要求重复一遍以确认。

教师说："大概是这么大吧。"

他立刻说："我用尺子量一下吧。"

每次复印好材料交给教师时，他都是用报纸包好或用信封装好。当教师用"一线通"发通知时，他每次都回复，而且回复的信息一定是"已收到×月×号活动的信息"。

教师每次预约交流时，他们一定准时到。

一次，教师通知某日要家访，他们早早在家准备好，结果教师因为在上一家耽误了很长时间，临时通知改时间，他们非常生气，认为教师不守时，是一个极没有责任心的人。

从此案例可以看出：并不是高学历家长有意挑剔，不好说话，而是因为教师自身的工作习惯和工作作风有待改变。无论是预约交流、家访、晨间接待，教师都要考虑家长的立场、特点，作为为人师表的教师更应增强服务意识、守时观念，思考问题应细致入微，以赢得他们的信任和接纳，提高沟通的效率。

三、要善于利用关键事件展开沟通

高学历家长自身认为不重要的东西，无论教师如何告知，他也不会接纳。教师必须找到与他们的关注点相契合或触到他们痛处的地方，他们才会认同和接纳教师给他们的一些信息，包括对他们孩子的一些指导。作为教师要在日常接触中发现和寻找到高学历家长的关注点和他们的“软肋”，并以此为切入点展开沟通，这样才能推进共同体的双方的成长。

博轩的生活能力相当弱。第一次家访的时候，教师从他爸爸的谈话里就感受到，他并不在意对孩子生活能力的培养，认为孩子穿鞋子、穿衣服根本不需要学习，长大后自然而然就会了。因此，当教师希望他在家里配合培养孩子的生活能力时，他一直置之不理。他只希望教师多培养孩子的自信心。

教师就在幼儿园里每天单独教博轩穿鞋子，经过一段时间后，他终于学会穿鞋子了。

当天教师就跟博轩爸爸说：“博轩今天终于把一只鞋子穿上去了，你看他的表情是多么自信哦！博轩也非常自豪地对我说‘你看我会穿鞋子啦！’”

接着，教师向家长细致描述了博轩的表现：“他今天一整天都是喜气洋洋的。以往，在班上喊老师的声音都是小小的。今天会穿鞋子了，说话的声音都是大大的。你看今天博轩多自信啊！”

此时博轩很骄傲地看着爸爸，指着自己的鞋子大声说：“这是我自己穿的。”

看着儿子的样子，爸爸也很高兴。立刻说：“儿子很棒！”

此时，教师从穿鞋子与自信心培养的关系与博轩爸爸进行了沟通：“穿鞋子只是一项技能，重要的是通过这项技能的掌握，让孩子感受到自己在班上是能干的，并从中获得自信心。幼小孩子的自信心发展是从每件小事开始的、从他们日常生活中的点点滴滴中来，并不是只从学习中来。”

博轩爸爸听了很感慨地说：“哦，原来穿鞋子对孩子还有这么大的价值呀！”

从此案例可以发现：同样一件事可以从不同的角度分析，教师在与高学历家长交流的时候，从家长看重的角度切入，使自己的观点尽量与家长认同的价值观吻合，从而达到自己的教育目的。当家长轻视穿鞋子、穿衣服等动手能力、自理能力的培养时，教师并没有与家长对立，纠结于自理能力培养多么重要上，而是从家长的关注点——自信心培养的角度，使其感受到动手能力、自理能力培养对孩子自信心培养的价值，从而达到有效沟通的目的。

四、让高学历家长客串教师，体悟幼儿教育的特点

高学历家长不会轻易接纳教师的观念，但当他们自己认识、体悟到其中的价值后，才会很快转变。他们专业知识深厚，思维严密，能够深入浅出地将自己的专业知识传达给他人，他们是幼儿园和教师的课程资源和合作伙伴。教师要充分发挥他们作为课程资源的作用，让他们客串教师，并在此过程中体悟出幼儿教育的特殊性，从而接纳、认同教师。同时，教师要向他们学习如何深入浅出地引发孩子对科学的探究，如何将孩子的思维活动聚焦在有意义的探究过程中。

芊芊爸爸在研究所工作，是研究种子和土壤关系的。

小班时教师第一次请他给小朋友上课——种青菜。由于是第一次给孩子上课，在课堂上他不知道怎么去跟孩子说、用什么样的方法更合适。课后，芊芊爸爸很感慨地说：“教孩子还真是有学问，需要一定的专业能力。”同时，他反思说：“我××地方应该这样说，××地方应该那样说，我在××环节可以让孩子自己动手试试……”

第二次到中班上课——种豆子时，他上得就非常好。芊芊爸爸有深厚、系统的关于种豆子的专业知识，一旦了解了孩子的学习特点后，他就能够把自己的专业知识用浅显易懂、孩子能够接受的方式告诉他们，并用自己专业的研究方法来引导孩子进行科学探究。如通过“豆子怎么样一点点胀大”“怎么样清理豆子上面的一些蚜虫”等问题，引导孩子自己去操作实验，自己去发现。

在他们给孩子上课的过程中自然渗透了研究人员的职业精神——科学的态度和实验的精神。他们注重培养孩子通过自己的实验获取结论的能力；对于实验的结果也不以个人的权威观点来评说；不否定孩子提出的每一种观点，

而是让孩子自己去实验、比较，与孩子一起讨论，逐一排除各种猜测，最后得出结论；通过活动他们让孩子知道科学的结论可有多个，在不同的条件下，采取的方法和获得结论也各不相同。

从此案例可以看出：教师可以从高学历家长的教学中受到很多启发，学习到很多东西。他们可以弥补教师某学科专业知识的不足。教师要善于向他们学习，挖掘他们的资源，使其成为幼儿教育的支撑。同时，高学历家长在客串教师的过程中，也体验到教师的专业性和幼儿教育的特殊性，从而使双方相互尊重、包容、理解、接纳，并在观念上和谐共存、教育方式上相互补充，最终使家园共同体成员之间和谐相处、共同发展。

五、教师只要提出孩子的问题不必叮咛具体的解决办法

高学历家长会潜心研究教育孩子的方法，他们不轻易接受教师的建议和观念是因为他们有自己独特的想法。教师与他们沟通时，不需要一一叮咛他们具体的方法，他们会根据教师发现的孩子身上的问题，自己去观察了解并寻找出解决的方案，会坚持不懈地在家里贯彻落实。

思杰是一个非常要强的孩子，属于那种慢工出细活的风格。可是明年她就要上小学了，教师担心上小学后，小学教师会要求在规定的时间内完成作业，她可能会不适应。教师就将这种担心与她妈妈交流，请她近期注意提高女儿做事的速度。

思杰妈妈说："思杰动作慢是遗传她爸爸。我曾经在家里试过，如果你催促她，她就会慌乱得不知所措，不仅速度不能提高反而影响到做事的质量，不过我会再想想办法的。"

寒假教师去思杰家家访的时候，发现她妈妈已经在想办法解决她速度慢的问题了。妈妈为她设计了一个生活方面各项事情完成时间的计分本。如今天吃饭半个小时之内吃完了，就可以得五分；今天洗澡按时洗完了，得三分。思杰的近期目标是一个月得十分，这样就可以得一个长方形的铅笔盒；两个月都得十分，就可以得一本她喜欢的书；若得到两百分，妈妈就带她到海南玩，此项计划一直实施到大班毕业。经过妈妈的坚持，思杰的进步非常大。

从此案例可以看出：高学历家长自己会有解决问题的方法，他们通常不需要教师告诉他们怎么做，只要他们认同教师的观点即可。所以教师与他们交流时点到即可，不需要反复提醒，紧盯不放。

六、要帮助高学历家长搭建百花齐放的分享平台

高学历家长由于个人事业成功，他们会从个人的成长经历中总结出许多教育观念和经验，而且每个人都有自己的独特想法、方法，可以说他们自身就是丰富的教育资源。作为教师不仅不要强迫他们接纳自己的观点和方法，还要为他们搭建相互交流和分享的平台，让他们在展示自己观点的同时，吸纳他人的经验、观点和做法，教师也在他们的分享中反思自己的教育观点和方法，与他们共同成长。

教师可以请高学历家长自愿报名给全体家长讲座、给孩子上课、参加小型座谈会等，并尽量让每位家长都承担相关任务，让他们在分享中、在教育全体孩子的过程中，表达自己的教育观点和方法，起到和他人共享、共同成长的作用。

子源妈妈是编辑，对文字非常敏感。子源很小的时候，她就坚持每天和孩子一起读图画书，孩子在与她一起看书的时候会问这是什么字、那是什么字……后来孩子自然习得了很多文字。当孩子有一定识字量以后就喜欢自己看书，不要妈妈读给她听了，只有在自己有不认得的字或看不懂时才去找妈妈。她并没有强迫孩子认字，也不是简单机械地强求孩子逐个字地认，而是用自己的专长潜移默化地影响孩子。因此作为教师不能简单地说，幼儿阶段不能识字，会扼杀孩子以后的学习兴趣。

每个高学历的家长都有自己的特点，教师在与他们沟通后，要善于发现他们的教育意识和观念以及他们的长项，要搭建平台让他们的长项得以强化和放大，要创造机会让他们接触多种观点，并让他们自己去判断哪一种教育方法、教育理念是正确的。

七、与高学历家长沟通时，教师应尽量描述事件而不要加以评价

高学历家长有水平和能力去判断孩子的发展水平和状态，教师只要将孩子在园的具体语言和行为、具体事例描述给他们听即可。若教师轻易地评价孩子，他们不仅不认可教师，还会产生新的矛盾，形成沟通障碍。

为了增加真实性，教师在描述孩子在幼儿园生活中的事例时，可以模仿孩子的动作、语言、语气、语调、表情，让家长进入事件现场，帮助他们自己去判断。

教师还可以借助孩子的一些作品，帮助家长进行反思。

乐乐爸爸希望让乐乐自由发展，但一直不满意他的现状，认为他缺乏创造性。教师告诉他乐乐在幼儿园不是这样的，但他总是不相信。为此，在与乐乐爸爸交流时，教师将乐乐在幼儿园的一系列图画作品拿给他看，并逐一讲解孩子画的内容，还将乐乐的画与画家及同伴的画都拿给他看，让其比较发现，乐乐确实不简单，比同年龄孩子更有创造力和想象力。

看完后，乐乐爸爸激动地说："乐乐不错嘛！每次听老师讲，他画画有创造性，我根本不相信。因为我看他在家里画画都是乱七八糟的。今天，我发现，乐乐确实比其他孩子创造性要强一些。"

虽然高学历家长有自己的判断力，但前提是教师要拿出让他们信服和判断依据，如具体事例及作品，让他们有东西可以判断。教师不能也无法简单地把自己的观念和看法强加给他们，只有当他们认可、认同教师观念后，才会接纳教师的观点和做法。

八、要体恤高学历家长的难处并主动给予帮助

高学历家长中的一些人，当教师与他们沟通或提出配合要求后，他们经常没有反应，也不再来与教师见面。其实并不是他们无视教师，不接受教师的观点，不愿改变，而是他们缺少具体的教育策略又不好意思求助他人。因此，教师要理解他们，发现他们的难处，给予适时适度的指导。同时，教师

还要注意保护他们的自尊心。

润西爸爸妈妈都是博士，在研究所工作。润西上课时经常会故意打扰其他孩子或自己随意走动，行为问题特别多。润西爸爸妈妈也重视孩子的教育，每次都请假来参加班级的活动。但是孩子不仅没有转变，而且还变得越来越影响班级正常的教学和他人的活动。教师很着急，觉得要给他们一些触动。

教师就将润西在班级一日活动中的行为表现完整地拍摄下来，准备与润西爸爸妈妈交流时播放给他们看。

约谈的那天，妈妈一坐下就说："老师对不起，润西给你们添麻烦了。他是不是又在幼儿园不听话了？"

教师就将润西的行为表现叙述给他们听。

妈妈不停地说："孩子在家里也很不听话，也不知道为什么。"

教师追问道："他不听话时，你们在家里采取什么措施呢？"

妈妈停了一下说："我就打他，还把他关到黑房子里。"

说着说着，润西妈妈忽然哭着说："其实我以前告诉你，他在家听话都不是真的。我常常觉得为什么我会生一个这样的孩子，实在是跟别的孩子太不一样了。我爸爸也常常说我'你们这样的学历怎么能粗暴地对待孩子！'可是我实在不知道该怎么办。"

看到她情绪激动得几乎要崩溃了，教师当时就没有播放录像，避免增加她的精神负担。

教师轻声安慰她说："没关系，我们一起来想办法。不过，你们在家里不要打他或者把他关在黑房子了。这样一方面容易伤害孩子，另一方面由于孩子在家的惩罚方式非常严厉，在幼儿园里面老师不可能碰他一下，会造成他在幼儿园里更加没有约束，不利于他的长远发展。"

接着，教师向她介绍了这个年龄阶段适合的教育方法以及具体的做法。她很高兴，连连说："我回去后一定按照老师说的去做。"

此后，润西有了很大的进步，教师从孩子身上感受到家长付出了很大的努力。

从此案例可以看出：高学历家长非常要面子。他们的自尊心很强，对自己子女的顽劣，感到相当难为情。他们认为自己各方面都比较优秀，子女也自然应该如此。殊不知，孩子的成长，需要家长的很多陪伴和引导。他们孩子的问题并不是他们主观态度上不配合教师，而是不知道怎样解决这些问题，缺少具体的策略和方法。当教师给了他们具体的策略后，他们会认为教师不是在指责自己，而是真正在帮助自己，在共同想办法解决问题，所以他们会非常认真地回去尝试。当孩子有所改变后，他们教育孩子的信心就增强了，也会主动找教师谈孩子教育中的问题，希望从教师处得到更多有效的帮助。

做高学历家长工作时需注意的问题

一、应向高学历家长展示教师在幼儿教育方法上的专业性

无论是教育理论，还是思维方式、文化水平，应该说高学历家长大多高于一般的幼儿教师。但是作为教师也不要自卑，应该充分发挥自己的长项——专业的幼儿教育方法，即我们能采用符合孩子年龄特点的方法展开教育。这一点教师在与家长沟通时要充分展示，以赢得家长的信任和尊重。

宝儿爸爸对教师不是很信任，一次在跟教师交流的时候反映宝儿不听他的话。

教师问："怎么不听您的话，您举个具体的事例给我听听。"

爸爸说："你们幼儿园环境很好。我经常想带他看看周围的花啊、叶子啊，但是他就不听我的，叫他看他也不肯看。"

教师说："您很注意带他关注周围环境的变化，非常好。很多家长还没有意识到呢。不过，您是怎么带他看环境的呢？"

爸爸一边演示一边说："我就跟他说'看，那边花开了！'"

教师说："哦，您是这样做的啊。那您知道我们是怎么带他看的吗？我们会以自己的情感去带动孩子，引导他去关注，不是指挥他去看。"

接着教师向家长示范道："哇，这朵花好漂亮啊！谁发现了它是什么颜色的？谁知道它上面像小虫子一样的东西是什么呀？……"并向家长说明，要通过自己的表情、语气、声音和肢体语言来吸引孩子去观察花。

宝儿爸爸看了教师的示范和分析后说："原来带孩子看花也有这么大的学问呀！我现在知道为什么孩子听你们的话，不听我的话了，我知道怎么去做了。"

自此以后，他对教师非常尊敬，一改以往的做法。

从此案例可以发现：高学历家长们虽然知道“生活即教育”，知道生活中的一切都要带孩子去观察，但他们不知道用什么方法去激发孩子的兴趣。作为教师深知怎样吸引孩子的注意力，通过沟通，向家长展示自己的专业性，传授幼儿教育的方法，使家长体验、承认和信服自己的专业性，从而赢得家长的信任和尊敬。

教师面对高学历家长时，不要妄自菲薄，也不要盲目自大，而是要平等地对待他们，尽力发挥教师的专业性，向他们介绍孩子的年龄特点以及自己丰富的教育经验中孩子的案例和事例，从而达到有效沟通，共同促进孩子的成长的目的。

二、采取与高学历家长的工作特点相匹配的共同体建构方式

高学历家长大多是各个领域的精英或工作单位的骨干力量，无论是主观上还是客观上都要求他们将更多的精力和时间投入到工作中，他们常常会无暇顾及孩子的教育。教师要理解他们，因为一个社会的发展和繁荣，必须有各个领域的精英去推动，教师应帮他们分担一些教育子女的责任，让这些家长能全心全意、无后顾之忧地工作，为推动社会的发展作出自己的贡献。

齐齐爸爸虽然每天按时送齐齐到园，但几乎每天都是蓬头垢面，给人不洗脸也不梳头的感觉。后来教师才知道他每天一早就去单位，要工作到凌晨一两点钟才回家。由于他是引进的人才，需要做出自己的成果才能被别人认可，所以他花在工作上的精力很多。齐齐妈妈也告诉教师，由于单位体制改革了，她一个人要干双份工作，除了干会计还要做销售。家庭中两个人的工作压力都很大，加之双方都是外地人，没有老人帮忙，所以齐齐的教育实在是无暇顾及。他们家由于没人接孩子，所有的兴趣班都给孩子报了名。

因此，教师即使告诉他们怎么跟儿子交流，他们也没有时间和精力去做，反而还会增加他们的焦虑和压力。

教师要理解这些高学历的家长，理解他们因为事业而无暇照顾孩子及家

庭的难处，认可他们的职业精神。同时也可以告诉他们要学会均衡事业和孩子的教育。

教师一方面要多关照他们的孩子，另一方面要为他们提供在他们现有的情况下能够实施的策略，如将幼儿园的家园互动改在周六、周日，建议妈妈在接着孩子的路上以及做饭进餐的时候，多与孩子交流等，还可以教给他们一些在日常生活中和孩子互动的游戏，提高他们亲子互动的质量。

三、教师要理解包容高学历家长率真的表达方式

高学历的家长一般都会坚持自己的观点，表达方式率真。他们看问题单纯，常常会与教师争辩或对教师的建议置之不理。他们并不是真的无礼难缠，当他们认识到自己的错误后，会主动向教师承认自己的错误。对此，教师要给予理解，并包容他们的行为。

蛋蛋对幼儿园的任何物品都不爱惜。在玩小踩车时，他拿起就摔，结果将车子弄坏了。教师认为应该让家长重视培养孩子爱惜物品的品质。

教师对蛋蛋说："你把小车弄坏了，要赔一个新的。"并请他回去跟妈妈讲。

第二天，蛋蛋妈妈对教师说："你们幼儿园老师太小题大做了吧。这个东西玩玩总是会坏的，为什么要叫我儿子赔?"

教师说："让蛋蛋赔小踩车的目的是给他深刻的教育，让他从小知道损坏公物是要赔的。"当时，蛋蛋妈妈并不认同教师的观点。

到单位后，她将此事告诉同事，同事的反应和教师一样，她才释然了。

下午她到幼儿园，跟教师说："老师，我想想也对啊，弄坏东西是要赔的，这是一个教育的过程。"

当然，最终教师没有让他们赔，只是让师傅修好了。

教师对蛋蛋说："这次，辛亏师傅的本领高把小踩车修好了，下次东西再摔坏就没有办法修了，玩具就会越来越少……"此后，蛋蛋使用任何东西时，都是轻拿轻放。蛋蛋妈妈非常感激地说："还是老师办法好，蛋蛋知道爱惜东西了。"

从此案例可以看出：教师要了解高学历家长们率真的表达方式，接纳他们暂时的想法和行为，包容他们不时出现的不合时宜的想法和做法，理解他们并不是有意要和教师为难，给予他们一个改变认识的过程，等待他们的改变。

第三节 低学历家长工作

我们将学历在大专（不包括专科）以下，高中、职高、初中甚至是小学学历层次的家长定义为低学历层次的家长群体。低学历家长群中的绝大部分，相比较高学历家长，在教育孩子方面有更大的困难。这是因为他们的文化水平不高，看待事情和分析问题时会浅表化，不会去主动了解孩子的年龄特点，不能发现、分析孩子的个性化表现，不了解早期儿童教育的内容，但是他们在对孩子的教育态度和教育方法上有一些共同的特点。

他们中大多数不满意自己现有的学历水平和工作岗位，认为自己不成功，不想孩子“重蹈自己的覆辙”，非常迫切地想把孩子教育好；他们非常重视教育，但又缺少教育的方法；他们比较依赖教师和专家，往往是专家和教师说什么就做什么，有时没有理解就去实施，在具体实践时往往又会“打折扣”；他们的反思能力较弱，在教育内容、方法上容易走极端和陷入误区；他们缺乏自信，在与教师沟通中，容易退缩或处于一种被动状态。当然，他们中也有一些家长，学历水平低，教育水平并不低；还有一部分家长放任孩子，没有意识到早期教育的重要性，或者将孩子的一切教育问题全盘交给教师和幼儿园，认为孩子只要上了好幼儿园就进了保险箱，自己可以高枕无忧了。

因此，教师在与他们沟通时，一定要细致地了解家长与孩子互动过程中问题的症结，根据他们的特点和需求进行针对性地交流并有效展开家园工作，不断增强他们教育孩子的能力。同时，教师要重视从他们那儿获得的反馈信息，及时调整与之互动的方法，使得他们有一定的参与感，并学习深度参与的方法。

低学历家长的特点

一、更关注孩子在班级发展的排名

虽然幼儿园从不排名，但低学历家长受到其他阶段教育排名的影响，或受到自己成长经历中排名的影响，他们最关注孩子在班级的排名。他们不知道孩子的发展是多方面的，孩子和孩子也不一样，不是一个简单的排名就可以将孩子定位的。他们不明白一个人需要终身学习和成长，某一个阶段的发展水平不能代表以后的发展水平；不同年龄阶段的孩子有不同的学习和发展重点；每个孩子与其他孩子的发展是有差异的；每个孩子都有自己的发展优势；教师和家长要发现自己孩子的发展优势，并给予针对性的教育。

低学历家长在与教师交流时常常问："老师，我们家的孩子在班上表现怎么样？是第几名呀？""老师，我们家孩子有没有特长呀？某某小朋友开始学美术了，我们也学习美术行不行啊？"

当教师用孩子在班上的一些实例反馈给家长时，他们会不理解，感到相当不满足。他们只希望教师明确地告诉他们，孩子在班级的排名——顶端、中等还是垫底。

二、更重视孩子知识量的获得

低学历家长普遍关注孩子在幼儿园里学到了哪些知识，如会念多少首儿歌、会讲多少个故事、会做多少算术题等，至于孩子用什么方法获得知识，孩子在早期阶段的生活能力、学习习惯等其他方面的发展他们就相对轻视或不关注。当然他们大多也不知道要关注孩子的心理健康、人际交往以及人格方面的发展，认为评判孩子好坏的唯一标准是学习知识快不快，多不多，他们判断一个幼儿园的好坏也是教给孩子的知识多不多。

小班华华的妈妈爸爸都是高中学历，在做生意。

教师家访时，妈妈说："老师，我们在家教华华数学，可是他对数学没兴趣怎么办？"

教师问："你们教什么啊？"

妈妈说："我教他几加几等于多少的算术题啊？"

教师接着问："你们怎么教的呢？"

妈妈说："我在算术本上写了50道题目，让他写得数。"

从此案例可以看出：低学历家长会认为早期教育就是尽量早地教孩子多学习加减数学题和认很多字。他们不仅不知道不同阶段教孩子什么内容是最合适的，也不知道用怎样的方法比较合适。他们往往不认为生活习惯、性格培养、体育锻炼、玩游戏是早期教育的重要任务与内容，还会对此不以为然，反而更加重视知识技能的学习和训练。

三、只看到孩子外在的行为表现

有些低学历家长非常重视孩子的早期教育，他们会按照书上的技能达标要求训练孩子，当孩子出现一些不符合书上写的或不合乎他们认为的规范要求的行为或表现时，他们会只看到孩子的外在行为，难以了解孩子行为背后的原因，或简单地将孩子的行为归因于不听话、不爱学习，所以常常以武力镇压的方式让孩子屈服，从而影响了孩子的发展，也增加了他们自身的挫败感。

托班元元爸爸是高中毕业，他非常重视元元的教育。目前孩子的行为习惯和学习能力的发展都不错。但是元元特别好哭，教师的表情稍微严肃一些，他就会掉眼泪。

教师就向元元爸爸了解他平时的教育情况，并请其讲具体的事例。

元元爸爸说："宝宝吃饭的时候，把水弄到了桌子上，我让他不要玩，他非要去玩，而且有意用抹布把水刷一刷。我立刻就打了他一巴掌，他就哭了。我让他不要哭，他更过分，用嘴巴去舔桌上的水。老师，你看他是不是存心想着法儿和我对抗。"

教师将事例中元元行为背后的可能原因分析给他听："从另外一方面可

以看出您家宝宝很聪明，他想用行为激怒你。我们想一想他为什么会用抹布去刷，他刷的时候表情是怎样的？您有没有仔细去看？作为专业的老师我们会想他有可能正在探究？有时从托班孩子外在行为上看，成人会觉得他在破坏，其实他有可能是在用他自己的方式去探究。”

家长听完教师的叙述后说：“我从不知道还可以这样来看孩子，我总以为他在有意跟我捣蛋，所以总是打他，原来孩子也会有自己的想法呀，我以后一定向老师多请教。”

四、对孩子的发展评价容易走极端

由于低学历家长对于教育孩子的观念和方法都没有信心，缺乏对自己孩子的发展进行客观评价的能力，因此在判断孩子的发展水平时容易不准确甚至走极端。他们有时会认为自己的孩子发展很好，似乎其他孩子都没有他发展得好，看不到孩子发展中存在的问题。他们不知道如何去观察孩子、了解孩子，怎样判断孩子的水平、可以从哪些方面来观察、判断孩子的发展水平。当教师与他们交流时，他们会说“很好，我的孩子很能干”，一旦教师向其反馈孩子某方面的不足时，他们的情绪似乎又一下跌到谷底，认为自己的孩子一无是处。

开开妈妈逢人就夸自己的孩子聪明、能干。可是，在家长开放日的数学排序活动中，她看见开开从头至尾都没有好好上课，一直在东张西望，而且玩 5 以内物体的大小排序时，需要全范例板才能一一对应地排对，同时还需要教师的语言指导。

教师与她谈话时，她非常沮丧地说：“老师，我家孩子完了。肯定上不了小学了。这么简单的数学游戏都不会。”

教师说：“孩子现在是小班，注意力特别容易转移，加之今天妈妈来园，情绪比较激动，所以会影响上课的效果，这是一种正常的表现。至于孩子的数学能力，现在开始关注也不迟，家长可以在日常生活中和他玩数学游戏，帮他提高数学能力。”

听了教师的话后，开开妈妈才从一种焦虑的状态中解脱出来。

从以上案例可以看出：低学历家长缺乏客观判断孩子的能力。教师要帮助他们分析孩子发展水平并教会他们从什么方面来观察孩子，让他们逐渐能比较准确和全面地了解孩子在不同方面的差异和优势弱势，并给予一些具体策略的指导。

低学历家长工作的策略

一、要多给低学历家长一些关注、鼓励和帮助

低学历家长因为感到自身文化水平不高，在班级家长会或亲子活动中常常会产生一些自卑心理，主观认为教师会看不起他，不关心他们这个群体。他们对教师会有惧怕心理，易采取敬而远之的态度，一般不会主动找教师交流。作为教师要主动热情地与他们交流，让他们感受到教师对他们的尊重和关心，是将他们与所有家长平等对待的，也愿意帮助他们提高教育孩子的能力。

燕妮爸爸是司机，妈妈是营业员。燕妮基本是外婆接送，爸爸妈妈只是偶尔来，每次接送都是远远地站在门外张望，不声不响。

教师观察到这个情况后，就主动跟她打招呼：“您是燕妮的妈妈吗?”

她立即有些慌张地说：“是。”

教师说：“您不常来接孩子，很想了解孩子在幼儿园的情况吧，进来看看吧。”于是教师邀请妈妈参观了孩子的教室、寝室、盥洗室等，并主动介绍燕妮在幼儿园生活和游戏等方面的趣事。经过这次以后，燕妮爸爸妈妈每次来园时，都是笑眯眯地主动与教师打招呼。教师也总是鼓励、赞许他们：“你们真重视燕妮的教育，这么忙，还亲自接送孩子，怪不得燕妮最近进步很大呢！”

在教师的鼓励、赞许下，燕妮爸爸妈妈来接送孩子的次数越来越多，班级的亲子活动、家长会总是他们亲自来。教师在家长会上特别表扬他们，非常感谢他们如此重视燕妮的教育，虽然自己工作很忙，但总是非常配合幼儿园的教育，都是自己来参与每次活动。

教师预约交流时，燕妮爸爸妈妈也总是一起来和教师共同讨论有关燕妮

的情况以及如何更好地展开教育。

有时教师说："你们那么忙，一个人来参加活动就可以了。"

他们说："我们文化水平低，不懂教育，理应两人一起来，这样省得一个人回去转述老师的话会错。"后来在班级家长会上，燕妮爸爸主动要求发言，与其他家长分享他们的体会，在他们的参与下，燕妮进步很快。

正是由于教师在燕妮入学初，就敏锐地发现了家长参与教育活动的退缩行为，并及时给予了关心和关注，使他们感受到教师一直在贴心地关注他们，感受到教师对他们的尊重和重视，从而逐渐主动积极地参与孩子的教育。

教师对于个别需要使用新技术的事情要照顾到低学历家长的困难。这些家长大多由于职业等缘故，没有学习过新技术，也没有机会接触。对于幼儿园要求上网查找资料、上传孩子照片等事情，感到非常吃力，但是他们又不愿意告诉教师。

幼儿园在装门禁系统时，请家长将自己孩子的电子照片上传到教师的邮箱。圆圆交上来的照片不合要求，教师就主动用相机在幼儿园帮他拍了一张照片，发给门禁制作公司。事后，教师告知圆圆妈妈，电子照片已经拍好时，妈妈非常感激。

圆圆妈妈说："老师，真的非常感谢你，你真是帮了我大忙了！老师不怕你笑话，我们家没有电脑，我也不会弄。给你的这个不合格的照片还是我接连几个晚上到邻居家，请他们帮我弄的。老师你以后有什么不要这种高技术的事情，喊我来帮忙，我一定多做！"

从此案例可以看出：低学历家长有时没有完成教师交代的工作，不是他们主观上有意不做，而是他们确实有困难，特别是一些技术含量高的任务，如请家长收集资料，上网查阅相关信息等。一旦教师体会到他们的难处，并能主动给予帮助时，他们就会感受到教师的真诚和关怀，也更愿意参与到班级工作中来。

二、要给低学历家长更具体的指导策略

低学历的家长大多很重视教师对他们提出的要求，一般回去后就会努力

去做，但是由于他们没有具体的方法，所以常常会收效甚微，以致认为教师提供的办法没有效果，从而放弃教育。因此教师在给他们提出要求时，还要给予具体明确的方法和策略。

教师不要只是简单地对他们说，“你回去要给孩子多加练习”，而是要说清楚让孩子在什么时间练、怎么练，这样教师的指导策略对低学历家长的帮助才会落到实处。

小班的哲轩，每次快要午睡时就会大哭，经过观察，教师发现他是因为不会脱衣服而哭。教师除了在幼儿园教他外，还请家长配合在家里进行练习。当时家长立刻答应了，但是过了几天家长对教师说：“老师，我们宝宝不肯自己穿衣服。早晨起床时，我们让他穿，他就光着身子躺在床上，就是不肯起床，幼儿园都不肯上了，我们只好又帮他穿了。老师你说怎么办啊?”

教师说：“你们不要在上幼儿园之前让他练习穿衣服，因为这个时间段很紧张。家长要忙着上班，又要送孩子上幼儿园，孩子不听话时，家长会没撤的。你们在双休时，像玩游戏一样给孩子练这个本领。”

家长说：“哦，原来我们时间没有选对，方法也不对呀!”

自此件事后，家长主动在周六、周日以及其他节假日，用玩游戏的方法，让哲轩练习自己穿脱背心、衣裤。过了一段时间，又到午睡时间了，哲轩高兴地说：“老师，我会脱衣服啦!”教师立刻在大家的面前表扬了他。现在哲轩的自理生活能力非常强，还常常帮助其他孩子。

此案例说明：教师发现了孩子的问题，不能只是简单地向家长提要求，而要把实施的方法和具体事项都告诉家长。如果仅仅告诉他们要求，他们自己没有实施的策略，就会感到困难重重，不利于孩子问题的解决。

三、多通过口头语言和面对面的方式与低学历家长交流

低学历层次的家长由于自己文化水平低以及工作环境、接触人群的关系，对于很多正确的教育观和各种正向的信息不太了解，有时会完全听信孩子的说法，不知道辨别和区分哪些是对孩子成长有益的观念和做法，也不会主动地去学习、了解或和别人交流什么样的做法才是对孩子发展有益的。因此教

师要注意经常性地给予他们指导，在给他们提要求时要尽量减少书面通知和书面语言的使用，多用口头语言和面对面的交流方式，沟通时要用他们能理解的语言。

陈辰的爸爸妈妈都是初中毕业，他们很爱陈辰，很相信他，对他的一切要求和说法都接受，还完全按照他的说法和要求去做。

一天下午，陈辰妈妈在非接送时间来幼儿园。当教师问其到来的原因时，她说："我儿子说下午要喝水，我带一瓶饮料给他喝。"

教师说："班上都有白开水，除固定的集体饮水外，每隔半小时，教师都会提醒孩子喝水，每个孩子都会按照自己的需要去喝水，有的喝半杯、有的一杯、有的喝两杯，所以每个孩子都不会口渴的。妈妈放心吧。"

妈妈说："我儿子说想喝饮料。"

教师说："上次我们专门请儿保所的专家来给大家讲课，专家说白开水对孩子的身体最好，不能让孩子经常喝饮料，否则对孩子健康不好，而且所有孩子在园都喝白开水，他一个人这样做对于其他孩子有不好的影响……"在教师如此耐心的解释之后，妈妈才把饮料带回家。

大班放寒假前教师把成长册发给孩子带回家去，请爸爸妈妈与孩子一起制作其中的"愉快的寒假"的内容。为了让每位家长明白任务，教师将具体的制作要求和方法都详细地打印出来发给每位家长一份。

结果在开学时带来的成长册中，陈辰家把下学期所有的页面都贴上假期中孩子的照片了。

教师问："您怎么把下学期的都贴上照片了？"

妈妈回答："我儿子说都要贴满。"

教师说："我们发给你们每家一份通知说明，你们看到了吗？上面写着只要在'愉快的寒假'这两个页面上贴上照片就可以了，而且成长册的每个页面也都有标题呀，你们贴的都是寒假的照片，与上面的标题也不一致呀。下学期我们开展这些主题活动时，他的学习、活动的照片，教师的记录就没有地方贴了。"

妈妈说："儿子说要把寒假里的照片贴出来让老师看。"

教师说："没关系的，以后通知我会单独与您说的。您不清楚时也可以先打电话问老师怎么做，然后再做。"

从以上案例可以看出：由于低学历家长不会主动去看、去思考教师给他们的信息以及提的要求究竟是什么，所以如果通知是书面的，就会出现以上的情况。因此教师要主动详细地面对面地逐一告诉他们，并要用他们能听得懂的语言进行交流。他们更适应和需要教师讲给他们听，有时还要演示给他们看具体怎么做才行。

四、要让低学历家长感受到自己也是有长处的

现在家长学历整体比较高，低学历家长会感到自己与高学历家长有差距，非常害怕自己的孩子在班上发展得比别人差，而且这种心理比较强烈。在班级的家园活动中他们常常不敢出声，不仅对自己教育孩子的水平不自信，甚至对自己也是完全否定。教师要善于发现他们的独特之处，发挥他们的长处，让他们感到自豪，感受到自己在班级的家长工作中有不可或缺的作用，这不仅可以调动他们参与班级工作的积极性，而且自然带动了他们孩子的发展。因此，教师要智慧地发掘、发挥低学历家长的优势，帮他们树立在家长集体中的信心，调动他们在家园共同体建构中的积极性。

新月妈妈的手非常灵巧，加之是全职妈妈，新月的毛衣都是她织的，就连棉毛裤也是她自己做。

教师了解了她的特长后，邀请她给全班孩子做了许多沙包，还将她做的沙包和在幼儿园里做沙包时的样子拍成照片放到班级网上，并用“一线通”的方式让班里所有家长都知道她的付出。新月妈妈非常高兴地说：“我以前一直很自卑，认为我的学历不高，不能为班级孩子服务，现在我知道我也可以做很多事。”

此后，她还积极申请成为班级家委会成员，参与班级各项活动，她的积极态度和情绪也带动了新月的发展，新月也积极参与班级任何活动，无论是性格还是学习能力都进步很大。逐渐地班里高学历家长也主动与她交往了，向她请教是如何教育新月，她非常自豪地与他们分享自己的体会。

从此案例可以看出：教师要发现低学历家长的特长，让他们感受到自己能为全班孩子的发展做一些力所能及的事情，在群体中获得自信心和成就感。

这样不仅调动了他们参与班级活动的积极性，而且激励、带动了他们的孩子参与班级活动的积极性，使他们和孩子共同成长。

五、要维护低学历家长的参与权

班级家长群体中，一定会有贫富差距，作为教师，在设计任何活动时，都要考虑到全体家长的心理需要，要坚持幼儿园的集体活动应该是面向全体的，应该公平、公正。低学历家长大多数处于社会的底层，他们的经济相对困难一些，教师在组织集体活动以及家园活动时，要考虑到他们的立场和经济承受能力，特别要注意维护他们的自尊心，不要伤害到他们。

由于家委会成员人人家里都有车，所以提出不去联系旅行社的大巴，而是组织全体家长自驾游。结果，南南爸爸、霍霍妈妈等几位家长都说："如果是自驾游我们就不去了，我们没车。"

此时，家委会成员说："你们可以和有车的家长拼车呀。"

这几位家长坚持说："我们还是不去，我们的孩子会因为自己家里没有车，觉得低人一等。如果大家都坐大巴车，我们就去。"

从此案例可以看出：这样的活动安排没有照顾到低学历家长的心理，对他们及他们的孩子造成了一定的伤害。

六、要根据孩子的成长节奏持续地指导家长

低学历家长不了解孩子的成长特点，不知道孩子的转变与发展需要家长和教师付出很多努力，不知道孩子的发展需要一个过程，当孩子转变缓慢或成效不显著时，他们特别容易焦虑甚至放弃教育，因此教师要持续地跟进指导家长，主动与他们进行交流，听取他们的反馈。教师不仅要给予他们具体可操作的方法，还要了解他们在家是否运用了这些方法，运用的效果如何。这是因为他们本身没有解决问题的方法，也不会主动运用这些方法，当教师授之以法时，他们很希望是灵丹妙药，一用就在孩子身上看到突飞猛进的变化，一旦不是这样，他们就会气馁并放弃对孩子的教育。因此，他们需要教

师持续跟进地指导，不能一学期交流一次，或只在孩子出现极端错误时才与家长交流，而是要不断地与他们互动。

与大班暄暄妈妈的交流，教师不仅采用预约交流的模式，更多的是不定期的随机交流。当暄暄出现了什么问题，教师就随机给妈妈一些策略去做调整。开学都两星期了，暄暄还不知道自己哪一天要上兴趣班、上什么兴趣班。教师就教给妈妈帮暄暄记住的具体方法：在家里家长和暄暄共同讨论，用一张表格记录一周中哪天要上什么兴趣班，并在前一天晚上提醒她明天要上什么兴趣班；然后第二天上学之前问她今天上什么兴趣班。同时教师在她上兴趣班之前，再问她今天星期几，要上什么兴趣班。这样练习了一周以后，暄暄终于记住了自己哪天上什么兴趣班。

但是这样的家长，她不会举一反三地将此法运用于孩子的日常教育中。一旦遇到另一个问题，若教师不给予指导，她又无法解决了。她们需要教师在每一件事、每一个方面都主动给予具体的方法和指导。

暄暄对10以内的组成很不清楚。教师请妈妈在家与她玩游戏。她妈妈说："我们在家也给她每天做50道加减法题目，可她还是不行。"

教师请她先不要让暄暄做加减法题，而是请她在家里先用玩具与孩子玩增减游戏，帮助孩子理解组成及组成规律。

玩了两天，妈妈看孩子没有起色就不做了，结果造成孩子上课的时候一遇到类似练习就逃避。

一天她妈妈来接暄暄时，教师请妈妈在旁边看教师如何指导孩子玩增减玩具的游戏。在此情形下，她妈妈当场答应："我们回家去做。"

从此案例可以看出：教师要根据孩子发展的需要主动给予低学历家长具体的要求和策略。而且这样的家长还需要教师"促落实"，一个问题帮他解决了，给他策略了，在过程中还要支持他反复实践、回忆，否则教师"放"下来，家长也就将孩子的教育"放"下来了。因此教师在与之建构共同体的开始阶段要督促他们，然后跟进他们的困难并给予指导，教师要"拽着"他们，促使他们先被动地参与到孩子的教育中来，然后逐渐主动参与到共同体建构之中，实现共同发展、主动发展。

七、要运用其他家长的资源，用多种方式实施对低学历家长的影响

低学历家长大多希望幼儿园完全承担教育孩子的责任，他们会给孩子报各种各样的兴趣班，希望自己不要操心，就可以完成孩子的早期教育。当他们的孩子与其他孩子有差距，教师与之交流请其配合时，他们表现得很没有恒心和耐心，对于孩子教育的重视程度不高。

但是如果仅仅依靠教师的力量，常常对他们的影响力有限。因此教师要利用其他家长的资源，帮助他们一道成长。教师可以根据他们的特点和需求，展开一些针对性的专题讲座和小型座谈会，让他们知道其他家长在家里是怎么重视孩子的教育、怎么引导孩子的。

艾迪妈妈在听了其他家长从孩子一两岁起就和他们一起看图画书、念故事后，非常震惊地对教师说："怪不得他们的孩子那么能干，原来他们花了那么多时间与孩子在一起，原来那么早就可以和孩子一起看图画书呀。看来，我们真要好好努力了，自己也要充充电了！"从那以后，艾迪的父母总是两人一起来参加幼儿园的活动，而且每天晚上陪孩子半个小时。虽然他们与高学历家长之间还有一定差距，但是他们从态度上和行为上已经有了很大的改变。

做低学历家长工作时需注意的问题

一、要把握谈话的时机，让家长产生触动

低学历家长中的一些人，对孩子抱着任其发展的态度。他们认为自己的水平就这样，孩子的发展肯定也好不到哪儿去，他们对教师的要求从不配合。对于这样的家长，教师要抓住他们归根结底都希望孩子发展得好的心理，进行有触动性地交流。教师应着重思考怎样的语言和事例能给家长以震撼，什么样的时机更利于谈话。

对于这部分家长，教师先不要急于去交流，而是要观察孩子的行为和家

长的态度，等待契机的出现。但是教师要随时作好与家长谈话的准备，可以通过入园登记表，访谈其他家长、该家长的同事或邻居时深入了解该孩子的家庭背景、家庭的组成结构、家长自身的情况（学历、工作单位、性格）等，这样不仅可以对孩子的行为及其成因进行诊断，更重要的是为教师与家长进行有效交流奠定了基础。然后，教师要围绕孩子的行为可能产生的不良后果，收集一些极端的正反两方面的案例，让他们受到触动，从而认识到家长参与孩子的早期教育的重要性。

强强的爸爸妈妈都是从农村来的，是小学文化水平，因为做生意，家庭经济条件比较好。他们希望给强强接受最好的教育，所以舍弃了自家附近的幼儿园选择了离家很远的我园。

由于强强的父母经常说一些粗话，影响到强强，他在班里也经常说粗话骂人。教师开始与家长反映时，他们不以为然，强强自然也没有任何改善。后来，其他家长不断到教师这儿提意见。

此时，教师与他们进行了一次交流：“我理解你们希望孩子能够出人头地，但是不是你们有钱就可以决定一切事情的。你们的孩子在群体中想得到他人的认可，必须是他做的事、说的话要合乎社会规范，如说话要彬彬有礼。现在，他在班上出口就是脏话、粗话，影响到其他小朋友。目前，其他家长已经向老师提意见了，说‘我们家孩子现在跟着强强学会说粗话啦！老师你们要管管这样的孩子。我们孩子怎么会和这样的孩子在一个班！’而且强强跟教师讲话也会说粗话。”

教师又说：“我们这样的幼儿园，家长的素质整体很高，从不说粗话。你们平日里讲话随意影响了孩子，即使你们以后让强强小学、中学甚至大学都上名校，其他的家长和孩子依然会看不起他，甚至会排挤他。虽然你们给他上的都是名校，教育环境很好，但是他不但没有得到发展，反而自尊心受到了伤害……”

家长听后很有触动，接着问教师：“我们可以怎么做呢？我们讲粗话这么多年都已经习惯了，要改也挺困难的。”

教师说：“您跟他妈妈谈外面的烦恼或事情时，不要当着孩子的面说，在孩子面前讲话要谨慎，努力克服自己说粗话的习惯，在家里也要注意提醒强强讲话文明。”

以后家长真的非常注意，渐渐地强强在幼儿园不再讲粗话了。

从此案例可以看出：低学历家长容易说粗话，他认为这只是一个口头禅，没有意识到粗话会给孩子今后的发展带来什么后果。教师要让家长知道：讲粗话会影响孩子在他人心中的形象，进而影响孩子将来的社会地位和所处的社会层次，它的影响不仅是近期的，更是长远的，这是最能触动家长内心的后果之一。

二、要引导家长发现孩子的优势，让家长看到希望

低学历家长一般不知道如何教育孩子，与孩子的互动方式比较简单。因此，这些孩子的习惯、语言、思维、性格的发展，相比较其他孩子有一些不足，家长们自己也发现了这些不足，认为孩子就是这样了，不可能有什么发展，就听之任之。但是作为教师一定要给家长信心，在与他们交流时，要多给他们孩子发展的正面信息，让家长对自己孩子的发展充满希望。

阳阳妈妈在与教师交流时说："老师，我们家孩子字认得少，做计算题老错，还非常小器，邻居家小孩都不像他，也不知道怎么搞的，你对他怎么讲都没有用……"

教师追问道："为什么这样说呢？"

妈妈说："他把家里的东西都收起来，不给别人玩。"

教师说："这个问题要看怎么看了。"

接着教师向妈妈讲了阳阳在园里的一件事。

一天午饭后教师准备带全班孩子到操场上散步，教师想拿些餐巾纸以备孩子外出时流鼻涕时用，可是怎么也找不着。教师自言自语道："奇怪，餐巾纸放在哪儿了呢？"此时，阳阳已把餐巾纸拿来了，说："在毛毛虫肚子下面，大班哥哥姐姐过来时不小心碰掉了，我怕别人踩到就放在毛毛虫肚子下面了。"

通过此件事，教师向家长说明："他不是小器，而是细致，这是阳阳的优点呀。阳阳这个优点也肯定不是天生的，而是你们家长在日常生活中潜移默化形成的。我们发现您每次帮助我们复印资料，都是自己找一个袋子装好

后送给我们，而且里面的所有材料都是整整齐齐的，没有一点儿折痕和水迹。正是因为你们做事细致，给孩子树立了正面的榜样，孩子才能关注到生活中的细节，所以家长对孩子的影响是非常大的，孩子是可以塑造的。”

阳阳妈妈听了教师的分析后非常感动地说：“哦，儿子身上有这么多优点啊！原来只以为他在班上什么都不如人，感觉都没有希望了。我们回去后一定按照老师的要求好好培养儿子。”

虽然教师讲的是家长对孩子的正面影响，但同时家长也体悟到孩子身上的不足也是自己无意造成的。

教师在与低学历家长交流时，一定要让他们看到孩子的优势，看到希望，增加他们参与教育的信心，从而努力推进孩子的发展，并在此过程中，实现他们自身的发展。

三、要尽早采取多种方式，让家长参与孩子的教育，并感受到其中的乐趣

低学历家长由于自身文化素养的因素，参与孩子教育的意识不强，对于教育信息也不敏感，所以往往错过或失去了一些教育孩子的最佳期，致使很多孩子在入园时就已经形成了一些不好的习惯。我们在研究中发现，越早与教师合作的家长，他们获得的支持就越多，对孩子的积极影响就越明显，体会到的成就感和乐趣也越多。因此，教师要吸引家长尽可能早地参与到孩子的教育中来，最好在孩子刚入园时，就让家长意识到参与的重要性。

在孩子刚入园时，家长特别担心孩子在园的生活，是否吃得饱、是否适应幼儿园生活、其他孩子是否喜欢他等。教师可以请家长报名来园担任一日生活的志愿者。家长可以随时到园，和教师一起组织孩子一日生活中的任一环节，如可以和教师一起喂孩子吃饭、一起带孩子玩老鹰捉小鸡的游戏等。这些活动都是每位家长熟悉且能胜任的，所以家长们的热情很高，很有成就感。他们在活动中感受到参与活动的乐趣，也观察到自己孩子在活动中的表现，从而能够有针对性地与教师分析、讨论孩子的表现，也渐渐更加主动地参与到家园共育的活动中来。

第四节 离异家庭的家长工作

随着各种思潮的影响，家庭、社会结构的多元化，人们对婚姻、家庭的观念也在不断地发生变化，离异家庭在不断地增加，离异家庭的家长工作相对于完整家庭的家长工作有一些独特性。

离异无论是对家长自身还是孩子都有很大的影响，特别是孩子在家庭发生变故时，会变得特别敏感且容易受到伤害。孩子是无法独自面对父母离异这一重大打击的，他们比完整家庭中的孩子多承受了一份来自心理和环境的压力，更需要得到教师和家长的关注和帮助。

为此，家园要携手合作帮助孩子更好地适应家庭和环境的变化，健康地成长。然而，由于单亲家长要独自承受工作和生活的压力，在时间、精力、经济上都不及完整家庭的家长，因此，教师在班级开展活动或幼儿园亲子活动的安排上、对孩子的说法上不能为难了他们。在与他们沟通时，教师要了解他们的心理和需要，才能有效地与他们沟通和合作，才能对孩子的发展起到积极的作用。

离异家庭家长工作的必要条件——尊重、接纳

一、尊重离异家庭中家长选择的权利

教师与离异家庭中的家长沟通时，要注意自己的态度、价值观和情绪反应，避免带有个人色彩的观点影响到家长及孩子的态度，影响到家园合作的效果。

1. 教师要尊重家长对家庭形态的选择

现代社会是一个多元、开放的社会，人们的价值观和人生观也各不相同，结婚、离婚、再婚都是个人的事，教师不能简单地说白头到老就是唯一正确的价值观，教师不能流露或表现出个人的好恶或价值倾向——离婚是好还是坏，不能都让家长放弃自己的生活和不合适的人凑合，可能这样后期对孩子

的伤害更大。

从托班起，憨憨的父母就一直在争吵着闹离婚，开始孩子情绪波动很大。在四年里，家长经常当着孩子面吵闹，甚至大打出手。到了大班，家长离婚了，此时孩子的情绪已经几乎没什么波动了。

教师在日常游戏、学习中都发现憨憨依然是全心投入，不像其他孩子父母离异时情绪波动大。他在班上非常独立，学习、人际交往水平都比一般孩子要强。这一方面说明，他已经厌倦了父母之间不停的争吵，另一方面也说明，他心理的承受能力已经增强了，也逐渐接受了父母的这种婚姻状态。

从此案例可以看出：教师若始终坚持让他们坚守婚姻，给孩子带来的未必是幸福。相反，有些父母离异的孩子，父母离异的经历，促使他们比其他孩子更独立、更坚强。当他们在未来的人生道路上面对挫折和困难时，也会变得更坚韧。

教师也不能绝对说离异家庭中的孩子都是不好的，也有一部分家长在离异和再婚后，亲子关系和谐，孩子生活得很幸福。

大班时，魏笑的父母离婚了。她爸爸没离婚之前和教师说："我们要离婚了。"

教师说："不管你俩有什么决定，不能对小孩有伤害。"

爸爸说："我们也不想给孩子伤害，我们会尽量将对孩子的负面影响降到最低。"

由于魏笑自小就是和爷爷奶奶住在一起的，不经常看见爸爸妈妈。所以，她对家庭中父母离婚没有太大的概念。

魏笑周一到周五和爸爸、新妈妈住，周六、周日到妈妈那儿住。由于她父母是和平分手，魏笑的生活、情绪等都没有任何变化。她常常会很自然地告诉人们："我有两个爸爸、两个妈妈，他们都爱我。"

从此案例可以看出：教师要认识到离异家庭仅仅是家庭变迁中的一种形态，他们同样是健康的家庭，需要社会的理解和支持，教师要尊重并接纳家长的选择。

2. 要尊重家长是否公开离异事件的决定

家庭解体后，家长不愿告诉教师，担心教师和幼儿园会歧视和轻视孩子，这也是保护孩子的一种想法。当然也有一些家长非常坦诚，孩子刚入园就告诉教师他们离婚了。但是无论家长是否愿意将离异事件告诉孩子、教师、幼儿园、外界，教师都应当尊重他们的选择。

大多数家长都选择不告诉孩子或在其学前期不告诉的做法。家长担心、害怕孩子会产生心理阴影，因此从来不在孩子面前说这件事，也希望教师不要在孩子面前说。离异后，不管是幼儿园的家园活动，还是日常的节假日，都是两人一起陪同孩子，尽可能不让孩子因为父母离异而受到伤害。

寒寒在智力和知识技能方面都不错，家里也非常关注她的教育。

寒寒父母在她上小班时离异了，但一直没有告诉教师。父母离异后，寒寒经常小便在裤子里，午睡时尿床现象更频繁了。此时教师并没有急于向家长提出配合要求，而是加倍耐心地照料她，注意保护她的自尊心，睡觉前提醒她去小便。每当她尿裤子时，都单独带她到寝室去换裤子，从不指责她。

直到大班后，妈妈才告诉教师离婚的事实，并希望教师不要对寒寒另眼相待。

从此案例中可以看出：教师要尊重家长的选择，理解他们的担心和焦虑，无论怎么样，离异事实已经给孩子带来了影响，教师不能再给他们增加负担，只能加倍地爱护孩子，这样才能给这些孩子以最需要的帮助。

教师对离异事件在任何场合都不要谈论，父母离异的孩子对这方面的信息特别敏感，教师在日常谈话中要考虑到他们的想法和被尊重的需要。

在孩子们睡午觉的时候，一位年轻教师和其他教师谈起丹丹的父母离婚了，被父母离异的淙淙听到后，回家就告诉妈妈说："我们班丹丹和我一样，她爸爸妈妈也离婚了。"

第二天，淙淙的妈妈来问教师事情是否属实，教师非常尴尬，意识到自己的语言在无形中伤害了孩子和家长。

3. 尊重家长选择的告知方法

现在家长的法律意识都很强，知道保护自己的隐私权，教师在面对父母离异的孩子时，要尊重家长的选择。

对于离异家庭孩子的教育，怎样让孩子正视这个问题，每个家长都有自己的想法。有的家长观念比较新，把孩子当成大人直接告知，有的家长选择回避；有的家长选择理性的告知方法，有的选择童话式的告知方法。不管家长选择何种方法，教师都应尊重家长的选择，要把离异家庭的孩子当成普通的孩子来对待，可以在内心里多关心照顾这些孩子，但在外在行为上不要这样做，不要让孩子感受到自己的与众不同。

二、给家长一段调整的时间

教师要认识到：家长离婚后，自身需要一段时间，在心理上适应离婚的事实并在生活节奏进行调整。离异后的家长自身有一个心理适应期，他们在情绪上、对生活的态度、对孩子和事物的理解和处理上都会有反常，教师要理解、包容他们的行为。同时，由于父母离异，孩子大多会出现生理和心理上的不适，教师要主动承担起关爱孩子、帮助孩子进行心理疏导等任务，尽量不要去打扰和增加这些家长的负担和焦躁情绪。

在托班，元元很开朗，性格活泼、做事专注。刚升到小班，教师发现他总是喜欢一个人站在一旁发愣，眼神胆怯。当教师上课提问或与他说话时，他就下意识地一直不停地眨眼睛，结结巴巴地说不出话来，显得非常紧张害怕。

发现此情况后，教师想找家长来园谈谈。可是他妈妈始终一副非常忙碌的样子，总说没有时间，教师就周末去他家家访。家访时，教师看见父亲不在家，随口问到：“元元爸爸呢?”妈妈立即很尴尬，极不自然地说：“不在家。”然后立刻对教师说：“我今天很忙，以后有空了，再与你谈。”说完，就拉开门，请教师离开。

教师虽然疑惑，但也没有往离异这方面去猜想，因为以前家访时也遇到过孩子父亲不在家的情形。

由于家长不愿与教师交流，教师觉得暂时不便再打扰家长，而是在幼儿园里，更关注、关照元元。但是，起色并不大，元元一直处于一种紧张的状态，这样的情形，一直延续到小班下学期。

放暑假期间，元元妈妈主动打电话给教师，约班级中相对年长的班长教师到茶社谈谈。这次，元元妈妈一股脑儿地将自己如何被元元爸爸骗离婚的经过告诉了教师。元元爸爸骗她说必须先离婚，才能化解他外面的债务危机，并跟她保证，这只是一个形式上的离婚，没有必要对其他人说，等危机解决了，就复婚，于是她就同意了。谁知，刚办完离婚，元元爸爸就与其他人结婚了，她这才知道自己上当了。自己的父母和亲戚朋友责怪她为什么这么大的事不与家里人商量，她感到极为痛苦，又不愿告诉单位的同事、领导、孩子的教师。

那段时间，她在家里的情绪近乎歇斯底里。只要元元一说到爸爸的事情，她就大发脾气。家里所有亲戚都指责她，本来她就觉得自己做错了，别人又指责她，心里就更难过和委屈，就把情绪都发泄到孩子身上。她说不愿看到孩子或想到家庭，只想全身心地投入到工作之中，不想给自己空闲和思考的时间，只有这样心里才能舒服些。

在与教师叙述时，她一直泪流满面。教师极为同情，一直静静地听她倾述，让她将离婚后的委屈进行释放。教师首先肯定她将精力转移到工作中的方法是可取的。同时提示她，孩子也可以成为她生活中的乐趣，孩子也很关心她，告诉她孩子和工作都是她生活中的重要组成部分，也希望她多与孩子在一起，可以和孩子进行交流，共同面对困难。同时，劝告她也可以重新规划一下今后的生活，将生活变得富有生气和精彩一些。此时，她已从心理上、情绪上和认知上都接纳了教师的观点，并逐渐有了改变。

到了中班，元元妈妈不发脾气了，元元说到爸爸时，她也不再避讳。元元的紧张情况也明显有所好转，久违的笑容又回到了她的小脸上。

从此案例中，教师深刻地认识到：家长自身也需要从离婚的阴影中走出来。一方面他们承担着家庭中其他成员的责怪和抱怨，另一方面他们又不愿让同事和孩子的教师等其他人知道，也没有可以宣泄自己委屈和痛苦的通道，所以他们非常痛苦。在此种情形下，他们很难控制住自己的情绪去关注孩子的情绪变化。同时，由于他们或家庭中其他成员在无意中将家庭笼罩在一种消极、沉闷的气氛中，进一步加剧了孩子生活质量的下降。

因此，教师要给家长一个调适期，可以先多关注孩子，帮助家长分担一些孩子的教育和生活照料的工作，尽量少甚至不要向家长反映孩子的情绪等问题，以免增加家长的焦虑，待家长情绪平和后，愿意倾述时，再谈下一步教育孩子的问题。

三、教师要调整已有课程中的内容和组织方式

现有的课程价值取向和内容设计都是倾向于传统家庭结构的，与现实中多元的家庭结构和多元价值取向不匹配，易造成孩子的价值混乱，也不利于孩子适应新的家庭结构，对于离异、再婚后的家长们也是一种不尊重。因此教师要调整已有课程中的内容和组织形式，扩大家庭、亲子活动等概念，增加符合当代多元家庭形态、多元价值观的内容，丰富孩子对新的家庭形态和多种家庭结构的理解，让孩子了解并自然地接受和面对家庭的变故。

乐乐妈妈说："老师，你们经常在家长会上或和孩子提出，要求爸爸妈妈一起来参加活动，我也希望她爸爸配合教育，但是他坚决回避，和我们划清了界限，因为他们家想要男孩，我们是女孩，孩子的爸爸根本就不喜欢乐乐。所以，每次幼儿园提出这样的要求都让我和孩子觉得特别难受。您以后再说一些希望爸爸参加的活动时，麻烦说得婉转一些，说外公也能参加。当你们要一些全家福合影时，也希望你们提早通知我，我可以作一些相应的准备。我们这种家庭不完整的特别担心孩子受到伤害和委屈。

奇奇妈妈无论是经济还是事业上都是一个很独立的女子，她选择的生活方式就是自己一个人带着儿子过日子。由于经济富裕，家里请了四个保姆，她一直认为这样的生活方式非常适合自己，奇奇也非常健康、活泼。她对教师说："自从儿子上了幼儿园后，幼儿园里经常要请父母一起来开展亲子活动。幼儿园的课程中也经常涉及家庭，如'我爱我家''我家有几口''全家福''我爸爸''家庭成员属相大调查'……这些内容都刺激了我的孩子，孩子经常回家说，'××的爸爸来了，我爸爸呢?'你们这好像是逼着我给孩子找一个爸爸似的。"

从以上案例可以看出：我们已有的课程设计观念和课程内容都受到了挑

战，教师要改变那种认为家庭一定要完整、完整的家庭就一定是一家三口的单一观念；要在观念和行为上，符合当代人的选择、注意到所有不同结构家庭的孩子的心理和想法；要更开放、多元、全面地考虑课程和现有的教育观念，接纳每个孩子家庭的现有状态和成员，考虑到这部分孩子和家长的立场，关注到这些家庭中孩子和家长的担心。

在开展家庭成员大调查时，教师可提前问孩子："每个人的家庭成员都可能不一样，有两口、三口、四口、五口等，那么你家是几口呢？我们做一个调查统计，看哪个小朋友调查的数字是准确的？"在亲子活动中也可采取自愿报名的方式，不强求所有家长都来，也不统一要求一定是爸爸或妈妈来，而由家长自由决定，家庭成员中无论谁来都可以。教师可向孩子举例，"外婆有空就外婆来，奶奶有空就奶奶来……"如果是要求男家长来时，教师可以说："爸爸、外公、爷爷、舅舅、叔叔都可以"；当"三八"节活动要求女家长来时，教师可以说："妈妈、外婆、奶奶、阿姨等都可以。"这样，就降低了离异家长和孩子的紧张、焦虑和压力，避免让他们认为自己是特殊群体。

在课程中，我们要适当渗透与离异相关的内容，让孩子有一定的了解，不能总是讲白雪公主之类的故事，告诉孩子一些传统观点，如后母都是恶毒的等，让孩子恐惧父母的离异或再婚。而是要提早让孩子了解家庭结构的多元和丰富性。当家庭中出现离异的情况后，能够较坦然接受、积极面对，同时也增强孩子的心理承受力。当然，教师要了解孩子的心理承受力，采取相对应的疏导方式：是给他讲童话，告诉他爸爸妈妈换了一种方式在一起；还是像对待成人一样，告诉他父母离婚了已不在一起了，但无论怎样，他们都是很爱你的。

离异家庭家长工作的策略

由于离异的原因、家长性格、经济等差异，离异家长的观念各不相同，表现出对待离异后孩子的教育态度和方式也各不相同。因此，教师在开展离异家庭中家长的家园工作时，要关注他们独特的感受和特点，根据不同类型的家长采取有针对性的沟通方式和策略，帮助他们积极调整自己的人生观、儿童观、价值观，努力为孩子创造一个好的成长环境。

一、不告知隐瞒型离异家长的工作策略——回避离异话题

在中国传统文化背景下，人们的观念里认为离婚是不光彩的，因此有一部分家长不希望幼儿园教师和工作人员知道这件事。他们生怕教师知道后会轻视他们及他们的孩子，所以通常会采取不告知的做法。而没有经验或新近接班的教师对这部分孩子的情绪反应及心理变化不敏感，而这些孩子和家长却又特别敏感，所以常常会因不了解产生一些纠纷或误解。

周周突然不愿意上幼儿园了，即使到了幼儿园也是无精打采的，吃饭时，只看着饭却一动不动。幼儿园要组织亲子春游，奶奶对教师说："请老师帮忙问问孩子妈妈去不去？"这些现象使教师感到这个家庭出了很多问题。可是家庭成员中一个也不讲，教师也不好主动打听或臆测。可是周周在园的情绪极不稳定，由以前快乐无比到现在整天一副病怏怏的状态，对幼儿园的所有活动都毫无兴趣。当教师与来接孩子的爸爸反应这一情况时，爸爸轻描淡写地说："是妈妈骂她的。"当教师与妈妈交流时，妈妈说是爸爸不管她造成的。双方一直这样推诿，但谁也不说明真相。看着周周一天天的情绪低落教师非常着急。

为了让家长对孩子的情绪有所关注，教师采取了回避其家庭矛盾的方法。请孩子的父母双方一起来预约交流，将孩子最近一段时间的异常行为表现描述给家长听，请他们一起来帮助分析，共同探讨孩子最近发生的种种症状的可能原因。

教师首先向家长表明：教师们对孩子的现状非常着急，非常希望家长给予帮助，找到孩子变化的原因，教师才能对症下药。

教师采取请离异双方同时在场的方式，可以避免他们相互推诿责任的内耗行为的发生，使他们冷静下来共同思考孩子行为的可能原因，意识到自己的行为可能影响到了孩子的心理和生理的发展，从而改善自己的行为。

此时，即使家长还不愿意明说，教师已向家长传达了一个信息，即孩子是非常敏感的，成人之间的矛盾，已经影响到了无辜的孩子。作为家长在处理自己的事情时，要用最合适的方法，将对孩子的伤害尽可能地降到最低。

在与教师交流后，多数家长会改善原有的行为或至少有所警惕，而教师、父母三者面对面地谈孩子的发展，会节省很多精力及时间。

教师回避家长的婚姻话题也是得当的，一方面是尊重家长，另一方面“清官难断家务事”，更何况教师只是幼儿教育专业人士，要解决两人之间的婚姻问题，难度很大，教师没有能力也没有必要介入。

二、告知教师，但自己要享受生活型离异家长的工作策略——真诚打动

一部分离异家长，将婚姻失败的原因都归结为自己在孩子身上付出太多，生活圈子太窄。婚姻失败后，他们感到自己的付出太不值得，认为以前太亏欠自己了。所以，对自己的生活状态来了个180度的大转变，完全放任孩子或将判给自己监护的孩子完全交给自己的父母或他人，自己对其不闻不问。全身心投入到学习或丰富自己的生活上，使得本已受伤的孩子，处于更加不利的境地。

萱萱妈妈是一个全职妈妈，自己的全部生活就是女儿。可是，到萱萱大班时，萱萱的爸爸因有第三者而离婚，萱萱妈妈认为以前的生活一点都不值得，特别是将自己的全部生活都归于家庭和女儿太亏欠自己了。离异后她将女儿完全交给自己的父母，自己去参加各种美容、美体、旅游和各类培训班，对于孩子不闻不问。如果教师找她说孩子的事情，她就说：“跟我妈妈说吧。”她全身心地投入到自己新的生活之中，希望将自己以前失去的娱乐全部弥补上，使自己今后的生活过得精彩。

教师通过萱萱外婆了解到这种情况后，亲自给她打电话，说很长时间没有看到她了，想与她聊聊，使之没有推脱之词。

交流时教师肯定她将生活作些调整是好的。因为一个人完全在家不接触社会，会与社会脱节，无论是对自己还是孩子都是不利的。

接着，教师叙述了她以前怎么关爱孩子，孩子多么可爱，讲了孩子的进步以及最近的一些变化。教师重点描述了孩子在园表现出的种种希望成人关注的行为，并告诉她教师在园是如何满足孩子的这种情感需求的。如一般大班孩子不会每天都要和教师抱一抱，但萱萱每天早上一到幼儿园就需要教师

立即和她抱一抱，她的情绪才会好；在一日活动中也需要经常和教师在一起，至少有2—3次的身体接触；每天一下课或游戏时间就拉着教师的衣服，班级中有其他教师来，她会立即跟着教师，围着教师问这问那；班级中有男家长来，她就会有意往男家长的身上靠或坐在他们的腿上等。所以，她上课注意力极不集中，做任何事都是东张西望，这些都是缺乏爱和安全感造成的。因为萱萱即将要上小学了，教师非常希望妈妈能给她更多的时间和关注。

她妈妈听了教师这么详细地描述孩子在园对成人情感的需要以及教师的做法后非常感动，当即表示一定对自己的现有生活进行调整，幼儿园的所有活动自己都来参加。

接着，教师请她到园里观察孩子在园的行为表现，还经常请她来为班级服务，一方面让她感受到自己是被需要的，感受到自己生活的价值；另一方面也丰富和充实了她相对空闲的生活。

从以上案例可以看出：由于这部分家长还是爱孩子的，教师要耐心地与之交流，让他们来园看到孩子的需要和发展，用孩子对父母的渴望来打动他们，并组织一些活动，让他们加入到班级群体中来。看到经过自己的努力孩子的变化，他们会认识到孩子依然是自己生活中的重要内容，体悟到家长还是应当参与到孩子的教育之中，也体会到以前对孩子的付出并没有白费。

三、将孩子作筹码的离异家长的工作策略——以“毒”攻“毒”

有一部分离异家长由于自己婚姻失败，常常会产生抑郁或暴躁，甚至迁怒于孩子。他们毫不顾忌孩子的感受，常常在孩子面前争吵、打骂等，甚至以孩子的健康、生命来要挟对方，以争取自己的利益或达到自己的目的，对孩子造成了很大的伤害，致使孩子在幼儿园里产生很多异样的行为和情绪，影响了正常的发展。

乔乔每到新学期或周末、节日放假后回到幼儿园时，总是不适应，情绪反应非常大，不要上幼儿园。家庭中舅舅、姨妈经常跑来找教师，怪罪幼儿园没有做好工作。

国庆节后，乔乔在幼儿园门口又表现出惊恐万状的样子，不愿进入班级。

教师找来乔乔的爸爸共同分析孩子在园的种种变化后问："家里发生什么事了?"此时，他说自己和乔乔妈妈已经离婚了，乔乔判给了妈妈，她妈妈把女儿当做筹码，向他不断要钱。乔乔妈妈是家庭暴力者，她在家里曾当着乔乔的面上吊、自残、割腕。孩子入园前的那天晚上，她妈妈还歇斯底里地打电话给他，让他立即回来，他由于单位有事没有及时过去，她就给他打恐吓电话，让他听女儿在家里惨叫、大声哭泣。她还说："你现在听到了吧，我现在什么都可以不顾的，包括乔乔都可以杀的!"

教师此时才明白，为什么乔乔在幼儿园一直处于一种紧张和敏感的状态，午睡时都在做噩梦。

于是教师收集了很多因离异对孩子造成负面影响的极端案例，然后分别与孩子的父母交流，特别是威胁的一方。教师分别向他们详细描述了孩子目前的心理扭曲状况，并将收集到的极端例子讲给他们听，并告诫家长：如果父母不断在孩子耳边抱怨对方，对孩子来说是非常可怕的。孩子成人后，可能因为童年的阴影，一辈子生活在不幸福之中，仇视父母、社会及他人，做出一些极端的行为，将来对自己的婚姻生活也会采取类似的极端方法。

接着教师真诚地提醒他们："家长此时应该冷静处理双方之间的矛盾。无论目前成人之间的矛盾有多大，自身有多么痛苦，父母仍应该关心子女，为了他们的幸福着想。成人的问题应当回避孩子，尽量不要在他们面前争吵，要维持好父母的形象。"此后，乔乔的妈妈收敛了很多。

从以上案例可以看出：对于失去理智的离异家长，教师给"猛药"是必要的，即以"毒"攻"毒"，促使他们发泄自己的愤怒时顾虑到对孩子的伤害，从而避免因他们此时的不理智，造成将来的苦果。

与矛盾双方分开交流，非常有效。因为教师可以从第三方的角度谈及家长个人的问题，同时又顾及了双方的颜面，即不是在对方面前指责他的不是，而是让他看到自己的不足，从而冷静地认识到：任何问题都是双方造成的，天大的问题都不应该牺牲孩子，谁以孩子来要挟对方，谁的错误就更大一些。

四、将孩子视为唯一希望的离异家长的工作策略——分散注意

一部分离异家长懂教育，重视孩子的家庭教育，他们希望将自己在婚姻

中的失败，转变成教育子女上的成功。他们把自己的全部身心都用在孩子身上，教育孩子成了他们唯一的工作，孩子的成功也就成了他们唯一的希望。他们对孩子提出超出本年龄的高要求，希望孩子各方面的发展能够达到完美，对于孩子的要求近乎苛刻，给孩子造成了很大压力，致使孩子失去了快乐的童年，甚至出现了心理问题。

小乐从托班入园开始，就与众不同。新生刚开学那段日子，所有孩子都哇哇哭着要爸爸妈妈时，全班只有她一个人不哭不闹安静地看着别人，似乎很奇怪他们为什么要哭。后来教师发现她虽然在班级中不是最大的孩子，但很能干，非常乖，从来不哭。即使教师做出抱她、表扬她等任何爱她、喜欢她的行为，也看不到她的笑容。只要别人稍有不慎碰到她，她立即挥手过去，经常有孩子告诉教师，被她打了。由于家长不说，教师一直很困惑这些现象背后的原因，直至有一天小乐妈妈的脸被爸爸打青了，教师才知道为什么她这么乖了。

教师在与小乐妈妈交流时，发现她始终认为小乐不好，所以经常训斥并打她，还经常对她说“你必须……”“必须做到……”，要求她每一样事情都必须要做到教师的最高要求。

妈妈常常对女儿说：“我的婚姻就是因为你失败了，现在我的生活中只有你，你一定要给我争气，样样事情都必须要做到最好。”

针对小乐妈妈的情况教师采取了以下策略。

1. 劝家长分散自己的注意力

教师要劝家长重构生活理想，结束对现有婚姻的失落感。真诚地劝她拓展自己的生活空间、丰富自己的生活内容，不要将所有的重心都放在孩子身上。这样可以分散自己的注意力，感受到生活的多姿多彩，调节自己的情绪，释放压力和焦虑。

2. 让家长正确认识到孩子的发展水平

教师请家长到园观察孩子在群体中的发展水平和表现，引导家长观察自己孩子和其他孩子的区别，分析并告诉家长孩子在班上非常出色，唯一的缺点是几乎看不到他的笑容。

3. 以前车之鉴提醒家长

教师应告诉家长不要让孩子误认为是因为自己不好父母才分开的，使孩子一直有负罪感，想尽力做一个完人，从而不快乐。教师可以提供大量相关案例与家长分享，让他们知道前车之鉴，进而提高警惕。

如一位小学教师，他觉得自己的学生这么优秀，自己的孩子也应该很优秀。而且他怕自己的孩子不优秀被别人说“他连自己的孩子都教育不好”，因此他从幼儿园期间就给孩子很大的压力，到初中一年级时，孩子崩溃了，得了精神病，他感到很后悔。

4. 告知策略

教师告诉家长孩子从小应该生活在充满认可、鼓励的环境中，家长提出的任何要求都应在孩子的最近发展区内，这样才能使他们自信、自主、自立。

这次交流以后，家长努力改变自己，改变和孩子的互动方式，尽力让孩子放松，享受到同年龄孩子的快乐。

五、企图隔离孩子与另一方联系的离异家长的工作策略——依“法”办事

有一部分家长将监护人和非监护人之间的一些矛盾转嫁或波及到孩子、幼儿园和班级教师身上。矛盾主要集中在是否给非监护人探望孩子上。常常是监护人不允许另一方与孩子联系，不允许其来探望孩子，而非监护人又非常希望来看望。有时教师出于同情和对孩子的关爱，同意其到幼儿园来看望，或者在园与孩子玩一会儿。当监护人听说后，就到幼儿园大吵大闹，形成新的家园矛盾。

开学没多久的一天中午，丁丁的妈妈来找教师谈谈。

在这次简短的交谈中，丁丁妈妈告诉教师，因为丁丁的爸爸不让她看孩子，她已有半年没见到孩子了，渴望能在幼儿园见见孩子。教师出于恻隐之心，同意让她每隔一周或两周来看孩子。

几天后一个周日的下午，教师接到了丁丁爸爸的电话。丁丁爸爸非常气愤地说："你为什么擅自做主，让他妈妈到幼儿园多次探望丁丁，这会影响丁丁的在园生活！"

从这起事件中，教师得到的警示包括以下几点。

1. 教师要有一定的警惕性，切不可无视一些基本的法律和安全原则。首先不能私自答应某一方的要求。因为现在家长之间也可能因为过激行为对自己的孩子及幼儿园其他孩子造成伤害。所以，教师要按照幼儿园的规章制度，家长凭门禁卡入园，且必须是在孩子正常的入园和离园时间，避免影响孩子正常的游戏、生活以及情绪。

2. 教师可以告诉家长，不要因为成人之间的矛盾，剥夺了孩子享有父爱和母爱的权利，帮助监护家长理解孩子渴望得到父母双方完整的爱的愿望和心情。避免造成孩子性格的扭曲和心理的伤害。获得监护权的家长不让孩子见非监护家长，对孩子本已受伤害的心灵来说无疑是雪上加霜。

3. 应该先与孩子的监护人取得联系，不可因为同情等原因让孩子的监护人感到被动与不安。同时，教师在遇到类似事件时，要听取离异家长双方的想法，不能只听一面之词，对于这类"公说公有理，婆说婆有礼"的情形，教师要坚决避免将事态发展到幼儿园内，以免让孩子的监护人觉得教师急于想"过问家长个人私事"。

六、再婚后无力照顾自己孩子的离异家长的工作策略——晓之以理

有些离异家长再婚后，对自己的孩子不闻不问。有些家长担心自己的孩子影响了再婚家庭的生活，也有些家长因为再婚后又有了孩子，而无暇照顾第一次婚姻的孩子，只有将此孩子完全丢给孩子的祖辈家长。致使第一次婚姻的孩子完全失去了亲生父母，从而使他们产生了一些特殊问题。

彭阳父母离异后，跟着外公外婆过，他上课时，会钻到桌子底下去，并有意发出一些奇怪的声音，引起教师对他的关注。如果有其他孩子坐在他旁边，他就会不停地去抓、挠、逗弄别人，或者把椅子弄响。当教师坐到他旁

边时，他就靠在教师身上甚至整个人都趴在教师的腿上，此时他会认真听课。总之他需要教师一直关注他，稍不注意，他就会弄出许多事来。

所有的孩子都非常喜欢节日放长假不上幼儿园，可是他五一前一天中午睡觉的时候大声地哭，教师问："你怎么了？是不是不舒服呀?"他说："不是！我在家一个人玩没有意思，我喜欢上幼儿园，放这么长时间的假很难过。"

他用头撞妈妈再婚时和别人照的结婚照。妈妈生了一个小妹妹后，几乎都不来看他了，他天天跟教师说："我不要妹妹。"

他妈妈偶尔来参加园里的活动，当看到孩子在班级活动中的行为后，她妈妈很着急地训斥他："你自己不学还影响别人！"接着就把他拖到教室外打了一顿。

为此，教师约她妈妈来交流。教师将孩子的情况告诉她，说明孩子作出这些举动是为了引起妈妈对他的关注，希望妈妈能够经常回外婆家看他。

妈妈告诉教师因为他特别的调皮，担心他和新爸爸相处不好，才没把他带到新组合的家庭中。而且自己现在有了一个小女儿，真的是没有时间照顾他。

对于这个案例教师采取的策略是：晓之以理。教师耐心地告诉彭阳妈妈，不能因为有了第二个孩子，就放弃第一个孩子，这对他来说是非常不公平的，他目前既没有爸爸的关心，也没有妈妈的关心。成人不能因为自己的离异，伤害了孩子，希望妈妈在关注新家庭、照顾小妹妹的同时，也经常来关心看望他。建议妈妈与孩子进行讨论，向其说明新家庭目前的状况，使孩子逐步学习理解妈妈。但不能选择将此孩子遗忘，或以忙为借口，不来看望孩子，特别是在节假日里，一定要挪出时间和孩子在一起。

七、再婚家庭的家长工作策略——协同作战

在中国，绝大多数父母离异和再婚都不会和孩子商量，也不会主动去发现孩子是如何适应这件事，并帮他适应。而孩子对于这种家庭变故，如果仅仅依靠自己的力量去理解并适应，是超出他这个年龄的能力水平的，也是不现实的。因此教师和家长要协同合作，关照孩子与再婚家长相处的过渡期的心理变化，关照孩子与家庭新成员之间建立感情的难处，并及时给予具体的

支持策略。

宇宁是一个安静的孩子，无论是爸爸离婚还是再婚，他都没有表现出太大的情绪波动，但是教师在他的画中还是发现了他的脆弱。

一次教师请每位孩子用拼贴画的方式表现出自己最高兴和最伤心的故事时，他画的是，在一个有月亮的晚上，爸爸胸口贴了个爱心，一只手拉着一个孩子的手，另一只手拿着一个酒瓶，在远处是一个房子。

教师问："这幅画讲的是什么故事?"

宇宁说："到了晚上，孩子想爸爸，可是爸爸总是很忙，要到处喝酒，也不能回家。"

教师问："为什么在爸爸胸口，你给他贴一个爱心呢?"

宇宁说："爸爸很爱孩子的，他也很想回来陪孩子的。"

教师听完后，非常心酸。因为爸爸离婚后，宇宁一直跟着保姆住，爸爸再婚后，他跟新妈妈住在一起，他很安静，从来不出差错。

快上小学的时候，宇宁常常会将书包丢在幼儿园不带走，或者书包即使带来也没有教师要求带的东西。为这件事情教师批评了他，但他一脸委屈。

教师问："是什么原因呀?"

宇宁说："我昨晚没回自己家，到保姆奶奶家住的。"

教师立刻说："对不起。老师批评错了，你书包里东西不全不是你的错。"

因为宇宁的东西都在自己家里，平时爸爸应酬多，有时新妈妈也有事，一周中总会有几天到保姆奶奶家住。

于是，教师与孩子爸爸进行了个别交流。教师首先表扬了孩子的乖巧和聪明能干，告诉他孩子很渴求和他在一起，并将孩子的画拿给他看并说明了其中的意思，希望爸爸能尽量挪出时间，与孩子相处。

接着教师告诉他孩子情愿自己委屈也不愿意指责他人，"书包事件"就是一个例子。作为教师没有把事情了解清楚就批评他，是教师的失误，但爸爸也是有责任的。教师请宇宁爸爸在孩子不在家住时提前告诉教师，教师若有要求或请孩子准备东西时，也提前告诉家长，以避免孩子在班级中因为没有完成任务而自责或受到同伴、教师的指责，让孩子受到不应该承受的责备。

最后教师请宇宁爸爸关注并帮助孩子与新妈妈和谐相处，希望他在短期内不要生孩子，给予宇宁一个调整期。同时还告诉他教师在园里也正在给孩子作疏导和引导，如告诉他和新妈妈的相处之道，引导他发现新妈妈对自己的关心等。

这次谈话给了家长很大的触动，孩子爸爸一再请教师放心，表示现阶段绝不会再要孩子，自己也一定会腾出时间与孩子在一起，即使有应酬，也尽量把孩子带着。后来，孩子的笑容明显多了，在幼儿园与同伴交往的频率也多了起来。

做离异家庭家长工作时需注意的问题

离异家庭成员之间的矛盾比完整家庭中的多，经常会因为监护方和非监护方之间的问题而激化，教师常常被夹在双方的矛盾之间，稍有不慎就被卷入其中，不仅没有解决原有矛盾，还将矛盾扩大、升级。对于这些问题，教师要智慧地解决离异家庭成员之间的各种冲突，一切工作都从孩子的健康成长出发，不要过多干涉家长的生活。

一、突发事件发生时，一定要以保护孩子为第一原则，并采取必要措施

离异家庭中经常会出现监护方不让非监护方探望孩子的矛盾。有时，非监护方在矛盾没有协调好的情况下，擅自跑到园里让教师允许探望或接走孩子，此时教师稍有不慎，就会受到监护方的责难。对于此类事件的处理原则是：①保护孩子；②要冷静，不要激怒非监护方；③要拖延时间，等待监护方的到来。

茜茜小班的时候，爸爸特别爱她，经常中午过来探望，看她午睡是否适应。离婚时，孩子的状态非常不好，爸爸也有好长时间没来看她。突然一天中午爸爸又来了，茜茜非常紧张、害怕。爸爸要把孩子接走，孩子紧张地抱住了教师的腿。

教师看到孩子明显地排斥爸爸，但又不能直接拒绝他的请求。于是教师

就把孩子抱在怀里轻拍。教师这种忽略孩子强烈反应的做法，缓解了孩子爸爸的尴尬处境，然后教师用非常轻松、自然的语气说："好久都没有见到你了，最近在忙什么呢？"教师轻松、温和地与他闲聊，成功地使他放松了情绪，也拖延了时间，等待妈妈的到来。

教师说："要接孩子是吧？这孩子最近一段时间情绪波动特别大，妈妈马上就来了。你们两个一起接她会好一些。"教师这样说了后，孩子的爸爸虽不情愿，但也不好拒绝。

从以上案例可以看出：遇到这样的突发情况，教师一定不要抵触、激怒某一方，使其产生过激的行为，以免将事态扩大，将孩子的家庭矛盾扩大到幼儿园内，这样不仅对此孩子的健康成长不利，更会影响到幼儿园正常的秩序，进而影响其他孩子的健康生活。

二、明确职责，保证孩子在幼儿园里健康、快乐地发展，不要介入家庭矛盾之中

教师在与家长交流的过程中，会越来越多地牵扯到家庭中的复杂关系。离异家庭成员之间的矛盾更多，特别是当孩子在家里出现一些不良行为，或教师与其谈到孩子在园的表现时，家长常常会在教师面前抱怨和责怪另一方。在抱怨另一方的同时，他们还希望教师发表观点，赞同自己，并且希望借助教师的权威来教育对方。

教师不擅长，也没有精力，更没有责任去调解家庭中的纠纷。教师要明确自己的工作职责和坚守的原则，即一切工作的出发点都是为了孩子在园的快乐成长。作为教师不能偏颇某一方，要保持中立，不要主动介入家庭中的矛盾事件，不要去做法官，以免耗时又无效，甚至将家庭内部的矛盾扩大到家园矛盾。

哈哈吃饭很困难。

外婆非常生气地说："老师，你要狠狠地跟他奶奶去说一说。"

教师说："说什么呀？"

外婆说："每次在哈哈吃饭前，他奶奶都要给他喝一瓶果奶，说是帮他

开胃，结果弄得孩子吃饭不香，瘦得像猴子一样。老师讲话他会听的。”

教师说：“好吧，我找个适当的机会跟她聊。”

教师找到奶奶问：“宝宝在家吃饭怎么样啊？”

奶奶说：“宝宝在家吃饭好得很。”

教师说：“吃饭前宝宝喝什么饮料啊？”

奶奶说：“我们家从来不喝。”

教师立刻不知如何说了。因为教师不能当着奶奶的面说是哈哈外婆告诉自己的，否则就扩大了矛盾。

三、要善于将家长抛过来的球抛回去

离异家长常常会向教师提出很多要求，如充当传话角色。此时教师非常尴尬，既不能硬生生的拒绝，又不能包揽下来，卷到他们的争斗里去，造成不可收拾的后果。当处于两难境地时，教师可以试着将家长抛过来的问题，再抛回给家长，借此化解难题。

楚楚外婆到教师处请求老师教育楚楚奶奶，不要再在晚饭前给孩子喝酸奶了。楚楚爸爸妈妈离异后，楚楚平日与奶奶住一起，周末到外婆家和妈妈一起住。楚楚长得特别瘦小，吃饭一直不香，外婆以为是奶奶在饭前给他喝酸奶的缘故。教师从楚楚外婆的抱怨中了解到，奶奶也是听说饭前喝酸奶有助于开胃，才这么做的。此时，教师不要赞成任何一方，以免增加另一方的不满，使得本已复杂的关系变得更加复杂，因此，教师可以说：“关于酸奶饭前吃是否能起到开胃的作用我也不太清楚。您可以问问儿童保健或营养专家，看看他们是怎么说的？”

此时，教师巧妙地把问题又推给了她，让她自己去医院咨询保健专家。

从此案例可以看出：此法一方面可以化解尴尬，因为虽然教师知道有些道理是对的，但是家长不一定愿意听，当教师说时，家长对教师并不信任，而且反感地认为教师管得太宽了；另一方面也是借力解决问题，当教师把问题还给她，让她自己去咨询儿童营养学的专家时，无论医生怎样说她们都认为是对的。同时有很多道理，教师的认识也不全面，应避免以误传误。

四、教师的心态要平和，很多家长的观念自己是无法改变的

现在的社会，孩子的家长几乎都是独生子女，他们追求自己的幸福生活，不会为了孩子放弃自己的生活，为了保持家庭的完整而改变自己。教师要改变那种“在我们的劝说下，家长一定要为孩子作出牺牲”的观点，否则一旦经过很大努力后，孩子的家庭依然解体了，教师会感到非常沮丧。教师要持一种坦然的心态——尽人事听天命，毕竟教师做家长的工作能够起到多大的作用都是不得而知的。教师要树立：我们尽最大努力去争取，让家长们为孩子创造良好的生活、教育环境，但当家长不理解、不作为时，也要释然，至少我们努力过了，不后悔。

子涵的家长在小班起就在闹离婚。当教师知道此事后，不断地单独与他们夫妻俩谈心，从孩子发展、孩子对他们的期待等角度，努力说服他们不要离婚。

在交流时，他们都认同教师的观念，都表示要试图改变自己，但是一旦回到家庭中，遇到真正的问题，就不能包容对方，矛盾不断激化。

到了大班时，子涵的爸爸妈妈最终还是离婚了。教师非常沮丧，认为自己工作得很失败，花了很多时间、精力和心血，最后，家长还是离婚了。

从以上案例可以看出：教师的工作并不一定是有效的，教育也不是万能的。教师在自己的工作范围内尽自己最大的努力，在不能改变离异家庭现状的情况下，作好家庭各方成员的沟通，尽力让孩子生活在相对安全、温暖、良好的环境中。而且教师可以总结出一些对未来有用的信息，如将来再处理类似事件时，教师可以采取哪些更有效、积极的策略帮助孩子面对父母离异，帮助家长改善当时的不良情绪等。

第五节 与保姆的沟通工作

现代家庭中由于一些父母工作忙、家庭富裕，家庭中雇佣保姆的越来越

多，而且这个群体还在不断扩大。保姆承担了孩子的抚养甚至教育的任务，孩子终日和他们在一起，和他们在一起的时间甚至超过了自己的父母。保姆已成为家长和幼儿园的纽带，家长对幼儿园的评价，保姆在其中起到一定甚至决定性的作用。因此教师在与他们接触中，应尽量发挥他们的正面影响力，让他们在与孩子、家长的互动中起到积极的作用。

与保姆沟通的策略

一、要定期与家长进行直接沟通

一般请保姆的家长与教师的接触都很少，他们通常比较忙，很少亲自到幼儿园来观摩孩子的活动，参加教师组织的家长会等家园共育活动。很多通知和信息教师除了请这些保姆带回家外，一定要再打个电话跟家长确认一下，并寻找机会与家长直接沟通，保证信息的准确、清晰。

因为保姆的服务对象不是一家，他们之中有的一天要到好几个雇主家服务，有时会因为事情忙将教师的信息遗忘。有的保姆自身责任意识淡薄，或是对教师请他们传达的信息理解不到位、不准确，会出现误传、错传信息的情况，造成教师和家长之间新的障碍，影响幼儿园与家长之间的关系。

教师可以采取写便条或小便签的方式，让他们直接将写好的文字通知带回去交给家长，以免由于理解不到位或记不清而产生误解。

明明爸爸说："老师，你们以后能不能多鼓励明明呀。"

教师当时很纳闷地说："我们一直很鼓励他呀，明明最近在幼儿园很好呀。昨天老师还表扬他上课发言积极呢，怎么明明回家有什么特殊的表现吗？"

爸爸说："我们阿姨说，这段时间她来接孩子时，孩子好像有些不高兴，阿姨说是老师批评了孩子。"

从此案例可以看出：保姆有时会凭自己的感觉去说一些不存在的事情，或者把事情的不完整情况告诉爸爸妈妈。所以，教师定期与家长直接沟通是非常重要的。

一天晚上，星儿妈妈很生气地打电话给教师说："星儿晚上兴趣班的老师告诉保姆，晨卓把星儿的面具弄坏了。"

当时教师已经下班了，对事件的情况不太清楚。教师就说："抱歉，我当时下班了，对事情经过不太清楚，我明天一定了解后，再与您交流。"

第二天，教师向兴趣班和同班组的教师询问了事情的发生过程，原来是晨卓先做完自己的面具后，星儿不会做，请晨卓帮忙做，晨卓在将面具打洞准备穿线时，不小心将面具弄坏了。兴趣班教师如实告诉了保姆，可是保姆告诉星儿妈妈时，就变成了晨卓有意将星儿的面具搞坏了。

教师立刻打电话跟星儿妈妈直接交流，她妈妈听了教师的说法后，立刻释然了。

从此案例可以看出：由于保姆不清楚事情的完整经过，在转述的时候加进了很多自己想象和推测的成分，又将教师传达的信息遗漏了一些，造成了家长的误解。当发生诸如此类的纠纷或特殊事件时，教师一定要亲自与孩子的父母说明，不要请第三者传达。

如果家长确实很忙，没有办法和教师直接面谈时，为了沟通的准确性，教师可在小便签上，用文字将事情的来龙去脉澄清，并请保姆带回去。同时，教师一定要甄别哪些事情用便签沟通比较方便，哪些直接打电话效果更好。

二、要对班级中的保姆深入了解

孩子家里的保姆与雇主的关系不同，承担的工作内容和时间也不同。他们有住家的、全日制的、钟点工性质的；有点文化的、没有文化的；来自农村的、城市下岗的、退休的；孩子出生起就带孩子的、临时短期的；保姆的性格内向的、外向的；负责照看孩子的、负责接送孩子的、只帮助做家务的等。教师要对他们逐一熟悉并分类，根据保姆的人品、态度、能力等来决定沟通的方式。对于一些理解问题不够准确或不实事求是的保姆，教师尽量不要让他们成为孩子问题的第一个倾听者，直接跟家长说会更好。

保姆在孩子家工作时间的长短、与孩子感情的深浅，决定了他对孩子的态度。时间长的，和雇主的孩子有很深的感情，对雇主的孩子有责任意识，会自觉承担起教育的责任。

阳阳的保姆从他出生就来照顾他，对他就像自己的孙子一样。她经常会主动跟教师互动，当孩子发生一些变化或有一些教育上的问题时，教师也会直接与她沟通，请其回去配合教育阳阳。

教师问："最近，孩子上课注意力不集中，您知道是怎么回事啊？"

保姆说："他回家就看电视。老师，我今天回家不给他看了，让他看书。"

教师说："一点儿都不让他看，他会与您闹的。您将他看电视的时间缩短一些，规定他一天只能看半小时。"

保姆说："好，还是你们老师有办法。今天我就和他定规矩。"

由于保姆与阳阳建立了深厚的感情，阳阳就像她孙子一样，所以，她对教师的要求会主动去落实。对于这样的保姆，教师应经常给她一些具体的策略和方法，有助于孩子的行为改善。

有些保姆主要是接送孩子，他们和雇主家的感情不深，雇主家怎么交代，她就怎么跟教师说，再把教师交代的事情回家交代清楚，就完成任务了。他们不会过多地跟教师讲孩子在家的情况，教育方面的事他们不管。因此，对于她们交代的事情，教师一定要做到。其他关于孩子教育的问题都要直接跟父母沟通。

天气突然变冷了，雇主要慕晨的保姆送衣服给慕晨，保姆就到幼儿园来了，可是慕晨她们班到小学参观去了，她就说要送到小学去。因为她觉得这是主人家交代的任务，一定要完成。保健医生把衣服接过来，保姆坚持说："不行，你马上就要送过去。"保健医生立刻将衣服送到小学，教师了解情况后，就立刻给孩子换上。

下午保姆来接的时候，教师主动跟她说："我们早上就帮她把衣服换上了。"因为教师知道她回家还要跟孩子的奶奶反馈。

三、要主动承担帮助家长考察保姆的责任

由于家长工作忙，很少有时间观察保姆和孩子的互动方式、保姆是否负责任等情况，教师要从孩子的健康成长和教育的角度出发，在与保姆接触的过程中，有意识地观察保姆的素质和能力，主动承担起考察保姆的责任。这

并不是多管闲事，而是教育者的责任和职业道德。因为，家长把孩子交给保姆，实际上存在很大的危险，教师主动承担起对保姆的考察是对孩子负责。对于他们中不正确的教育方法或观点，教师要及时与家长沟通，引起家长的重视并进行干预；对于不负责任、对孩子有负面影响或人品不好的保姆要建议家长更换。

亦可家的保姆一直很宠他。上小班一学期了，他还不会上下楼梯。保姆每天接送都一直抱着他，从不让他自己上下楼梯。每次要上下楼梯时，亦可就哭，站在那儿不敢动，非要教师牵着他的手，才能慢慢上下楼梯。

在自然角，教师让亦可找找自己种的东西，亦可还没走过去，保姆就说："亦可，快看快看，在这里。"

教师对保姆说："请让孩子尽量做自己能做的事。"

保姆说："我还是多做点儿吧，要不然，他爸爸妈妈认为我偷懒不干活呢。"

教师就与孩子的父母交流，将保姆在生活、认知等方面全都代替孩子的做法及后果告诉家长，让他们认识到这样不是在照顾孩子，而是剥夺了孩子发展的机会。

教师举例说："孩子找自己种植的大蒜的过程，是让孩子认识和熟悉自己的标记的好机会，而保姆替代后，他依然不知道自己的标记是什么、自己种植的大蒜在哪儿、自己如何才能找到自己的大蒜。每天当其他孩子给自己的大蒜浇水和观察大蒜的变化时，亦可就没事可做。"

家长听后很有触动，回去后就对保姆说："不要什么都替代孩子，孩子能做的事一定要让他自己做。"

由于家长转变了观念，意识到让孩子自己做事并不是保姆偷懒不干活、不关心自己的孩子，保姆的态度和做法也跟着改变了。

因此，当教师发现保姆做法不当时，要直接与孩子的父母交流，因为只有家长转变观念，才会对保姆提出相应的要求，保姆才会改变，交流才会有作用。教师与保姆的直接沟通之所以无效，一方面是因为保姆害怕主人说她偷懒，想改变也不敢改变；另一方面是因为她根本不理解教师说的为什么就会对孩子有好处。

业业家的保姆性格比较暴躁，业业的性格也非常急躁。教师观察发现业业做得不好时，保姆就会大叫；而业业从出生起就是这个保姆照顾，由于他的父母很忙，孩子几乎都是和保姆在一起，保姆和业业的互动方式就是相互大喊大叫，所以业业急躁的性格跟保姆的教养方式有关系。教师将这些情况分别告诉了家长和保姆，并请他们注意改变与业业的互动方式，请业业的父母尽量多地参与孩子的教育，也告诉保姆一些与业业互动的正确方式。在大家的努力下，业业的性格有了一些转变。

作为教师，有些家庭频繁地更换保姆，教师要尽快熟悉他们的外貌特征，不能让坏人钻了空子，给孩子的安全带来隐患。同时要告知家长，如果换保姆了，家长一定要亲自领到教师面前确认，以保障孩子的安全。

四、要了解家长对保姆的要求

每个家庭对保姆的要求不一样，所以他们选择保姆的类型和素质、给保姆的任务也不一样。作为教师要与家长沟通，详细了解家长给保姆的具体任务和权限，不提过分的要求。这样一方面不会给保姆增加额外的工作；另一方面也会在孩子出现问题时知道应该找谁，避免工作无的放矢。

元宝是保姆自小带大的，每天都由保姆接送。元宝动手能力较弱，由于教师不清楚保姆的工作职责有哪些，不知道这个问题是否要交代给保姆回去帮助配合教育，于是，教师专门约她妈妈来园交流。

教师问："你家保姆都做哪些事情？"

妈妈说："阿姨主要照顾孩子的生活、负责孩子的健康和看管，陪他直到我们回来，还有每天幼儿园的接送。"

教师说："元宝的动手能力需要提高。上手工课时，只有他一个人不动手，还坐在哪儿哭，说不会做。我发现他不是不知道做什么、怎么做，而是因为他小手的灵活度、速度和准确性不够。希望你们在家里让他自己多动手，锻炼他的小手肌肉。"

妈妈说："老师，在家阿姨什么都帮他做，吃饭也喂，回来有什么动手的作业也帮他做，所以他害怕动手。我会让阿姨以后不再包办代替了。"

教师明确了保姆的职责后，针对元宝的问题，给了她一些策略的指导，请她帮忙推进元宝的发展。她也非常努力地改变自己的一些做法，配合教师。

明明妈妈不仅要求保姆接送孩子，而且要求她每天询问孩子在幼儿园的表现，发生了什么事情，并且将这些情况告诉她。所以保姆每天来接明明时就会问："今天明明在幼儿园怎么样呀？有没有犯错误呀……"

教师此时就非常配合保姆，让明明自己说说在幼儿园的表现，尤其是在园发生了一些特殊的事件或明明有进步的时候，当明明说得不完整时，教师在旁边启发引导。教师利用这一契机，不仅帮助保姆完成了任务，更重要的是让明明的语言能力得到了发展。

与保姆沟通时需注意的问题

一、尊重保姆的人格

保姆一般都生活在社会的底层，他们中多数来自农村，大多文化层次不高。教师不能因为他们是钟点工或保姆，就对他们另眼相看。教师在与他们沟通时，要平等对待他们，让他们感受到教师对他们的尊重。这种尊重可以体现在以下几个方面。

1. 主动与他们打招呼

由于他们受孩子父母雇佣，生活在底层，会非常在意他人对自己的态度，而这种态度会影响到他们的情绪、心理以及对待孩子、家长，甚至教师的态度。特别是那些自己不来园，幼儿园教育信息完全由保姆传达的家长，获得信息的准确性、正面性完全依赖于他们。所以，教师与他们建立良好的关系非常重要。当他们得到教师的尊重时，就会非常主动地配合教师的工作。

由于工作性质和身份的独特性，保姆一般不会主动与教师打招呼，在接送孩子时，多数是远远地、怯怯地站在一边，作为教师要热情地迎上前去跟他们打招呼，有意识地与他们聊聊他们的生活状况，拉近与他们的距离。

每天早上来的时候，晨晨的保姆都会看教师一下，当教师迎上前说："阿姨早。"她立刻会开心地说："老师早。"教师从她的眼神里看出她在搜索自己的眼神，渴望被教师尊重。

教师问："你在晨晨家主要做什么样的事情啊？带孩子睡觉吗？接送孩子后，回家要做一些什么事情呢？爸爸妈妈在家是怎么教育孩子的？"

教师与她拉家常让她感到很惊喜，不仅一一回答了教师的问题，还主动讲起晨晨的很多事情。

此后，晨晨的保姆每天送她来时，都主动和教师打招呼，还提醒晨晨向教师问好。

六一亲子舞蹈活动中，晨晨的父母没空来，她就替代家长来参加活动，教师特意帮她拍了照片，给她看说："你看，你跳得真好看。"

她非常高兴地感谢教师说："谢谢老师，这是我一生都值得纪念的事儿。"

事后她逢人就夸奖教师好，回家后告诉晨晨妈妈说："晨晨老师非常好。"

这些家庭中，教师基本上一学期都看不到孩子的爸爸妈妈。教师要通过保姆给家长传递教师的观念、做法等，由于教师与他们建立了良好的情感关系，使他们能够主动上传下达，向家长们传递准确信息，为教师和家长之间良好关系的建立起到了积极的作用。

2. 注意语言的缜密性

教师在与保姆交流时，要注意语言的缜密性。由于他们是到雇主家里工作，对有关自己人品的话语特别敏感，会联想到教师是否在影射他们，从而产生疑虑和不快。教师要考虑到他们的心理特点，说话时要特别注意。

周一是班级孩子的还书日，丁丁将借到的两本书带来准备还给班级图书馆，结果在来园的路上把书丢在公交车上了。

保姆着急地说："老师，我们把书丢在公交车上了。"

教师想也没想就说："啊，你把书丢在车上啦？以后要注意培养孩子爱惜物品的习惯。每一本书不仅是登记在册的，而且都是唯一的，弄丢了一本其他小朋友就看不到了。"

教师说这些话时，没有考虑到她的特殊身份，让她误以为教师认为是她把书弄丢了。当天下午妈妈和保姆都来了，妈妈说："老师，我们一定会把书还来的。书确实是丢在公交车上了，是丁丁弄丢的。阿姨担心死了，回家后就打电话给我，让我来帮她解释。”

3. 记住保姆交代的事情

教师要特别认真地对待保姆嘱咐的事情，不仅要记住，还要落实到位，并主动向他们反馈落实的详细情况，这些都是尊重他们的具体表现。

娇娇鼻子过敏，保姆交代了很多她需要忌口的食物，教师一一做了记录。幼儿园当天午餐的食物，没在她交代之列，但是教师认为可能也是娇娇要忌口的，就去请教保健医生，保健医生认为最好别吃，教师采纳了医生的建议。

下午保姆来接的时候，教师就把中午吃饭的情况跟保姆说了。保姆说："对对对，这个东西也不能吃，是我忘记跟你们说了，多谢老师没给她吃。"回去后，就将此事告诉了家长。

第二天，娇娇妈妈就来园说："谢谢老师，我们孩子鼻子过敏，昨天你们没给她吃过敏的东西。"

教师说："不是老师做得好，而是你们家阿姨交代得好。"站在一旁的保姆非常高兴，娇娇妈妈也很高兴。

二、帮助保姆解决困难

由于保姆在家庭中与家长是雇佣关系，有时他们在家中得不到雇主和孩子的尊重。由于他们文化水平大多偏低，教育孩子的策略少，再加之他们怕教育孩子后得不到雇主的支持，所以他们也不太敢管孩子，以至于孩子根本不听他们的话，甚至被孩子弄得没辙。对于此种情况，教师要理解他们的难处，适当干预，帮助他们解决困难。一方面教师要教育孩子尊重保姆，帮保姆树立威信；另一方面，教师要和家长沟通，向家长说明尊重保姆的重要性以及孩子不尊重保姆的态度和行为的不利后果，并向家长提出配合教育的要求。

每天保姆来接业业回去时，他都不愿意回家，而是在外面玩。当保姆喊他回家时，他不仅不回去还打骂保姆，保姆很着急，因为她还负责给业业家做晚饭。保姆将此情况告诉了教师。

教师找业业谈话，并请其他孩子一起讨论："阿姨来接时，该怎么做?"让他明白并遵守规定，即每天保姆来接后要及时回家。

教师也告诉保姆一些策略，如每天不要早来接，提前一天与他说好要求，不按照要求做时，就推迟来接等。

因为业业家只有他爸爸重视孩子的品格培养，所以教师把业业欺负保姆的事告诉了爸爸，让他认识到孩子不尊重保姆、打骂保姆都不利于孩子良好品格的形成。听后爸爸很生气，狠狠地批评了业业。由于家庭和幼儿园都重视了业业的品格培养，渐渐地他对保姆的态度明显改变了。

保姆很激动，非常感激教师。以后教师无论提出任何教育要求或班级有事儿她都积极配合。

三、发挥保姆的强项

每个人都希望被他人承认和需要，保姆同样也希望教师能看到他们的优势，表扬他们、让他们为班级和孩子的发展做事。保姆们的劳动技能都非常强，特别是一些来自农村的保姆，他们对一些民俗、民间手工都比较擅长。教师可以善用他们的特长，让他们感受到教师并没有因为他们是保姆而轻视他们，他们也可以参与班级的教育活动。

班级开展的包粽子、包元宵、织布、自制玩教具等活动，教师都可以邀请保姆来参与，还可以在孩子们面前夸保姆："瞧！×阿姨的手真巧，来帮我们包粽子了。"教师将她们参与活动的情景拍摄下来发在班级网站上，并将照片洗出来送给她们。

这样一方面让她们通过参与活动，了解教师是如何教育孩子的，直接学到一些教育策略；另一方面也让他们感受到自己是被尊重的，从而更加积极地配合教师的工作。

四、避免频繁向家长“告状”

保姆的多数职责是家庭卫生和孩子的生活照顾，他们常常为了减少麻烦，为了家里干净整洁，不让孩子自己动手做事，喜欢包办代替。教师要理解他们的心情和想法，不要为此事常常和家长沟通，以免让保姆觉得教师喜欢“告状”，造成他们与教师、家长之间的矛盾，甚至还会造成家长辞退保姆的后果。因为这些保姆本质是好的，又很爱孩子，家长要找到一个好保姆也不容易，加之新保姆与孩子本身也需要一段磨合期，频繁换保姆对孩子的成长也不利。所以，对于本质好、比较负责任的保姆，教师要尽量少向家长“告状”，要智慧地改变他们的观念，如借助孩子的力量。

乐乐家的保姆非常好。乐乐的爸爸妈妈非常忙，晚上很晚才回来，乐乐几乎都是和保姆在一起。她在带乐乐的过程中，包办代替非常多。

她在家一直喂乐乐吃饭，因为这样省事，容易把孩子喂饱，桌面地面也干净。

每次教师请她不要再喂乐乐时，她虽然当时答应，但是，从孩子在幼儿园吃饭的情况来看，回家肯定还是喂了。教师就改变了策略，当着保姆面对乐乐说：“你们家阿姨不喜欢你，你看看，你小手这么能干，她都不让你自己吃饭，还每天喂你。”

乐乐回家就主动跟保姆说：“我不要喂。”

教师同时跟保姆说：“他吃饭的时候，你就坐旁边歇一歇，你忙了一天也挺辛苦的。”后来，保姆的观念也逐渐改变了。

五、要主动配合保姆的工作

教师与保姆的关系，不只是要求他们配合教师的工作，教师也要主动配合他们的工作。教师要认识到，由于保姆与家长是雇佣关系，他们的角色不能完全与孩子家长等同。教师要理解他们的为难之处，家长就是他们的上帝，家长的要求是他们的第一要求。他们在坚决执行时，虽然会给教师的工作增加一些麻烦，但教师要配合他们完成。当他们因不能完成任务而情绪激动，向教师发脾气时，教师要宽容他们。

欣欣家的保姆年龄比较大，不识字，她对雇主家的要求非常小心谨慎。欣欣身体又不太好，经常生病。

有一天，天气变冷了，爸爸妈妈让她送毛毯来，其实当时寝室里并不冷，但她坚持说是孩子爸爸的要求。

教师说："寝室里不冷的。"

保姆说："老师，你还是把毛毯收下吧，这样，至少证明我不是偷懒，说明我把毯子送到了。"

教师听了她的话，收下了毛毯。

接着，教师说："你进来感受一下寝室的温度吧。"

她很高兴，立刻走进寝室，待了几分钟后说："确实不冷，我回去告诉欣欣爸爸，确实不需要盖毛毯。"

虽然教师不会给孩子盖毛毯，但是还是收下了毛毯，并主动邀请保姆进屋感受温度，教师这样做主要是理解她的难处，使其回去和雇主好交代。作为教师要理解她是被雇佣的，必须让雇主满意，如果孩了有点闪失，她就有可能被辞掉。因此，教师要配合他们的工作，主动减轻他们的负担，才能使得他们主动积极地配合教师的工作。

第四章 幼儿园在建构家园共同体中给予教师的支撑

第一节 年轻教师的成长

当今，在家园合作的价值日益被人们认识和接受的同时，家长和幼儿园之间的矛盾也日益凸显。我们在多年的研究中发现，每一个矛盾的产生，虽然表面上看都是一件件很小的事情，但仔细分析背后都有很大的学问，最终都归结为教师的专业性。因为每一个问题的解决都要以教师的专业知识为支撑。由于家园工作的复杂性，有经验的教师尚且感觉棘手，更何况是年轻教师。因此，年轻教师在家园沟通中矛盾发生率较高，这在一定程度上影响了他们对职业的热爱度和工作的成就感。作为管理者，我们通过实践研究总结出年轻教师在开展家长工作时，常常会出现的共同问题以及相应的解决策略，帮助他们尽快找到艺术地解决和减少双方冲突的某些规律、规则和范式，并根据他们的需要，及时、尽早地将此项工作纳入新教师培训和指导工作中，以解决他们的困惑和难题，使他们能够自信、坦然地面对家长，尽快消除家园沟通中的一些盲点，提高家园沟通的有效性，消除建构家园共同体过程中的消极影响。

年轻教师最常出现的误区

一、委屈

年轻教师在与家长沟通时，常常感受到自己不被家长重视，自己说的话家长不予理睬，所以时常感到委屈和不平。

下午家长来接孩子时，孩子正在抢别人的玩具，因此，教师批评了孩子。家长看到此情此景非常生气，立即上前质问教师，为什么要批评他的孩子。这时，恰巧同班组的老教师走过，上去与家长说了几句话，家长就接受了。

年轻教师感到很委屈：为什么老教师说了家长就能接受，而我说，家长则怒气万丈呢？

二、放任

年轻教师在与家长沟通时，当遭到拒绝或失败后，常常采取放任不管的策略。如当孩子发生问题后，教师想与家长交流，与家长预约后，家长说没时间来，一次、两次都如此说，一位、两位家长都是如此……对此，年轻教师认为“我找过你了，你不来是你的事”。他们常常主动放弃了自己的立场和需要完成的任务，任由家长对自己的置之不理。有时他们也采取不理睬家长的策略，发生矛盾后，你说你的，我做我的，认为“只要我问心无愧，我才不怕你呢”，完全无视家长的恼火和意见，任由矛盾激化和扩大。

三、不知

常常与家长之间的矛盾已经发生了，年轻教师作为矛盾引发者还不知道何时、何事引发了矛盾，更不知道如何面对家长，化解矛盾。

一天，一位家长怒气冲冲地质问教师：“孩子昨天被另一位孩子咬了，为什么不告诉家长呢？为什么不采取措施呢？”而实际上，是两个大班孩子在一起开玩笑，两个人咬着玩，并没有留下任何伤痕。而且当时就请幼儿园的保健医生来看过，没什么大碍。因此，这位教师认为没有必要与家长交代，而当孩子回家叙述后，家长非常生气。事后，教师自己很疑惑，“这种不大的事家长值得那么生气吗？”

一天，家长交代教师中午睡觉时，帮孩子脱掉一件衣服，年轻教师由于事多将其忘记了。家长来接时，发现孩子衣服没脱，立即很生气，指责教师，教师还不明原因，心想“不就是少脱了一件衣服吗，至于如此吗”……

四、回避

由于年轻教师应对家长的策略较少，加之家长有时咄咄逼人，造成很多年轻教师非常惧怕家长，常常采取躲避的策略。如家长接送孩子时，年轻教师常常不见家长或请对班教师接待。特别是发生事件后，采取“你不找我，我绝不主动找你”的错误策略，长此以往，教师和家长的感情没有机会交流，关系反而更加疏远，隔阂也随之增大。

以上误区的产生原因主要是年轻教师的被动。由于被动，教师和家长的情感障碍和矛盾越来越大，教师的整体形象受到了损害，也增加了问题解决的难度和复杂性。因此，我们要消除或减少年轻教师在家园沟通中的误区，增加家长对他们的信任和他们的自信心，帮助他们形成一些正确的沟通观念，掌握一些沟通策略，使得他们敢于、善于、乐于化被动为主动，积极采取“我主动去找家长，而不要等家长来找我”的沟通策略，从而使很多矛盾自然地化解在萌芽之中。

年轻教师建构家园共同体的策略

一、坦然面对，正视不足

年轻教师首先要调整好自己的心态，理性分析家长不接纳自己的原因以及自己与老教师的差距，不要主观地认为是家长存心“看不起我”，或消极地认为家长是故意找茬，为难自己。

1. 换位思考

年轻教师可以假想：“如果我有孩子上幼儿园，我是希望在一个老教师班里呢，还是在一个新教师班里呢?”这样，年轻教师就能理解家长不接受自己的原因了。因为自己新参加工作，专业性不够；加之自己教孩子的时间很短，对孩子的了解程度不够，孩子还未对自己产生亲切感和依恋感；再加之自己与家长接触时间不长，还未取得他们的信任……凡此种种，家长不接受自己是正常的。

2. 观察反思

同样的事件，老教师是怎样说的，用什么样的表述方式，是描述还是指责；她说话时的语气、肢体语言是怎样的，她一般在怎样的情景下与家长交流……通过观察和反思，年轻教师一定能够发现老教师与家长交流时，是有目的、有针对性地选择交流的时机、地点、方式和内容，从而凸显教师的专业性和使家长信服的要素。反观自己在与家长交流时，没有考虑到与家长交流的时机，即家长在什么样的心境下最能接受自己的建议和看法；也没有考虑到家长与自己的感情基础是怎样的。而且自己的专业性还没有被家长接受，讲话时的语言、态度和身体动作都比较生硬，交流的策略也较单一，自然讲话的分量就无足轻重了。而老教师由于带这个班已经有一段时间，与家长已经建立了良好的情感关系，其专业性已得到家长的认可，再加上她的年龄优势，家长接纳是正常的。

3. 审视自己

年轻教师应经常反思：“我今天对家长提出的要求或批评孩子合理吗？”

一位年轻教师要求刚入园的小班新生家长，下午来接时不要抱孩子，让他们自己走。可是，没有一位家长按照他的要求做。她因此很生气地说：“你看我们班家长一点儿都不配合老师的教育，特别宠孩子。”

可是分析后我们就知道这个要求的不科学之处在于：刚入园的孩子，一天中想的就是“爸爸妈妈赶快来接我”，他们渴望父母的拥抱；而父母亲一天也在焦虑和担心中度过，好不容易“熬”到可以接孩子了，看见孩子，第一个感情需求就是去抱孩子、亲孩子、询问孩子一天中是否哭过、吃饱、睡好……以消除一天的担心和对孩子的歉意。因此，家长来接时，出于情感的需求和本能都会不假思索地将孩子抱在怀里，而孩子也会远远地就伸出双手紧紧地搂住父母的脖子，而这时教师却说：“下来，自己走，爸爸妈妈不要抱。”显然，这个要求是不科学也不专业的。所以，作为年轻教师要坦然面对家长的不满，欣然接受家长的不接纳，正视自己的不足，心态平和地接纳家长此阶段对自己的看法，愉快地投入当前的工作。

二、找出优势，击破要点

年轻教师在与家长沟通中并不是一无是处，他们也有自己独特的优势，关键是年轻教师要认识到自己的优势，并将其发挥到极致，采取主动出击的方式让家长接纳自己，改变自己“被动挨打”的局面。

1. 年轻教师要分析自己与家长建立良好关系的关键点是什么

经过分析，年轻教师会发现：家长最大的愿望就是希望自己的孩子得到教师的喜爱和关注。因此，家长只要感受到教师是真诚地关注和关心他的孩子，就会喜欢、接纳教师。那么年轻教师可不可以针对这一点，从对孩子的关心入手，来赢得家长的情感分呢？

2. 年轻教师要分析，和老教师相比，自己的优势是什么

经过观察，年轻教师会发现：孩子总是喜欢年轻漂亮的教师，喜欢亲切的教师，喜欢对他关心和关注的教师。只要孩子接受了你，回家与父母说，“我喜欢某老师”，家长就会信任某教师。那么年轻教师可不可以针对这一点，从与孩子建立良好情感入手，通过让孩子喜欢自己来赢得家长的信任分呢？

3. 年轻教师要分析建立良好人际交往的一般性规律是什么

无论是理论书籍上，还是实际人际交往中，对人热情、亲切，都是一切良好人际关系建立的前提。因此，年轻教师可不可以针对这一点，在每天家长送接孩子时，主动打招呼，热情迎上前，特别是对于年长者，先喊一声“爷爷您好”“奶奶您早”“婆婆您身体好一些了吗？”“今天下雨路滑，您走路慢一点儿噢！”……

三、日常投资，储备情感

与家长良好关系的建立，不能等发生矛盾了再来谈感情。教师要像平时到银行存钱、平安健康时买保险一样，储备情感、未雨绸缪，注意平时与每个家庭建立良好的情感关系，为日后工作的顺利开展奠定基础。

1. 年轻教师要关注孩子的日常生活小事，勤汇报

对于孩子在园发生的日常小事和身体、心理的变化要经常主动地向家长

汇报，使家长感受到教师对他的孩子的关注和关心。如“今天您孩子睡觉的时候，有点咳嗽，我给他起来喝了两次水，后来睡着了。下午起床后一直到游戏时都没有咳嗽。你们晚上回家再观察一下，看是否要吃药或到医院看看，同时要注意让孩子多休息”。孩子咳嗽这样的小事，教师不仅发现了，而且还主动提醒家长回家继续关注，从中家长就能感受到教师对自己孩子的关注和教师认真负责的职业精神。

2. 年轻教师要关注家长的日常情绪反映，勤询问

每天家长来接送孩子时，教师不仅要观察孩子的情绪，还要注意观察家长的情绪，使家长感受到教师的热情，和教师成为好朋友，一旦发生问题后，愿意主动与教师倾诉、商量。

教师早上发现天天的奶奶一直沉着脸，而她平时总是乐呵呵的，教师立刻迎上前问道：“奶奶您好，今天有什么事吗?”奶奶憋了半天，想与教师说又有点不好意思，直到此时才说：“昨天孩子发夹被其他小朋友拿走了。”教师此时才想起，立即对家长说：“对不起，对不起，昨天午睡时，因为考虑到睡觉时的安全，就把天天的发夹拿下放在钢琴上了。”奶奶立即转为笑脸说：“噢，是这么回事呀，谢谢老师考虑得这么周到。”

由于教师对家长情绪的敏感，家长的不满得到了及时的化解，将矛盾消除在萌芽之中。

3. 年轻教师要关注家长平时交代的小事，要重视

家长在日常生活中经常会向教师提出一些个性化的要求，对于这些要求教师要重视并努力完成。虽然这些要求都不大，但家长通过此事，能够感受到教师是否认真负责和重视他们的要求。很多家长之所以和教师产生矛盾并爆发，都是由于平时一个个细小的问题累积在一起，当有一个事件发生后，就成了宣泄平时不满的导火索。

小宇最近眼睛散瞳，白天不能到户外锻炼，家长请教师照顾他在教室内玩。教师一定要记住并在家长来接时，告知家长白天按照他的要求做了，家长就会非常感激。

每个班都有些家长特别细心，在孩子不舒服的日子里，会特别叮嘱教师

“看看孩子白天有无不适现象，中午热时帮助脱一件衣服”等，如果教师没有关注到，家长就会认为教师工作不负责任。

因此，为了使自己不遗漏每个家长的要求，教师可以用一个小本子专门记录家长交代的事情，每天中午时，翻看一下，有无落实；还可以请班上的孩子提醒自己，“今天谁有事请老师帮助的……”从而和家长建立良好的关系，犹如在银行保持良好的个人信用记录一样，在家长的情感和认知上对教师的责任心留下深刻的印象，为日后“赔偿”偶然的疏忽和意外储备“资金”。

四、遇到矛盾，借力化解

年轻教师在日常带班过程中，难免会有一些意外和疏忽，任何一个领导和老教师都是能够理解的，关键是矛盾产生后，如何对待和解决问题。一个智慧的教师，是会善用资源来帮助自己化解矛盾的。在实践工作中最忌讳一个人将事件隐瞒，自己悄悄地处理或不处理，当家长找到领导或矛盾扩大后，再将事实告知领导。

首先，作为当事人，年轻教师一定要清晰事件发生的缘由、过程以及矛盾的焦点是什么。发生事件后，教师要去梳理和核实，将事件的来龙去脉弄清楚，为问题的解决节省时间和寻找针对性的策略作好准备。一定要克服慌乱和手足无措，避免一问三不知。

其次要反思，年轻教师要反思自己的过错之处。任何事件的发生都是有原因的，事件双方都会存在一定的不当之处。为此，作为当事人，教师一定要反思出自己引起误会的可能因素，如自己的哪句话、哪个动作、哪个事件让家长产生误会和怨气了。

再次要汇报，年轻教师要及时将事件告知同班组教师或其他成员。俗话说“三个臭皮匠顶个诸葛亮”。因此，出现问题时，年轻教师要主动积极地和同班组教师商量，将事件发生的详情和可能的处理策略一一进行讨论。当处理不了时，可以征询其他有经验的教师和园长。最忌讳不说或无视，使得园方和班组其他教师都处于被动中。

最后要借力，要善用一切可以用到的资源解决矛盾。作为年轻教师一定要形成一个观念和认识，即产生矛盾时，可以运用周围的一切资源解决矛盾。如同班组的教师、其他班的教师、园长甚至家长，让家长教育家长。因为没有任何一种方法可以适应所有人，因此要根据家长的特点进行针对性的资源利用，如与此家长关系比较亲密的家长、介绍此孩子来上幼儿园的中介人、同班的家委会成员等。总之，目的就是借助一切可以利用的外力尽快妥善解决矛盾，使家长消除隔阂，与教师友好合作，建立一种良性的互动关系，从而促进孩子的发展。

幼儿园应成为年轻教师的外援团

目前我国关于家园沟通的规律和经验特别少，无论是理论还是实践应当说都处于一种空白状态，因此，自身的不断研究和过程性的经验总结就显得特别重要。幼儿园要根据年轻教师可能在家园沟通中不断出现的问题展开研究，并在出现问题后及时研讨、给予策略帮助，让他们感觉到自己背后总是有一个强大的团队在支持自己，使他们勇于面对矛盾，尝试解决，并不断提高自己的家园沟通能力。我园每学期末，都组织全园教师，针对本学期家长工作中的典型案例进行分享、交流并展开讨论。每个教师选择一学期中一个典型案例进行反思，包括案例描述、处理策略和困惑。所有教师不但从别人的案例中获取有效策略，也针对他人的困惑分享了自己解决类似问题的经验，积极贡献出自己的智慧，园里再将大家达成共识的沟通规律和经验策略进行梳理总结，以利于集体学习和尝试运用。这样，整个教师团队就成了年轻教师开展家园工作的外援团。近年来，我们研讨出有效策略有以下几种。

1. “缓一缓”策略

“缓一缓”策略是当家长在盛怒之下，而教师们还不明事件真相时采取的策略。该策略有助于教师了解事件的真相，削减家长的怒气，使家长有自我调整和释放激动情绪的时间。

一家长听孩子说某教师在园处理问题时不公平，非常生气，立即打电话来指责教师，教师静静地在电话里听他叙述、发泄。这样一方面让他消极的情绪得到宣泄；另一方面让教师了解他的怨气在什么地方，也给自己和家长一个调整不良情绪的时间，让双方都有可以心平气和地交流和沟通的可能。待家长发泄完后，教师说，“谢谢您将这件事告诉我，关于这件事，我也想与您谈一谈呢。您什么时候方便能来幼儿园一趟吗？如果您不方便，我去找您也可以。”这样，教师赢得了时间，一方面可以去了解事件的真相和原委，另一方面也可以去寻找可以利用的资源，如和园里教师、领导一起商量，找到最佳的解决途径。最后，非常好地解决了此问题。

教师切忌：不要在电话里与家长争辩，因为双方见不到面，教师容易没有顾忌，说一些不利于问题解决的语言。这位家长因为长期生病在家，又特别担心自己的孩子，因此，听孩子说教师不公平后非常生气，但如果教师当时就解释，就会给家长造成一个不好的印象，认为教师在辩解。因此教师一定要先倾听，安慰家长的情绪，然后预约面谈的时间和地点。过后，教师考虑到家长的身体状况，特地带着鲜花到医院去看望她，她立即就改变了态度，自己先主动道歉，说自己那天太激动了……家长态度的转变为下面的问题解决奠定了基础。

2. “问问题”策略

当家长来与教师反映或询问情况，教师恰巧不知道时，就可以采取该策略。

有一天，一个家长问：“我的孩子最近表现怎么样了？”由于教师当时正在做其他事情，而且最近确实也没有关注到此孩子的情况，当时脑子里一片空白。这时，她就抛问题给家长。如“您为什么问这个问题呢？”“您孩子在家怎么啦？有什么变化吗？”这样，教师一方面为自己赢得了时间，另一方面也可以从家长的谈话中，了解家长想了解哪方面情况，进而指导家长“您反映的这些现象可以再继续观察几天，看看是不是一个稳定的变化”，同时允诺家长，“我们在园也会连续地观察一段时间，然后我们再来集中交流。”这样，通过问问题，变退为进，化被动为主动。

3. “对不起”策略

每当孩子在园发生意外或家长产生不满时，教师要体现一种服务的素质和服务的专业性。无论教师心里是否愿意承认，教师做好为家长服务的工作是其职责之一，教师建立这个服务意识很重要，即“作为服务对象有什么不满意，就是我的不对”，因此，发生问题后，教师要主动向家长说“对不起”。因为，家长将孩子放在这个班来是对自己的信任，对孩子在园的一切行为负责是教师的责任。因此，教师一定要站到服务者的角度——这也是教师专业性的体现，不要立即埋怨家长，而要保持平和的态度，先讲“对不起”，使教师在情感上占有主动，从而赢得家长的理解，使问题迎刃而解。

因此，教师要将“对不起”用得专业化和职业化，而不应觉得是在委曲求全和无故承担责任。

4.“核心人”策略

在解决问题时，要分清产生矛盾的家庭成员中谁做主、谁“难缠”、谁好说话。这样，在解决问题时，首先找好说话的家庭成员交流，其次与最能做主的家庭成员交流。同时要分析同班组教师中，家长最信服谁、与谁的关系比较亲近，就由谁先出面去解决问题，当问题有所解决后，再请当事人出面与之交流。这些“先交流的人”就是利于解决问题的“核心人”。通过“核心人”先行一步的策略，更有利于矛盾的解决。

以上策略是我园根据教师们实践中的经验梳理而成的，由于总结及时，能够很快地转化成所有教师的策略，使得教师获得了一些家园工作的专业知识，掌握了在不同情景下解决不同问题的具体策略，为教师们化解家园沟通中的难题扫清了障碍，从而能够更自信、积极主动地面对问题和解决矛盾，并不断探索出个性化、多解的问题解决方式和策略。

第二节 当家长与教师发生冲突时，园长应当做什么

幼儿园教师和家长有时会发生一些冲突，如果这些冲突处理不当，往往就会造成双方的僵持和对立，不利于问题的解决，增加教育孩子的阻力，严重的还会影响教师对幼教工作的情感。因此，当这些冲突发生时，园长在帮助教师化解冲突、减少冲突中的作用就显得尤为重要。

案例一：

小波额头缝针了

一天，园长正在外面开会，教师打来电话说，小波起床后，跑去搬椅子时把自己的额头跌破了。当时，教师正在用语言提醒他不要跑，且周围无人碰撞，教师连着奔过去时，已来不及了。小波是早产儿，动作发展比较慢，在班里年龄最小，平时就喜欢奔跑，所以教师平时就特别关注他。事发后教

师按照园里的规定，班主任和保健医生立即带孩子到儿童医院，找了最好的医生，用美容针进行治疗。班级教师当天就买了营养品去看望孩子，家长当时也表示能够理解，说没有关系。当晚，教师也将看望孩子的情况汇报给了园长。

可是，在第二天早上，小波的外公、外婆、爸爸、妈妈却直接来到园长室要求园长现在就要写个保证书并注明赔偿金。因为他们全家害怕孩子的伤口会留下疤痕，影响孩子今后做电视节目主持人的理想。他们认为，既然在幼儿园发生的事件，园里就应该负责并给予赔偿。经过沟通，家长接纳了园方的建议，没有坚持自己原先的要求。这个事件之所以得到圆满的解决，我们分析主要有以下策略。

第一，教师应遵循园内事故发生的正确处理流程和原则。我园对于事故的处理，在大家达成共识的基础上，已形成了正确流程的操作文本，并且人人清楚，个个会熟练操作。在每学期初，都会组织教师重新学习和加深记忆，从而保证教师在突发情况下，能够冷静地规范操作。如到儿童医院及时就诊，缝针时找美容医生缝美容针等。

第二，教师在事件发生后，及时完整地向园长汇报和说明始末，给予园长帮助她客观叙述事件并澄清事实的机会。因此，当家长气势汹汹地来质问时，园长立即微笑着问："昨晚，老师走后，孩子情况怎么样?"让家长知道，这个事件的始末园长是清楚的。接着，家长在下面的叙述中，就会比较客观了，从而避免因为园长的不清晰，失去帮助教师澄清事实的良机。

第三，园长和家长沟通中，需采用一些艺术的方法。

（1）热情接待并耐心倾听家长的要求。园长不要着急，一定要心平气和地听完家长的叙述，不要打断他们说话，让家长感受到园长非常重视他们的到来。

（2）家长叙述完后，园长要先站在家长的角度进行安慰，告诉他们幼儿园和他们的出发点都是一样的。如"首先我们谁也不愿意孩子受伤，孩子受伤了我们心里都很难过；其次，孩子受伤了最重要的事情就是将对孩子的伤害减少到最小，因此，园里请了美容医生，缝的是美容针，教师还买了疤痕贴，就是避免留下疤痕"。

（3）接着园长再对家长晓之以理，说明此事件不是由于教师的失误造成的，根据教育部安全事故的条例及幼儿园的规章制度是不能要求教师或幼儿园对家长进行赔偿的。

（4）园长可用调侃和幽默的语言，缓解现场的紧张气氛。如园长可说“你们太着急了！现在谈赔偿问题为时过早”。同时告诉家长“①据医生说，一般不会留下疤痕；②受伤还是第一天，伤口正在恢复中，情况如何还不知道；③孩子受伤不是因为教师失职造成的；④我们也很委屈，我们也要找帮你们进来的人。你们也很清楚孩子本身动作发展的情况，我们当时是不接收的，是因为你们找了很多人，照顾你们进来的。在进来前，就向你们说明，因为孩子的动作发展慢一些，在集体中特别容易跌伤，所以，每个教师都不太愿意接收，请你们推迟一年来，当时你们保证说会理解；⑤假如要赔偿也不是你和我两者说赔偿多少就是多少的，而应当听律师和医生的，我们还要遵守上级主管部门要求”。即园长要向家长表明，“我们是光明磊落的，我们也会用法律来保护自己，不是任由敲诈的”。最后，园长可开玩笑调侃说，“你们家把孩子今后的目标定位太低了，孩子以后可能是总理，也可能当世界首富比尔·盖茨呢，怎么只定位于电视节目主持人呢?”家长听了很高兴，原本尴尬的气氛也轻松起来。家长也就势放松起来，说：“我们怕如果留下疤痕，以后找不到人承担责任了。”园长又开玩笑地说：“你们还怕我逃跑了不成。放心，园长室的大门永远向你们开着，如果以后孩子出现问题，你们有什么要求，欢迎随时来与我们商量解决问题的办法。”同时，再次强调园方的态度“目前，保证书肯定不能写”。最后，家长很不好意思地走出了园长室。

案例二：

教师的孩子咬人纠纷

刚工作第一年的新教师带托班时，家长由于自己的孩子被一教师的孩子咬出牙印，要去打此孩子，年轻教师招架不住，打电话请同班组正在学习的另一位比较有经验的教师回去解决。园长立即请同班组教师回去，并且嘱咐说：“第一，坚决阻止。向家长表明态度，我园坚决不允许家长打孩子的现象发生；然后再次向家长强调，在家长会上已经达成的共识：幼儿园发生的孩子之间的纠纷，家长都不要直接参与教育其他孩子，要由班级教师协调解决。第二，请班主任立即请该教师家的外婆前来道歉，并和教师一起到医院去看望，同时买慰问品给孩子。”如此处理后，家长由开始的激动转变为理解并接受了咬人孩子家长的道歉。当晚，事件似乎比较完满地解决了。园长也随即到班上了解情况，事情发生在午睡起床时，年轻教师正在帮其他孩子穿衣服，没有看到这两个孩子的行为，只是根据已往的经验，推断是园里教师的孩子又惹事了。于是年轻教师就和家长讲，大约是教师的孩子咬了他的孩子。听后，园长也接纳了年轻教师的推测。

可是，在周六晚上，班主任打电话到园长家说被咬孩子的家长周一要来找园长评理。原因是孩子咬人的教师回家打孩子时，孩子非常委屈地说，是被咬孩子先咬他的，他的膀子也留下了很深的牙印。此教师觉得很委屈，恰巧，周六上午在园里加班，她就带着自己的孩子到园给班主任看，向班主任抱怨。班主任听后很生气，就将此情况立即打电话告诉了家长，家长听了非常恼火，认为园内的教师一起编造理由合力欺负他们。

园长立即和班主任讨论："为什么家长已经熄灭的怒火又燃烧起来呢？如果你是家长你会怎么想？你认为这样的情况应该怎样处理家长比较容易接受呢？"最后，园长安慰教师，事情已经发生了，园里会妥善处理的，请她不要担心。

周一早上，家长来到园长室评理。在经过长时间的沟通后，家长接受了园长的道歉并表示谅解教师的处理方法。

事后，园长和教师们一起分析此件事从发生到结束，可以吸取的经验和教训是什么。

首先，教师在叙述事件时要客观、准确。要做到三个不能：没有看到的绝不能推测、不能先入为主、不能让任何人受到委屈。要坚持一个原则：任何孩子和家长都是平等的，不偏袒、不委屈任何一方，教师的孩子也应一视同仁。

其次，教师在沟通时要注意技巧。即使发生了误会，发现事实真相后，也要注意在什么情景下与家长澄清。通过讨论大家认为：当面说比在电话里说好；用轻松幽默的方式比严肃的方式好；在家长比较放松的状态下比在敌视的气氛下叙述要好。

再次，当教师作为家长一方时应该要做到：不要给孩子班级的教师施加压力，要能够宽容和理解教师，要注意教育好自己的孩子。在孩子第一次发生咬人事件后，就要寻求原因，解决问题，努力避免接连几次发生咬人事情。

第四，班级教师应当负起教育的责任，不要顾及情面，而应合力阻止孩子的此种行为。

然后组织教师推测和分析："如果发生冲突的双方都是非教师家长，可能会发生什么样的后果？教师应当如何处理？"通过这个事件，让教师知道：这次由于是教师的孩子，我们可以直接做通教师的工作，可以相对轻松地化解矛盾。但是，如果双方都是普通家长，可能家长们会没有顾忌地将事态进一步扩大，势必会增加问题的复杂性。经过案例讨论，教师们明确了个人在此事件中应该承担的责任，明确了作为教师应当如何避免此类事情发生以及正确的应对策略。教师积累了处理家园冲突的知识和经验，提升了处理突发事件的技能，也使教师自觉地避免或减少了与家长之间的冲突。

通过这两个案例，我们体会到：教师处理冲突的智慧是一个长期积累的过程。作为园长需要有对教师持续培训的观念，注重教师团队的集体培训，逐步使教师具有避免和自我化解与家长的冲突的能力。即便发生了冲突，每一个人都能依靠自己的智慧去解决。为此园长要做到以下几点。

首先，对于偶发事件的敏感性，抓住一些典型事件澄清教师的模糊认识。将对教师的引导贯穿于日常的教育生活之中，在日常管理中聚焦典型事件，达成共识。

（1）让所有教师都体验到：无论哪一个班级的教师与家长发生冲突，都不是教师个人的事，而是大家的事情，是全园每一位成员的事情。因此，每位教师工作时，都要认真负责，不能因为自己的失误影响全园的声誉。

（2）让幼儿园所有人员都明确处理突发事件的正确操作流程和原则。不断地引领保教人员有一个正确的对事、对孩子、对家长、对集体的态度，帮助教师逐步积累化解冲突的智慧，防患于未然。

（3）让所有教师都知道：要尽量依靠自己的力量、比较完善地解决冲突。当然，也让教师知道，他在处理问题时，并不是单枪匹马的一个人，全园每一个成员都会给他精神上的支持和策略上的支援。

其次，要成为教师的朋友，成为他们解决突发事件的支柱。一般冲突发生后，教师是一种矛盾的心理，既怕园长知道受到批评，又希望园长给予支持。在分析这种心理后，园部与教师达成共识，每当与家长发生任何不愉快的事件，无论自己解决与否，都要在第一时间告知园部。而园部也要在第一时间到达现场了解事件发生的原因，察看孩子的伤情，询问教师和孩子当时事件发生的具体情景，询问教师即将采取的处理方法，征询其是否需要园里帮助。如果教师自己能解决，园长还要密切关注教师处理后的事态的发展。因为有时事态的发展会起变化，常常会出现意料不到的情况。如果园长不知道，当家长来找园长解决问题时，就会造成非常被动的局面。所以园长要非常清楚事件的始末和细节，在家长叙述的真实性上可以给予及时的纠正和澄清，也利于和班级教师的说法保持一致，并使家长感受到园长对此事的重视和认真负责的态度。同时，园长关注事态的发展，可以及时给教师以帮助和指导，否则，有些事情靠教师孤军奋战，会使事态扩大、发展。

再次，对于复杂的、园长也未经历过的事件的处理，要全程和教师一道商量解决问题的办法和策略。在园长和教师的不断合作下，教师大多已经有了一些正确处理突发家园矛盾的策略方法和原则。但是，由于教师队伍中新教师的不断增加，他们自身经验不足，面对问题的复杂性不同，以往的经验并不能完全一一对应地解决所有的新冲突，所以需要园长和教师不断地共同面对问题，研讨和实践解决问题的方法和策略，共同积累化解教师和家长之间冲突的智慧。

案例三：

曹老师在外地，请不要打电话给她

家园之间产生纠纷后，常常听到园长们和教师们的第一直觉就是立即解释，忙于强调自己的理由。殊不知，这样不仅无益于纠纷的解决，反而容易给纠纷对方产生不良的第一印象，即首轮效应：你强调客观理由、你在推卸自己的责任、你根本不想解决问题……首轮效应通常会在对该人、该物、该事的认知方面发挥明显的，甚至是举足轻重的作用。对于家园纠纷而言，这种效应往往直接制约着纠纷双方的关系。发生事件后，当事人到底应该怎样做才是合适的呢，要不要解释，怎么解释，什么样的说服方法有利于家长接受教师的观点，在什么时候说服的力量更容易发生呢。

园长带着几位骨干教师在上海学习的第二天，园里某中班发生了一起家园纠纷事件。同去学习的该班曹老师告诉园长，刚才她班上的一位年轻教师打电话来说，早上他们班的一位家长怒气冲冲地来找她，因为昨天他家孩子在幼儿园跌倒了，额头撞青了。此教师认为由于孩子是自己撞到椅子背上，而且当时只是有点凸起，教师已经及时请保健医生用冰块进行冷敷了，再加上自己当时带班，就没有及时电话通知家长并向其说明孩子撞伤的缘由和伤情。晚上此孩子上完兴趣班，家长来接时，教师已下班离开，晚上也忘记打电话向家长说明。晚上孩子回家后一直说头昏，而且还呕吐，家长认为极有可能跌成脑震荡。家长要找班长曹老师，可此年轻教师认为，曹老师在外地学习，不要打扰她，自己在带班时发生的事，应该自己来解决。因此就回答家长说："曹老师在外地，请家长不要打电话。"听了此话后，家长立刻变得更加生气了。为此，年轻教师打电话问曹老师她该怎么办。

园长了解情况后对曹教师说："你作为这个班的班长教师，已得到家长的信任，无论是专业性上还是情感上，家长都已接纳你，认同你了。而那位年轻教师由于才到此班，家长本身就没有接纳她。因此，由你直接与家长沟通比较好。而且首先要道歉，承认没有及时打电话告诉家长孩子跌倒的具体情况是教师做得不对。然后询问'孩子现在的身体情况怎么样了？如果仍有头昏症状等，看看孩子是否发烧，如果不是发烧，请家长立即带着孩子到医院去做 CT 检查，看看是否有脑震荡，'并告知家长检查费用由幼儿园承担。"

曹老师照此与家长沟通后，家长立刻说："没关系，费用不用幼儿园出，我们已经带孩子到医院看过了。医生说了，头昏是发烧引起的。只是希望，教师能及时将孩子在园跌倒的情况在第一时间告知家长，让家长了解事件是怎样发生的，以免担忧。"

同时，园长立即安排此班级中另一位从托班起就带此孩子的保育员陪着该年轻教师中午带着水果去孩子家里看望他。

如此安排后，家长感到非常不好意思，连连说："没关系，我们家孩子也调皮，家长也有做的不到的地方……"

从本次事件中吸取的教训是。

1. 人人要严格执行园里的幼儿在园意外事件的处理制度

发生诸如此类的孩子被撞或自己跌伤等情况时，教师一定要不折不扣地执行幼儿园的规定：要在第一时间告诉家长完整事件和准确情况，并邀请家长到园看望孩子的被撞部位或伤情……为避免一人带班时忘记，可以邀请另一位教师或保育员帮助带班，同班组的人员也有责任和义务提醒当班教师打电话通知家长。若电话一时没有打通，要将此事作为当日未完成事项记下，或请孩子和同事共同提醒自己再打。当天晚上无论多晚，当班教师一定要等到家长来接孩子，再次亲自与家长说明情况。否则就会使家长对孩子何撞伤的缘由和轻重情况模糊不清，而模糊的信息通常会引起冲突。

2. 给予年轻教师处理意外事件的办法

对全体年轻教师进行家园意外事件专题培训，使每人都理解并掌握处理意外事件的流程，并牢记一些禁忌。若年轻教师当班，班级班长教师外出学习了，一定要在第一时间告知班长教师，请班长教师直接给家长打电话，说明情况。因为家长只信任班长教师，由他打电话，家长比较能接受。同时，年轻教师切不可要求家长不要打电话给班长教师，这容易给家长造成逆反心理和错觉："你做了错事，还不想让领导知道，不让我说……"这无疑是火上浇油，使得本来可以化解的矛盾或不严重的事件进一步升级。

3. 不要急于解释错误的理由

本案例中正是由于年轻教师急于解释"我工作忙一下子忘了……"致使矛盾升级。因为这样的语言给家长的印象是："孩子的安全和健康是不重要的，家长对孩子的疼爱之心也是被你忽略的……"更增加了家长对教师的反感和愤怒。因此，教师一开始就要首先承认自己的错误——没有及时告知家长孩子自己撞伤的事情，让家长感受到教师的真诚、礼让以及敢于负责的态度，而不是"一味的狡辩"。因为，没有及时与家长说，就是教师的不对，工作再忙，也应当能够体验到家长心疼孩子的心情，同时也是对家长知情权的尊重。

从本次事件化解过程中提升的有效策略包括以下几点。

1. 提供一个非常有吸引力的信息源引起家长的注意——孩子有可能是发烧，为说服家长提供可能性

根据教师现场对孩子撞椅子的实际情况的判断，孩子不太可能是脑震荡，但教师并不明说，以免引起家长的反感，从而拒绝教师后面的观点。但教师的专业性告诉自己，孩子有可能是发烧引起的头昏。当家长证实后，更加产生了对教师专业性的认同以及对教师叙述事件的真实性的认同。再加之，教师提出可以做脑震荡检查，并愿意承担其费用，更加让家长觉得教师愿意承担责任，增强了对教师的信任感。因此，此时说服家长就变得容易。所以，还没有等教师直接说，家长自己已经发生转变了，感觉到自己的态度过分了。而教师自始至终一句为自己辩解的话都没有说，但教师的态度和提供的相关

信息已经起到了说服的作用。当家长对教师的论点进行仔细思考的时候，他们依赖的不仅仅是信息自身所具备的说服力，同时也依赖自己对信息作出回应时的想法。

2. 选择家长信赖的教师化解冲突的策略——专家教师和已与家长建立了良好情感的保育员协同工作

产生矛盾后，园长让班长教师与家长接触，由她打电话与家长直接沟通，而不让那位年轻教师去沟通，再让保育员与年轻教师一起去看望孩子。运用家长与班级保育员三年中的情感积累以及对她的信任，让家长产生“不看僧面看佛面”的想法，从而不去追究年轻教师的“过失”，将愤怒自然地化解掉。因此在与家长沟通中，不仅信息本身非常重要，信息传达者也同样重要。

3. 接纳家长的愤怒情绪

无论是幼儿园还是教师都要站在家长的角度和心理去体会那种对孩子健康和安全的担心。孩子在园受伤了，不管园里是否有责任，教师没有向家长说明，任何一位家长的心情都不会好，都会产生“当班的教师不负责”的感觉，加之孩子晚上又不舒服，所以家长肯定会站在自己的角度对事件的模糊信息展开“想象和推测”，越想就越会认为教师不负责任……以至于第二天一定要找班长教师来“申冤”或“投诉”。实际上，很多冲突中真正对立的只是冲突中的一小部分，更大的问题是来自对对方动机的误解，以致于冲突双方都认为对方的“敌意”行为反映了他们的“邪恶”品质，然后每一方都会按照自己的成见过滤并理解得到的信息。在冲突双方的眼中，对方的形象都被歪曲了。因此作为教师要有这样的认识和气量，理解和接纳家长的怒气，然后以平和的心态、智慧的方式解决冲突，并通过冲突的化解产生富有建设性的成果。

第三节　接他人班级的家长工作策略

在幼儿园的管理中，园部经常会将孩子的现有班级教师更换，为此，常常会出现很多家园纠纷。家长们一方面不认同新任教师，与新任教师吵闹不休；另一方面也向园长提出换回原班级教师。这使得很多园长和教师感到苦恼，每逢必须更换教师时，园长如临大敌，而教师们则纷纷向园长提出不愿意接收他人班级。那么为什么一定要更换班级教师呢？

更换班级教师的理由

一、根据孩子和教师的发展需要更换教师

虽然各个幼儿园都提出，每个教师都应当能够适应不同年龄班孩子的教育需要，但事实是，不同教师擅长不同年龄段孩子的教育，不同年龄段孩子也需要不同性格和风格的教师教育。为此，园部会根据不同年龄阶段孩子的发展需要、教师自身适合的教育年龄段，统一安排和调整。

经过研究，我们发现到了中、大班孩子的思维和动作水平已相对较高，此时适应他们的教师应当是说话、动作果断、利索的教师；而在托、小班，应选择说话、动作等较轻软、速度相对慢一些的教师，才能适应他们心理和发展的需要。

如果教师从托班开始带孩子到大班毕业后，再从大班回来带托班孩子，教师至少需要一学期的调整和转换，才能适应托班孩子的教育发展需求。如果教师在托、小班两年再到中、大班两年，无论是对教师还是对孩子都是比较合适的。因为一方面托、小班孩子之间，中、大班孩子之间的年龄特点比较相近；另一方面教师也不会因时间过久而生疏了孩子的教育方法和教育内容。

二、因为突发事件园方迫不得已更换教师

幼儿园教师大多是女性，她们难免会有孕期、产期、哺乳期，加之保胎、生病等客观原因，造成班级中原有教师突然不能来上班，园方迫不得已，只好更换教师，以保证班级中教育工作的正常开展。

但是无论因为何种原因更换教师，若不能妥善处理，都会导致家长不理解，甚至到园长、教育局长处投诉并要求换回原来的教师或更好的教师。因此园部一方面要科学安排教师更换；另一方面也要让每位教师掌握接别人班时的一些技巧和原则，让每个人都有心理准备，迎接挑战。

接他人班级的家长工作策略

一、教师第一天就能叫出孩子的名字

教师接他人班级时，家长最担心的就是教师不了解自己的孩子。教师如果能在开学第一天或第一周内，记住每个孩子的名字，在家长来接送时正确叫出，会给家长留下深刻的印象，并对教师产生好感，认为教师很有责任心，加速家长对新任教师的接纳。

教师为了尽快熟悉孩子的姓名，可借助孩子新生报名表上的信息；也可向前任教师借用以前班级孩子活动时的照片，对着照片逐一询问孩子名字并记录；还可以在开学前家访时，给孩子一一拍照，并在照片上写上孩子的姓名进行熟记。

在早上家长来送时，教师立即叫出孩子的小名或大名，立刻就拉近了教师和孩子及家长的距离，家长会产生没有换教师的错觉。下午家长来接时，不待家长开口，教师就能立刻叫出孩子的名字或走到孩子面前告诉他："××，你的爸爸妈妈或爷爷奶奶来接你了，请你作好准备。"

此举会让家长立刻对教师产生敬佩之情，并发自内心地说："老师你真厉害，第一天就能记住这么多孩子的名字，真的很感动。"

因此，教师接新班不是从开学孩子来的那一天才开始工作的，而是在假期中，就要开始熟悉和了解每位孩子的相貌和家长的情况。虽然很辛苦，但却绝对值得，因此此时的辛苦会让教师今后的工作变得轻松，有助于教师迅速与家长建立信任关系，让家长觉得"我将孩子交给你是放心的，这个老师是可以把我的孩子带好的"。

二、第一周多表扬孩子

教师在接他人班级时，要想赢得家长的信任，首先要赢得孩子的信任。教师要真诚接纳每位孩子，发现他们身上的优点。尤其是在开学第一周，要

多表扬每一位孩子，从新教师的视角发现他们身上的闪光点，让孩子们回家告诉父母，“新老师表扬我了。”

教师在第一天，就告诉全班孩子：“新老师到这个班，就是来找小朋友优点的，发现班级中谁的优点最多。老师不仅要在全班表扬他，而且要发奖品，也请大家记住他的优点。你们中谁的优点多，老师就能最快记住他的名字，看谁最先让老师记住他的名字。”

教师将每个孩子的名字以及发现的优点记下来，并张贴在班级醒目处，请孩子回家告诉父母：“今天我在××方面表现好，×老师表扬我了。”

当然，教师在尽力找出每个孩子的优点时，要做到不厚此薄彼。这样，所有的孩子都会非常期待教师发现他的优点并记住他。

这就是教师采取的妙招，每天找出每位孩子的优点，每天表扬每个孩子一次。新任教师在第一周内一定要让教室内，经常听到你鼓励孩子的声音。

“哇！老师今天发现你特别会关心别人，某某没有椅子时，你立刻就告诉她，她的椅子在哪里了。”

“老师发现，我的问题一提出，你就能发现问题的答案。”

……

当孩子一天中总是处于被表扬的氛围中，他的情绪自然会很愉悦，回家后会主动告诉家长：“妈妈（爸爸），你看新来的×老师喜欢我，他又表扬我了，还给我一个小贴花。”

这样开学第一周，家长每天都能听到新来的教师在表扬自己的孩子，总能找出孩子的不同优点。这样，每位家长都会从内心里接纳新教师，认为还是换教师好。

在上一任教师眼中特别调皮的周周，自从开学后，每天回家都告诉爸爸妈妈，新来的教师表扬了他。第一天家长没往心里去，结果，一连几天孩子回家都这么说。家长憋不住了，就跑到教师处来问：“老师，我们孩子每天都说你表扬了他，有这么回事儿吗？”教师说：“是呀。”接着，教师如数家珍般将此孩子的优点告诉家长，并将自己第一周所做的工作内容——让孩子把喜欢上幼儿园、喜欢教师告知家长。

家长听后，非常高兴，衷心地感谢教师——让自己的孩子喜欢上幼儿园了，还跑到园长处，告知园长新换的教师多么好。

接他人班的教师采用的是先表扬、不批评的策略。这样做的好处是：在前任教师眼中不同孩子的家长都能对新教师产生初步的认可。

如果是前任教师喜欢的孩子得到现任教师的表扬后，家长会觉得，“这个老师不错，他和前任教师一样也喜欢我的孩子。”前任教师没有发现的，在班级中默默无闻，处于中等的孩子得到现任教师的表扬后，家长会说，“这个老师真不错，以前的教师很少表扬我的孩子，但这个老师一来就发现我孩子的优点，还是换一个老师好。”前任教师经常批评的孩子得到现任教师的表扬后，家长会惊讶说：“以前老师总是批评我的孩子，而这个老师一来就发现我的孩子是有优点的，我举双手赞成换老师。”

可见，开学对每个孩子的表扬，产生的能量是巨大的，让不同层次孩子的家长都初步地认可、接纳了现任教师。即使有的家长不来接送孩子，不认识现任教师，都会特意到幼儿园里来问：“哪个是×老师啊？我孩子特别喜欢他呀。”

三、对家长的热情度要高

教师新接他人班级时，家长最先感受到的不是教师的专业水平，而是教师对孩子、对家长的态度。家长每天接送孩子时，可以直接感受到教师的态度，这是教师最容易做到，但也最容易忽视的。

一位家长到园长室来投诉：“你看你们换的这个老师，从来不理睬我们家长。每天早上我们送孩子时，都看不到她的笑脸，孩子喊她时，头都不抬一下，总是看到她忙来忙去的不知道干啥。我们孩子交给她，一点儿不放心。你看，在小托班时，班里两位老师一看到我们来，老远就笑眯眯地和我们打招呼，而且都是走到门口来，从我们手中把孩子抱过去，亲一亲，搂一搂，我们大人看到就放心……”

这里家长没有谈到教师专业水平的问题，家长反感和抵触的是教师表现出来的态度。所以，新任教师首先就要外化、外显自己的热情。

教师要杜绝：在离门口较远的地方指导孩子活动，不到门口去迎接孩子和家长，只是远远地向孩子和家长招个手。避免给家长造成错觉：这个教师很“冷”。

虽然，作为园长和同行人，可以理解教师并不是不喜欢孩子，而是个性如此；能够理解教师在晨间活动时的忙碌，因为要指导孩子的活动，而无法兼顾到家长的情感需求，无法顾及晨间的家长接待，以致与家长之间产生了很多误会和隔阂。但作为一个合格的新任教师一定要合理安排接送环节的家长接待与孩子的指导。

在接送环节时，新任教师要一视同仁，让每位家长都感受到自己对每一位孩子的喜欢，没有厚此薄彼。尤其是前任教师认为不太好沟通和发展滞后的孩子家长，教师不要有先入为主的观念。

教师热情、主动、高频率地与家长们互动，能缩短家长们接受自己的时间。

四、给自己一个熟悉期

教师新接一个班时，不要急于向家长表达自己对孩子的认识，至少给自己一个月的观察期。在这个月中，教师要将主要精力用于观察和了解每位孩子及家长的特点，有了充分了解后，再与家长交流。其实这段时间家长也在观察、试探、评估教师，他们正在拿现任教师和前任教师比较。

家长问：“我的孩子怎么样啊?”

教师可以热情地告诉家长：“我正在观察，当我完全了解您孩子后，再约您来交流。”

这样，教师给了自己一个观察、了解孩子和家长的机会。教师的这种态度也会给家长一个印象“这是一位很负责任，非常关注孩子的教师。在我询问之前，就已经在观察孩子了”。这样，家长会对教师产生初步的信任感。

同时，教师也赢得了一个适应期。因为教师在接手一个新班时，往往有一段时间不适应，如教师原来是带中、大班的，突然转来带小班，教师对孩子年龄特点也需要一个适应的过程。此时，若贸然与家长交流，表达自己的看法，提出的要求、方法等都会出现偏差，以后再纠正就会比较尴尬了。

新任教师刚教完大班，现在接手的是从托班升上来的小班。本来孩子从托班升到小班就是一个转折，又经过一个暑假在家的自由生活，回到幼儿园的集体生活中对于孩子来说又是一个转折，因此教师至少在开学一个月内，无论是对孩子，还是对家长说话的口气、对孩子的要求和教育方法等都会有所拔高（如果是现在带的班级高于原来带的班级，就有可能是降低的）。因为教师会习惯于按照自己带的上一个班级的发展要求、内容、方法来对待现有班级中的孩子，所以这时教师与家长发表对孩子的看法有可能是不准确的，与其产生负面印象后再修正，不如一开始就让家长产生正面印象。

经过一个月的观察，教师已掌握了孩子的大量事例，此时再与家长约谈，会进一步增加家长的信任。

五、为自己的进一步发现留有余地

孩子的发展是不断变化的，在开学初，教师与孩子的接触时间不长，对孩子的了解可能是是暂时的，不准确的。因此，教师第一次与家长交流时，应避免将话说得太满。最好，以征询家长看法为主的方式进行交流。

在与家长交流的策略上，不要先聊缺点，应以表扬开始为好。

教师可以说："我经过一个月对您孩子的观察了解，发现您孩子×方面不错，请问你们在家里是怎么做的?"

这样家长就会描述和反思自己围绕孩子此方面的发展做了哪些工作，让教师感到自己是一个成功的、重视教育的家长。教师要耐心倾听家长的叙述，并在此过程中，观察、了解、分析家长的性格、教育态度和水平等，为进一步的交流储备信息。

等家长叙述完后，教师可以用征询家长看法的方式说："他在××方面会出现××的行为，不知道是什么原因造成的？他在家里出现过这种情况吗？”

如果家长说出原因，教师就可以和他一道商量解决的方法；如果家长不说，教师可以说：“如果在家里不是这样，在幼儿园怎么会这样呢？可能是什么原因呢？我在园里再继续观察、深入了解，也请您在家里帮我观察一段时间，下次我们再来商谈。”

这样，教师站在征求意见、征求方法的角度，表现出与家长平等、互助的态度，并以共同促进孩子发展为目的展开交流。教师的话为自己后面的工作留下了余地，告诉家长自己会继续观察和关注，以求深入地了解孩子，而不是这次谈完就结束了，或者只是把责任和任务转交给家长。通过此次谈话，家长会非常认可教师，认为教师始终在关注他孩子的发展，愿意和他一道共同商量教育好他的孩子，而且围绕他的孩子，教师已经做了很多，并将继续下去，家长会从心里接纳新任教师。

六、要引领家长的关注点

家长在班级更换教师时，常常会自己先猜测、预设教师是什么样的，甚至家长们会三五成群地聚在一起讨论。如果教师迟迟没有组织他们互动，或没有直接面对他们，他们的猜测就会越来越大，甚至对很多不起眼的事儿，都按照自己的理解推测出很多并不存在的关于新任教师的负面认识。

作为新任教师一定不要给家长们留有这种“空白期”（家长自己的猜测期），而要主动出击，引领家长的关注点。

1. 引领家长关注本年龄段孩子的教育重点

教师要提前引领家长关注到不同年龄阶段孩子的教育重点和应该关注的点是不同的。由于很多孩子的问题，不是由换教师，而由不同阶段的教育要求和孩子发展特点造成的，因此教师要事先向家长说明问题产生的原因，不要等到家长已经把孩子的问题归因为更换教师，再来作解释。

教师要在开学前就召开一次家长会，将此阶段孩子的发展特点和教育重点与前一阶段的不同，逐一对照并说明两者的差异，让家长明确此阶段的教育任务和方法与上一阶段的区别，起到引领和预警的作用。

这样，在开学后，新任教师的工作内容和方法与前任教师不同时，家长就不会认为是教师不同造成的。

x教师新接任了一个从托班升上来的小班。托班时，前任教师对孩子的生活护理都是以成人代做为主，而且和家长的交流主要是孩子生活护理方面，使得家长感到前任教师对孩子生活护理做得非常好。而到了小班，孩子生活方面的要求是以孩子的自我服务为主、教师帮助为辅。如果教师不事先引领，家长就会自然而然地比较出“现在的老师没有托班的老师关心爱护孩子”。

因此，教师一定要在开学前的第一次家长会上，帮助家长明确：托班阶段孩子的特点是什么，教师要关注什么、会怎么做；而到了小班孩子是什么特点，教师重点关注什么、会怎么做；让家长清楚两者的差异，认识到教师改变教育策略是为了针对孩子的年龄特点，而不是教师个人的差异，教师不代替孩子做，不是教师偷懒，而是创造更大的自主发展空间，让孩子自己探索自我服务的方法并坚持完成自己发展任务。

在托班，教师会将孩子从家长手中抱过来，而到了小班教师就不会去抱孩子，而是热情地招呼孩子，鼓励孩子自己走过来；托班教师帮助孩子吃饭、穿衣、擦嘴等生活护理上的事儿，到了小班教师就会让孩子自己来完成。

由于教师提前让家长了解了现阶段孩子的特点和教育目的与前一个阶段的不同，家长不但不会认为教师没有责任心，反而会认为教师的专业水平很高，会主动配合教师的工作。

教师在日常与家长的沟通中，要根据年龄特点和家长的需求进行针对性的沟通。接不同年龄班时教师要注意家长的不同需求。接小班时，教师要多多关注孩子生活方面的事宜；接中班时，教师要多关注孩子的学习兴趣、爱好等方面的事宜；接大班时，教师要多关注孩子的学习习惯、学习品质、学习能力等方面的事宜。这样，一方面教师满足了家长的需求；另一方面也向家长展示了自己的专业性，赢得了家长的认可。

某班张教师回家生孩子了，李老师在大班下学期接了班。她接班后，主动与家长谈幼小衔接的话题，如孩子和家长应该怎么做更合适，并告诉家长教师在园里已经做了什么，还将要做什么等。家长很快接纳了李老师，对于园里换教师也没有任何意见。

一般情况下，在大班下学期换教师，家长的抵触情绪非常大，他们甚至会到园长处提意见。从上例看出，只要接任教师根据孩子的年龄特点、发展需求，有针对性给家长提供相应信息，将自己的要求和家长的关注点相契合，家长就能很快接受现任教师。

2. 要用自己的特长去引领家长，而不是被动地等待家长的比较

一般新接班时，家长都会自然地将新任教师与前任教师进行比较，而且常常是拿前任的长项来比新任教师的短项。他们常常有先入为主的观念，一时看不到新任教师的长项，因此，教师要在家长尚未比较前就用自己的长项去转移家长的注意力和关注点。

特别是比较文静、“慢热型”的教师，千万不要等待家长来发掘自己的长项，因为往往是家长还没有发现教师的长项时，他们已经开始“起义”了，危机已经出现了。所以，“慢热型”的教师要作一些改变，要提早让家长了解自己的教育特长。

某教师对早期阅读较有研究，在第一次家长会和家访时就向家长介绍进入此班后，自己要研究孩子的早期阅读，并向家长介绍自己已经作过此方面的多项研究，分别取得了哪些成果，对于孩子的发展产生了怎样的作用等。家长的关注点一下就从新教师转移到孩子的早期阅读以及早期阅读对自己孩子的影响上。

由此，家长看到了教师的专长、发现了教师的风格、惊叹于教师的成果，他们会不由自主地按照教师的指引去关注孩子此方面的发展，再也没有空闲去猜测教师的不是，也不会认为新任教师一无是处了。

家长通过教师的介绍，了解了教师的教育主张、具体做法等，让家长看到新任教师是一个有独立想法和较高专业水平的教师，增加了家长对教师的了解，提高了日后他们对教师工作的理解和配合。

七、要理解、接纳家长对前任教师的留恋

作为新任教师要心胸宽广、坦然接纳家长暂时的不接受以及对前任教师的留恋。

家长对教师的接纳需要时间、需要一个过程。他们的孩子好不容易和前

任教师建立了感情，前任教师了解了他们的孩子，了解了他们的需求；孩子和他们都已经适应前任教师了。突然换了教师，他们会担心新任教师的专业态度和水平怎么样，是否喜欢他们的孩子……家长们焦虑不安的情绪自然会发泄在新任教师身上。

因此，教师要理解家长的心情，最大化地接纳家长的不安和不理解，不要有抱怨，要主动向他们介绍他们孩子在园的情况，主动向家长表达自己对他们孩子的喜爱之情。

更换教师初期家长会自然地打听前任教师的情况，或说起前任教师是怎么做的，现任教师千万不要反感或抵触，要耐心倾听家长对前任教师的夸奖和对新教师提出的要求。

一些老人开始不信任新任教师，会提出细致的要求：“老师，我们子媛怕摔跤哦，你要特别注意一点哦。以前×老师会特别关照我们孩子的。”

家长常常会问：“为什么×老师不来啦?”甚至会说：“她到哪里去啦?我对那个老师印象很好唉。她很能干的，她现在怎么样了？她还会回来带我们孩子吗?”

现任教师此时要热情地解释，给他们答疑。这样会增加家长们对自己的好感，他们会认为“这是一个大度、宽容和热情的老师”。

另外，当老年家长记不清你是“×老师”时，新任教师一定不要生气、责怪，或听之任之，而是要客气地做一个澄清。

有的老人不经常来接孩子，他们常常会看着新任教师喊：“张老师我把小孩接走了”。

此时，教师要笑着说：“爷爷（奶奶）好，我不是张老师，我是李老师哦。”从而帮助家长认识自己。

八、要主动向家长展示自己

新任教师要让全体家长真正接纳自己，需要在一个所有家长都参与的家园活动中“亮相”，提供一个让全体家长认可自己的机会。新任教师要主动争取组织正式的全体家长参与的活动，可以是教学活动、游戏活动或户外活动等各类家园共育活动。教师要认真备课，作好充分的准备，保证活动的高质量，让家长看到自己的专业水平和敬业态度，加深对自己的认识，让他们感受到新任教师能够融入自己孩子的班级中，初步认可新任教师。

同班组的原有教师要给新任教师搭台子。在初次家访时，就要向家长传递信息——这是一个优秀的教师，在日常与家长的交流中，也要自觉地向家长介绍新任教师的优点。在新任教师组织的家长开放日活动中，要向家长介绍新任教师的长项和工作特点，介绍和展示她为了孩子的发展、为这个班级已经作出了哪些努力；她进入本班级后，孩子和班级产生了哪些变化等，让家长全面看到和感受到新任教师为班级作出的贡献和自觉融入班集体的行动，从而接纳新任教师。

九、要承担起班级主角的责任

新任教师要做到：无论是接谁的班，无论是接任多长时间，作为一个有责任心的教师，都要有主人翁意识，将自己尽快融入这个班级孩子的教育和班级管理中，主动承担起班级主角的责任。

首先，新任教师要主动观察原班教师的工作习惯和方法，自觉与其保持一致，尊重前任教师建立的班级规则。

新任教师切忌一进班就否认前任教师的工作和成绩，而是要肯定原来的一些规则、常规，这样一方面让家长感受到班级教育工作的连续性和一致性，另一方面也让家长感受到现任教师对前任同事的尊重。

新任教师要主动去观察、适应此班原有的另一位教师的工作习惯，这样能保证两个人工作的一致性，要比较自己和同班组教师、前任教师的差别，发现他们在工作方法和内容上有哪些值得自己学习和保持的东西，主动做好此方面的相互衔接。

前任教师开家长会总是利用周六、周日，这样可以保证所有的家长都能来参加，新任教师就不要打破这一习惯，使家长产生怨言或不良印象——新任教师不愿从家长的角度出发，总是从自己的角度出发，不愿牺牲自己的休息时间来开家长会，和前任比较，新任教师的师德水平和敬业态度要差很多。

其次，新任教师对班级中特别难沟通的家长，不要放任不管，而要采取主动积极的策略。

新任教师要主动向前任和此班原有的班级教师咨询，了解他们喜欢的孩子和家长，他们认为难缠的孩子和家长。一方面与他们保持一致：他们喜欢的孩子，自己一定要去喜欢他们，否则这部分家长会排斥自己；另一方面他们不喜欢的孩子和家长自己不仅不能像他们一样，不予理解和回避，而要主动向他们表达自己的喜欢，争取他们的接纳。

前任教师告知新任教师，他们班有个孩子叫梧桐，他的家长很“难缠”，每天都提意见。新任教师在观察孩子一个月后，经常主动与家长聊他家孩子的事情，高频率地与家长沟通，直至他与教师之间建立了深厚的情感，不仅不提意见，还主动为班级服务。

在与新任教师交流的过程中，他感受到教师对自己孩子的关注，常常家长还没有发现孩子的变化，教师已提前发现了，他自然也就没有意见了。

所以，新任教师对于班级中难以沟通的家长不要胆怯或听之任之，而是要主动出击。因为，其他家长会认为班级中最“难缠”的家长都能与新任教师建立良好的关系，说明此教师很有水平，他们也就不会不接纳新任教师了。

管理者在更换教师时需要注意的问题

一、不要轻易更换班级中的老教师

园里在考虑更换教师时，班级两位教师中相对年长一些的老教师要稳定，只更换班组中的年轻教师，这样家长的焦虑会相对小一些。因为家长认为老教师经验丰富，无论是对孩子年龄特点的了解，还是在教育方法和策略上都能满足班级孩子的发展需要，而年轻教师的更换对孩子的影响不大，班级中的稳定性没有被打破。

二、不要在学期中换人

园里在考虑更换教师时，不要在学期中途更换，一定要在孩子升班时换。对于家长来说，园里根据孩子的不同年龄特点和发展需要来安排不同教师，是统一、合理的安排，他们一般能够接受。最好选择托、小班或中、大班两年小循环后换教师。不要每年都换教师，尤其是托班后，在小班又换教师，会引起家长的不认同。

托班孩子变化程度大、变化速度快，孩子入园一两个月后成人就可以发现他们在不停地发展变化。进入小班后，孩子的发展也进入高原期，直至到小班末期或中班时才又出现突变。园里若选择在上小班时更换教师，孩子此时对家长的依恋和对新教师的接受与托班时差异不大，家长一时难以发现孩子明显的变化。加上小班时，孩子的情绪会有很大波动，家长由于不了解这一阶段孩子的发展特点，易将此时孩子的反应归因为幼儿园更换了教师，归因为新任教师的教育水平不够。但是到中班后，孩子相对度过了依恋期和情感的不稳定期，他们的变化又较显著，家长能够再次感受到孩子的变化。所以，此时更换教师一般家长不会出现激烈的抵触情绪。

三、不能后任教师弱于前任教师

园里在考虑更换教师的人选时，应当是后任教师强于前任教师。换教师的班级家长，他们的孩子已在园里学习生活一段时间了，家长们也在接送孩子或家长开放日等活动的观察中、与其他年级家长的交流中，比较清楚地了解了园内其他教师的特点、特长和能力水平。因此园里在更换教师时，一定要考虑到后任教师的水平要相对高于前任，否则家长不易接受，也会为新任教师开展工作带来障碍。

四、不要频繁更换教师

园里在考虑每一个班组人员的组合时，必须全面统筹、精心搭配，需要中途更换的，要事先考虑到人员组合的相对稳定性。毕竟经常换教师，会给家长和孩子增加适应新教师的负担，不利于双方在深入了解的基础上，不断推进孩子的发展。而且教师、家长、孩子在相互适应中会浪费很多精力，特别是一些低龄孩子，刚与一个教师建立了稳定的情感，又要换教师，使得他们缺乏安全感，从而不愿意上幼儿园。因此，园里要特别慎重，尽量不要换教师，如果非换不可，一定要做好更换后的家长沟通工作，要向家长说明更换的原因、更换后的优势以及更换后园里所作出的努力等，以取得家长的理解，而不要等到家长投诉或不满后，再来救火。

后　　记

此书是江苏省“十一五”重点课题《实现多维良性互动，促共同体和谐发展》的研究成果，整个研究历时五年。

在这五年中，我和我的团队——南京市北京东路小学附属幼儿园的全体教师共同学习、持续研讨、相互质疑、分享交流、解决困惑。期间，我和同事们经历了煎熬、体悟了豁然、挥洒了汗水、享受了甜蜜。

希望此书在“如何成功地与家长合作”方面能够提供给一线教师们一些可以操作的价值趋向和行为模式。本书中的所有案例都来自我和我的团队的亲身实践，是我们在实践过程遇到的问题和探索出的解决策略，书中的事例和观点都是我和教师们在集体分享中的智慧结晶。为此，我要衷心地感谢我的同事们。她们是：

陈一平　南京市学科带头人、业务园长

伏朝阳　南京市优秀青年教师、副园长

王树芳　南京市优秀青年教师、园长助理

陈德玲　语言教研组长

马　岚　区优秀教育工作者、年级组长

俞燕婷　斯霞式青年教师、区学科带头人、年级组长

张　琴　区学科带头人、年级组长

成　媛　南京市优秀青年教师、音乐组教研组长

马　骏　斯霞式青年教师、科学组教研组长

刘　晶　区青年优秀青年教师、南京市青年教师基本功大赛一等奖获得

者、美术组教研组长

陶　蓉　区优秀教育工作者、年级组长

还有我园的徐蓓、方芳、徐雯雯等年轻教师，她们在研讨中提供了很多生动的案例，胡蓓、姜扬、柏杨、尚梦妮、谢宁等年轻教师作了很多交流资料的整理工作。

在我们课题研究的五年中，南京师范大学教科院的许卓娅教授、张俊教授、孔起英教授一直给予我和我的团队以指导，帮助我们答疑解惑、提升提高，不断地为我们的研究指明方向、拨开迷雾，他们是我们的研究得以深化、发展的重要支撑。

本书还得到了南京师范大学教科院研究生黄双蕾，学前专业06级本科生徐娜、钦冯梅、梁筑、刘可杨贡献的智慧火花。

在本书的策划、编辑到出版的全过程中，我都得到了徐杰编辑的帮助和指导，她对本书的结构编排、文字表述、内容取舍等都给予了全方位的指导，在此我表示衷心的感谢。

更要感谢教育科学出版社，给予我机会，使本书能够得以出版。

由于我的水平拙劣，才疏学浅，不能充分地总结出我和我的团队的智慧结晶，还望大家批评指正。

吴邵萍

2010 年 9 月

编余絮语

吴邵萍园长是我的老师，南京市北京东路小学附属幼儿园是我的又一所大学。

今年夏天的一个清晨，吴老师发来短信告知书稿已交，感叹用尽了自己的所有心力。短短数字，让我倍感重托在身、马虎不得。

审读的过程艰辛而受益匪浅。

最初，我看到的是一群幼教人的专业与执著。他们关注细节、关注实践；他们从幼儿发展、家长需求、教师专业成长、幼儿园课程建构的角度，探索、总结、验证家园共同体建构的方法和策略。

随着审读的深入，我的整个心灵被渐渐牵引到一种复杂、难以言说的状态，我急切地想找到这种牵引我的力量。直到一个初冬的午后，在审读即将接近尾声的时候，吴老师对一个突发事件的精到评析让我拨云见日、豁然开朗。我深刻地意识到那个时时牵引着我的，不仅仅是吴老师和她的团队的实践智慧，而是化解这一件件看似鸡毛蒜皮的家园冲突的过程中折射出的一种人文情怀，一种推己及人、感同身受的习惯，一种善待他人、善待自己的能力，一种海纳百川的胸襟与气魄……

我想，这是这本学前教育类专著的又一独到之处和点睛之笔。这种贯穿整本书的、超越内容本身的精神力量，正是多年前，当我第一次踏入北幼时就感受到，并不断深化、丰富的，也正是吴老师所说的“北幼文化”。

写到这里，想起吴老师的朗朗笑声，想起她如数家珍般地唤着园里每个孩子的小名，说起他们的身体情况、个性爱好、家庭状况，想起她深入每个班级，随堂听课，与教师们剖析困惑、交换意见、分享心得……

作为本书的第一读者，寥寥百字虽不足以表达内心的万千感慨，却又不吐不快；虽难免狗尾续貂之嫌，却仍希望抛砖引玉，以飨读者。

编者
2011 年 1 月

责任编辑　徐　杰
版式设计　杨玲玲
责任校对　张　珍
责任印制　叶小峰

图书在版编目（CIP）数据

家园共同体的建构：幼儿园家长工作的方法与策略/吴邵萍著．—北京：教育科学出版社，2011.1（2022.3 重印）

ISBN 978-7-5041-5567-2

Ⅰ.①家…　Ⅱ.①吴…　Ⅲ.①幼儿园—家长工作（教育）　Ⅳ.①G616

中国版本图书馆 CIP 数据核字（2010）第 261738 号

出版发行	教育科学出版社		
社　　址	北京·朝阳区安慧北里安园甲 9 号	**市场部电话**	010-64989572
邮　　编	100101	**编辑部电话**	010-64989386
传　　真	010-64989419	**网　　址**	http：//www.esph.com.cn
经　　销	各地新华书店		
制　　作	北京金奥都图文制作中心		
印　　刷	保定市中画美凯印刷有限公司		
开　　本	720 毫米×1020 毫米　1/16	**版　　次**	2011 年 1 月第 1 版
印　　张	15	**印　　次**	2022 年 3 月第 12 次印刷
字　　数	237 千	**定　　价**	45.00 元